近代广东足球文化发展历史研究

莫凯敏 著

东北大学出版社
·沈阳·

ⓒ 莫凯敏　2021

图书在版编目(CIP)数据

近代广东足球文化发展历史研究 / 莫凯敏著. — 沈阳：东北大学出版社，2021.3
　　ISBN 978-7-5517-2660-3

Ⅰ. ①近… Ⅱ. ①莫… Ⅲ. ①足球运动—体育运动史—研究—广东—近代 Ⅳ. G843.92

中国版本图书馆CIP数据核字(2020)第267808号

出 版 者：	东北大学出版社
	地　址：沈阳市和平区文化路三号巷11号
	邮　编：110819
	电　话：024-83680267（社务部）　83687331（营销部）
	传　真：024-83683655（总编室）　83680180（营销部）
	网　址：http://www.neupress.com
	E-mail:neuph@neupress.com
印 刷 者：	辽宁一诺广告印务有限公司
发 行 者：	东北大学出版社
幅面尺寸：	170 mm × 240 mm
印　　张：	12.5
字　　数：	226千字
出版时间：	2021年3月第1版
印刷时间：	2021年3月第1次印刷
策划编辑：	孟　颖
责任编辑：	潘佳宁
责任校对：	杨　坤
封面设计：	潘正一
责任出版：	唐敏志

ISBN 978-7-5517-2660-3　　　　　　　　　　　　定价：69.00元

前　言

"文化"一词在日常生活中经常出现，人们在谈论"文化"时往往会联想到渊博的知识、高雅的艺术和高尚的道德情操。但社会科学中关于文化的定义要宽泛得多，总体来说，"文化"可以分为广义文化和狭义文化两种。从广义的角度来看，文化是人类创造的所有物质和精神财富的总和，是一个复杂的体系，它由自然、政治、历史、技术、经济、心理等多种因素长期相互联系、相互渗透和相互结合所形成。人们的生活方式，小至衣食住行、婚丧嫁娶，大至宇宙观、时空观、人生观、价值观，都属于文化的范畴。简而言之，文化主要是指人的创造物，即"人造物"，是人的本质力量的对象化，也是社会实践的能力和产物。

1863年，伦敦11家足球俱乐部和学院的共17名代表召开会议，制定了足球规则，并创立了权威的足球组织，此次具有里程碑式意义的会议标志着现代足球的正式诞生。现代足球是由人们在特定的历史条件下人为地创造出来的，从广义的文化概念看，现代足球运动无疑属于文化的范畴，其本质就是一项体育文化。因此，透过文化这一更宽泛的视角对现代足球展开研究，能更全面地探寻政治、经济、军事、宗教、教育、地理、历史等众多要素如何影响、制约、促进现代足球的发展，进而更深入地把握现代足球发展的内在特点和规律。

"今天是昨天的结果，明天是今天的延续。"这句话在一定程度上强调了历史对现实的影响。回溯历史即"从后思索"，这是人类思维的一种基本方法。对一个事物的形成和发展的"科学分析"，往往会从这一事物发展成形的结果开始。正是在"事后"对历史回溯的思索中，才能够理解事物演化的来龙去脉，把握事物发展的内在必然性，也才能够厘清事物从萌芽状态发展到当前程度的环节及过程，把握事物发展的规律及趋势。

广东一隅，史称岭南，其文化源远流长，既有中原之精髓，又纳四海之新风,融会升华,自成格局,在中华文化之林独树一帜。千百年来,为中华民族文明的历史长卷增添了绚丽多彩、凝重深厚的篇章。从1840年鸦片战争爆发到1949年中华人民共和国成立的110年,是中华五千年文明史中变革最急剧的年代,长期以自己灿烂文化彪炳于世的古老中国,遭到外国资本主义列强的侵略,逐渐沦为半殖民地半封建社会。伴随着西方侵略者的到来,大量西方文化进入中国。广东则凭借得天独厚的地理环境和人文环境,成为中西文化充分交融和激烈碰撞的地点,各种新思想和新文化不断涌现,现代足球文化便是其中的一种。在急剧变革的年代,现代足球文化进入中国,得"风气之先"的广东成为中国现代足球文化出现最早的地域之一。选取现代足球文化在中国最早出现的时间和地点,从源头回顾中国足球文化的发展并探寻其中的发展规律,有助于理解当今足球问题的深层次原因,对解决当今足球的发展问题具有重要的借鉴意义。

另外,体育运动是人类学的一个常数,是分析一个社会文化指导思想,甚至社会运作方式的钥匙。通过研究近代广东足球文化发展历史,系统地梳理其各层次文化发展,分析影响、制约或促进其发展的政治、经济、教育和社会等因素,不但可以加深对近代广东社会历史环境的认识和理解,还能进一步丰富近代广东地域文化的内涵,具有一定的时代性和地域性特征。

需要指出的是,从20世纪90年代开始,中国史学界大多将1840年鸦片战争爆发至1949年中华人民共和国成立的110年历史称为中国近代史,本书所研究的近代亦依照中国史学界的一般标准。对于跨时期的人物,凡在1949年以前有重要事迹的,也尽量收录。此外,为保持广东文化历史的连续性,这里所称的广东仍包括海南岛。

本书涉及一个比较大的地理区域,时间跨度约110年,主要历史事件繁多且距今比较久远,虽然采纳了许多前人的著述和查阅了大量资料,在书中也已尽力细心标注,但受笔者个人能力所限,其中错谬、遗漏或可议之处一定很多,恳望有关专家和同行批评指正,是所欣幸。

著 者

2020年9月

目 录

第一章 绪 论 ·· 1
  第一节 足球文化 ··· 1
    一、现代足球运动探源 ·· 2
    二、足球文化的定义 ··· 8
    三、足球文化的构成 ··· 9
  第二节 广东文化 ··· 11
    一、广东概况 ·· 12
    二、丰富多彩的广东文化 ·· 15
    三、广东文化基本特征 ··· 18

第二章 近代广东足球文化发展历史背景 ·· 23
  第一节 国际历史背景 ·· 23
    一、科技：工业革命 ·· 24
    二、殖民侵略 ·· 27
    三、经济掠夺 ·· 29
    四、宗教扩张 ·· 33
    五、殖民主义"双重使命论" ··· 34
  第二节 国内历史背景 ·· 38
    一、国门被迫打开 ··· 39
    二、经济结构改变 ··· 40
    三、社会阶层分化 ··· 41
    四、救亡图存的思潮及实践 ··· 43

第三章 近代广东足球文化发展历史进程 ·· 49
  第一节 近代广东足球文化萌芽阶段（1840—1911） ······················ 49

一、现代足球文化传入香港 …………………………………… 50
　　　二、广东各式学校出现足球文化 ……………………………… 51
　第二节　近代广东足球文化兴起阶段（1912—1926）……………… 52
　　　一、足球文化向社会拓展 ……………………………………… 53
　　　二、各层次足球文化得到初步发展 …………………………… 54
　第三节　近代广东足球文化繁荣阶段（1927—1937）……………… 55
　　　一、频繁开展和参与各类足球竞赛 …………………………… 55
　　　二、足球组织纷纷成立 ………………………………………… 56
　　　三、大型公共体育场相继建成 ………………………………… 57
　　　四、女子足球出现 ……………………………………………… 58
　第四节　近代广东足球文化停滞阶段（1938—1949）……………… 58
　　　一、足球义赛艰难开展 ………………………………………… 58
　　　二、足球文化逐步恢复 ………………………………………… 59

第四章　近代广东各层次足球文化 ……………………………………… 60
　第一节　物质文化 ………………………………………………………… 60
　　　一、足球场 ……………………………………………………… 61
　　　二、足球用品 …………………………………………………… 77
　　　三、足球报刊 …………………………………………………… 82
　第二节　制度文化 ………………………………………………………… 89
　　　一、规章制度 …………………………………………………… 90
　　　二、足球组织 …………………………………………………… 96
　　　三、足球竞赛 …………………………………………………… 105
　第三节　精神文化 ………………………………………………………… 115
　　　一、"御侮脱辱"的社会心理 ………………………………… 115
　　　二、"南派足球"风格 ………………………………………… 118

第五章　近代广东足球历史人物 ………………………………………… 120
　第一节　"第一个踢足球的中国人" …………………………………… 120
　　　一、华人足球文化的开拓者之一 ……………………………… 121
　　　二、"只知有莫，不知有英" ………………………………… 122
　　　三、创办"南华体育会" ……………………………………… 123
　第二节　广东足球第一代"国脚" ……………………………………… 126

一、许民辉 ... 127
　　二、丘纪祥 ... 131
　　三、"浅尝辄止"的第一代国脚 ... 133
第三节　广州警察足球队"四骑士" ... 134
　　一、冯景祥 ... 137
　　二、李天生 ... 138
　　三、谭江柏 ... 139
　　四、叶北华 ... 140
　　五、游走粤港两地的"四骑士" ... 140
第四节　"亚洲球王"李惠堂 ... 141
　　一、天生的"嗜好"，家人的羁绊 ... 142
　　二、初出茅庐，崭露头角 ... 144
　　三、转战上海，成就威名 ... 146
　　四、出征奥运，拒绝职业合同 ... 149
　　五、断腿之痛，可贵的民族气节 ... 151
　　六、一代球王，融贯中西 ... 152

第六章　近代广东足球文化发展的动力和制约因素 ... 155
第一节　近代广东足球文化发展的根本动力 ... 155
第二节　近代广东足球文化发展的推动力 ... 158
　　一、沙面租界的外国侨民 ... 159
　　二、教会学校的传教士 ... 161
　　三、私立学堂的有识之士 ... 166
　　四、松口体育会的革命党 ... 168
　　五、陈济棠治粤时期的军政要员 ... 169
　　六、内迁广东的香港华人 ... 172
第三节　近代广东足球文化发展的制约因素 ... 174
　　一、战乱频繁，社会动荡 ... 175
　　二、贸易中心转移 ... 177
　　三、重商的传统文化 ... 180

参考文献 ... 183

后　记 ... 190

第一章 绪 论

对一个事物进行研究，首先应当清楚该事物的具体含义，规范其逻辑起点，这是进行理论研究的前提。近代广东足球文化是由广东文化和足球文化两种内涵丰富且风格迥异的不同文化在近代特殊的背景下融合而成的。两种具有不同特质的文化发生直接联系后相互间的对抗、排斥及融合、吸收，促使了近代广东足球文化不断向前发展。本章着重对这两种文化的根源和特质进行剖析，以期为探究近代广东足球文化发展历史的特点和规律奠定坚实的理论基础。

第一节 足球文化

从广义的角度来看，文化是人类创造的所有物质和精神财富的总和，是一个复杂的体系，它由自然、政治、历史、技术、经济、心理等多种因素长期相互联系、相互渗透和相互结合所形成。而"体育文化是关于人类体育运动的物质、制度、精神文化的总和，包括体育认识、体育情感、体育价值、体育理想、体育道德、体育制度和体育的物质条件等"[①]，是人类社会实践发展水平、能力的体现。从某个角度来说，弄清楚了文化和体育文化的含义，就能对足球文化有一个清晰、准确的认识。但作为一种社会历史现象，足球文化和任何进入人们研究视野的研究对象一样，从其内部逻辑关系来说是可分的。可以说，对足球文化结构的解剖是足球文化研究的首要程序和基础。足球文化和其他文化一样，是由其内部相互联系、相互作用的各组成要素之间在一定的排列组合后形成的相对稳定、可识别的整体。

---

① 卢元镇.中国体育社会学[M].北京:北京体育大学出版社,1998:188.

一、现代足球运动探源

足球，是当今世界爱好者和参与者人数最多、开展规模最大、对人们的吸引力最强的单项体育运动，被称为"世界第一运动"。据不完全统计，全世界有超过10亿的狂热爱好者在追捧这项运动。放眼世界，还没有哪个单项体育运动能够望其项背。以每4年举办一届的世界杯足球赛为代表的足球盛会，其所产生的影响力和受关注程度也只有奥林匹克庆典——奥林匹克运动会能够与之相媲美。是谁发明了这个"黑白精灵"？又是什么赋予了它如此摄人魂魄的魔力，让全世界为之痴狂？要想深入了解蕴含在这项运动中的文化，一切就必须从足球运动的本源开始追溯。

与中国古代足球有多个起源的说法相似，对欧洲的足球运动追根溯源，也会有多种说法。足球在英国、意大利和法国等地一样历史悠久。当史料提到足球时，它早已经存在，所有对其起源的探究只能靠推测。其中一种说法是现代足球起源于英国击败古罗马步兵后举行的庆祝游戏，在英国《德比城志》中有这样的记载："城镇与城镇、村庄与村庄之间的足球赛是从公元217年开始的。"[①]另一种说法是，足球是英国人在与丹麦人的战争中，将丹麦士兵的头颅割下来踢来踢去而发明的游戏。还有一种说法是现代足球是由一项被称为"哈巴斯特姆"的游戏演变而来的，据说，希腊人和罗马人在中世纪以前就已经开展这种足球游戏了。他们在一个长方形场地上，将球放在中间的白线上，用脚把球踢滚到对方场地中，当时称这种游戏为"哈巴斯特姆"。在这些起源说法当中，现代足球由踢丹麦入侵者头颅演变而来的说法比较流行。

现代足球的原型早在9世纪时已经出现在英国。"913年，英国人战胜丹麦人以后曾以踢敌人头颅为乐，这被认为是英国足球的起源。"[②]当时丹麦人多次入侵甚至统治过英格兰，一度引起了英格兰人对丹麦人的仇视。在一次打扫战场的过程中，英国骑士们在战争废墟中挖出了几个丹麦入侵者的头颅，想起丹麦入侵的罪恶，这些英格兰人极为愤怒，抬脚狠狠地向其头颅踢去。很快，这种"爱国行为"打动了英国国王，国王下令在全国开展这项激发士气的游戏，甚至连王室的场地也对民间开放，以便让士兵和国民一泄国恨家仇。然

---

① 王训生,薛寿元,王俊璞,等.球迷手册[M].太原:山西人民出版社,1988:15-16.

② 颜绍泸,周西宽.体育运动史[M].北京:人民体育出版社,1990:182.

而，人们很快发现头骨踢起来脚会痛，于是有聪明人就改用牛膀胱吹气来代替它——现代足球就此诞生了。这项由战争仇杀衍生而来的"残忍运动"在英国民间迅速传播开来，并成为流行的体育娱乐活动。

文献中最早提到足球是在1137年，称一名男童在足球游戏中受伤身亡（足球一开始就造成伤亡）。大约1180年，威廉·菲茨斯蒂芬在描述伦敦时曾提到一场早期的"忏悔节足球赛"：午饭后，所有的城市青年都出城到田野参加一种球类游戏。每所学校的学生都有自己的球；每个城市各行业的工匠们也带着自己的球。老年公民、父亲和富裕的公民们在马背上看着自己的后辈竞争，重温自己的青春时光：看着无忧无虑的青少年愉快玩耍，他们内心深处的激情又被重新唤起。

进行足球赛的典型时令是狂欢节的星期二。在一本1387年的诺曼编年史中有这样的记载："诺曼底沃格森和里昂森林两村的村民决定，每年的圣灰星期三之前的星期二举行足球比赛，集合地点在莫泰弗圣母修道院的正门前。"意大利、法国和英国都有这段时间举行足球比赛的传统，不过到中世纪晚期，足球在英国的意义似乎已经超过了其他地方。在切斯特同样有著名的狂欢节球赛（忏悔节足球），复活节、圣诞节和城市守护神纪念日依然如此。

1200年左右的一部编年史中记载了弗兰德两个村子之间在11世纪初进行的一次足球比赛，它是在一片开阔平整的草坪上举行的，此前农民们在那儿狂饮聚会。与实战一样，中世纪的足球从早晨一直赛到天黑。不光对参赛的人数没有限制（参赛的人数往往可达数千人），就连对接触球的身体部位也没有大的限制，而且对比赛场地亦无明确定义，唯一禁止的就是谋杀！如果有城门的话，城门即为目标；如果没有城门，只要把球踢到对方的中心区就算胜利。场地有时会延绵数千米，街道、广场、农田等都是场地，即使球掉进河里，比赛都不会中断。比赛中，人们乱拥乱挤，互相踢打和殴斗，经常出现流血、断腿甚至丧命的事故，皮球所到之处，店铺、公共设施、居民宅院等难逃破坏，以至于这段时期的足球被称为"暴徒足球"。诺丁汉郡的一位牧师曾写道："男孩们在比赛中带球，但不是用手扔，而是用脚踢。即使不说粗俗和不人道，也比所有其他游戏都更无益处，这游戏很可恶。此外，这种游戏还常常因意外事故而结束。"

那时的球赛严重地影响社会公共秩序，破坏街道、房屋和田园，这样的球赛开始遭到宗教人员和君主们的强烈反对。英国第一次足球禁令是1315年爱德华二世（Edward Ⅱ）统治时期由伦敦市长尼古拉斯·德·范恩登（Nicholas de Farndone）颁布的："由于追逐打球会在城市里产生很大噪声，导致许多上帝想防止的坏事，我们代表国王命令今后禁止在市内玩这种游戏，违者监禁。"第二道禁令是在1349年爱德华三世时颁布的，除了足球，他还在1363年再次禁止了其他"无用的消遣"，如手球、冰球和斗鸡。苏格兰议会在1424年颁布的足球法中规定对不遵守禁令者实行罚款。1314年至1667年，皇家和地方一共颁布了30道足球禁令[①]。因为这种运动除了引起斗殴伤害事故和破坏事件外，还让年轻的男性不再专注于军事体育活动，统治者担心年轻人不专心致志地习武会使国家在受到异邦侵略时处于劣势。

不过，由于足球运动的特殊魅力，禁令也未能使它消失。禁令的不断颁布反而证明了足球运动一直以不合法的身份在民间存在。到1490年，有了"football"（足球）的专属名词。据苏格兰足球博物馆馆长理查德·麦克赖迪最新考证发现，在苏格兰国王詹姆斯四世的一份手迹中，居然记录了国王于1497年花两先令买一袋足球的账目。有记录显示，1569年，女王伊丽莎白一世曾观看由20个球员在一块长约50米的场地上，用树当球门柱进行的比赛。这表明足球已成为当时皇室成员的一项"秘密游戏"。1602年，在康沃里举办过一次大规模比赛，双方球门相距三四英里，各教区之间相互比赛，席卷了整个地区。尽管英国王室严禁足球运动，但并没有阻止人们对足球的热情，足球运动在英国扎下了根，活跃在英国的各个角落。直到1680年英国国王查尔斯二世废除禁令后，足球运动才在英国真正地蓬勃发展起来。但为了避免之前的暴力足球，政府将足球引入"贵族学校"，经过在学校的沉淀和进化后，才有了现在的足球运动[②]。

19世纪，英国工业革命推动了现代足球运动的发展，因为当时的工业革命需要大批工人，所以培养工人的各类技工学校应运而生。由于校内来自不同地区的学生对足球比赛方式和场上的行为要求各不相同，为保证各个地区的学生能在一起比赛，比赛规则急需统一。这段时期，剑桥大学、伊顿公学、新克利夫顿大学等学院都有各自的踢法，没有人想到要统一足球运动的规则。那个时候，最倒霉的人要算为比赛特设的"公证调解人"，他们是裁判的前身，负责记

[①] 沃尔夫冈·贝林格. 运动通史[M]. 丁娜，译. 北京：北京大学出版社，2015：116.
[②] 麻雪田. 世界足球大典[M]. 沈阳：辽海出版社，2003：948-949.

录进球数并调解纠纷和争议，但由于没有统一规则，这些调解人总是难以服众，甚至经常遭到全场数十人的追打和围攻。

1823年11月21日，在一场足球比赛中，一个名叫威廉·韦伯·埃斯利的15岁男孩突然用手捡起球，抱着它冲向对方场地发动进攻，这个动作后来引发了有关足球规则的大争论。在争论中，赞同手脚并用的一方，逐渐将比赛发展为今天的橄榄球；而坚持只能用脚的一方，则开始了对现代足球比赛规则的摸索和创立。

1848年，英国的伦敦、牛津和剑桥3所大学在举办足球比赛时，制定了一些规则，对足球运动做了最初的界定，并以书面形式确定下来。作为其中的重要内容，剑桥规则认为足球运动是一项不能用手或手臂触球的体育活动，进而对现代足球和橄榄球进行了区分——用脚踢的是足球，手脚并用的是橄榄球。剑桥规则的确立，给现代足球运动指出了一条光明的道路，并为现代足球运动的诞生提供了最早的理论依据。

1857年，英国成立了历史上第一家足球俱乐部——谢菲尔德足球俱乐部，它是世界公认的最早成立并参与现代足球赛事的球队，也是英国有记录证明的最古老的球会。

位于英国伦敦皇后大街的弗里玛森酒店，被认为是现代足球的诞生地，足球史上里程碑式的会议在这里召开。1863年10月26日，分别来自森林俱乐部（后改名为森林巡游者）、吉尔伯恩俱乐部、巴恩斯俱乐部、战争办公室俱乐部、十字军战士俱乐部、帕西瓦尔俱乐部、布莱克海斯俱乐部、水晶宫俱乐部、肯辛顿学院、索尔比顿学院、布莱克海斯学院等11家伦敦足球俱乐部和学院的17名代表召开会议，制定规则并创立了权威的足球组织，世界上第一个足球协会——英格兰足球协会。会议中，11家足球俱乐部在讨论修改"剑桥规则"的基础上制定和通过了世界上第一部较为统一的14条足球竞赛规则。

1872年，英格兰足协举办了优胜杯赛；1874年，越位规则产生；1885年，英国首创了职业足球俱乐部，随后欧洲各国先后成立了职业足球俱乐部。1886年，英格兰、苏格兰、北爱尔兰、威尔士4个足协发起成立国际足球理事会。1888年9月8日，历史上第一个足球联赛——英格兰足球联赛诞生。现代足球发展史上4个重要的"世界第一"都出现在英国，在这里诞生了世界上第一个足球协会、第一家足球俱乐部、第一部足球规则、第一场正式的足球竞赛。因此，国际上通常认定现代足球的起源地是英国。

英格兰足球协会的成立带动了欧洲和拉美一些国家足球运动的蓬勃发展，各国陆续成立了足球组织。1872年英格兰和苏格兰进行了历史上第一次协会间的比赛，1889年荷兰和阿根廷出现了若干个足球组织，1890年奥地利开始举办足球锦标赛，1900年西班牙巴塞罗那成立了"加泰罗尼亚"足球协会。此后，丹麦、新西兰、智利、比利时和意大利等国也相继成立了足球协会。这种情况大大促进了足球运动的发展，同时为建立国际足球组织创造了条件。当时，欧洲是足球运动发展的中心。荷兰足协秘书希斯霍曼和法国体育运动协会秘书罗伯特·格林是创建国际足球联合会的积极倡导者。希斯霍曼根据当时的形势致函英格兰足协，希望他们牵头成立一个国际性的足球组织，但遭到英格兰足协的拒绝，他们错误地认为成立国际足联是不切实际的幻想。与此同时，罗伯特·格林也在积极活动，在他的发起下，欧洲一部分足协决定不再等待英国人的答复，而是向欧洲各足协发函，希望创建国际足球联合会。

1904年5月21日，法国、比利时、西班牙、荷兰、丹麦、瑞典、瑞士七个欧洲国家的足协代表，在法国巴黎的圣奥诺雷大街229号聚会，决定成立国际足联，法文缩写为FIFA。会议制定了国际足联章程，规定国际足联是世界级足球比赛的唯一合法组织者。在这次成立大会上，与会者制定了国际足球联合会的初期章程；规定只承认国家足球协会，协会间互相承认，禁止俱乐部和队员同时参加不同国家举办的足球比赛，在比赛中采用英格兰足协制定的规则，互相承认对方的判罚，每个协会每年向国际足联缴纳50法郎会费，等等。1904年5月23日，国际足联召开了第一次全体代表大会，法国的罗伯特·格林被推选为第一任主席。此后，在格林的领导下，国际足球联合会做了大量艰苦的创建工作：建立工作机构，吸收新会员，扩大国际足联的影响，帮助一些国家创建自己的足球协会。1905年4月14日，英格兰足协宣布承认并要求加入国际足球联合会。苏格兰、威尔士、北爱尔兰随后相继仿效，这对刚成立不久的国际足联来说，是一个重大的胜利。

但是这一时期的国际足联无法称为真正意义上的国际足联，充其量只是一个欧洲足球联合会，这一状况直到1912年阿根廷足协成为第一个加入国际足联的非欧洲会员协会才得以改观。1921年，当法国人雷米特成为国际足联第三任主席后，该组织终于发生了里程碑式的变化。雷米特在任33年，使国际足联更加国际化，尽管中间经历了世界经济危机和第二次世界大战，但国际足联的会员增加到83个，并在1930年创办了具有极大影响力的世界杯赛，世界杯赛的冠军奖杯也因此又称为雷米特杯。国际足球联合会的创建，标志着足球作为一项世界性的体育运动项目登上了世界体坛，使足球运动在更广泛的范围内开展起来，影响也愈来愈深远。

1974年6月11日，在法兰克福召开的第39届国际足联代表大会上，巴西人阿维兰热参与竞选国际足联主席一职，他在竞选纲领中鲜明地提出了"七点发展纲要"，期待从技术、裁判、市场推广、行政管理和医疗等方面全面改革世界足球。他超前的竞选纲领和极富个人魅力的演讲使他最终打败了中学教师出身的英格兰人斯坦利·鲁斯，当选国际足联的第七任主席，他也成为第一位非欧洲籍的国际足联主席。也正是他在随后的20多年的任职期内，将足球运动打造成为"世界第一运动"，成为当之无愧的"足球教父"。

阿维兰热上任后，大胆地将足球与商业联姻，推动足球运动朝着产业化的方向发展，使国际足联引领足球运动发展的方向发生重大改变。这样的改革取得了立竿见影的成效，使国际足联在财政收入上得到大幅度的提升。他冲破各种传统势力的束缚，充分挖掘足球比赛中的电视转播价值，引入了商业广告和赞助，给国际足联带来了滚滚财源。有资料显示，阿维兰热1974年上任时，国际足联的账面上只有24美元，但在1998年他卸任时，国际足联已拥有了42亿美元的资产。有了强大的经济实力做基础，直接推动了足球运动在全世界范围内的发展。通过20多年的积累和演变，国际足联已逐渐建立了以世界杯为最高层次、以国家为参赛单位的国际足球竞赛体系，以洲际足球联赛为最高水平、由各国职业俱乐部为参赛主体的洲际性联赛体系。同时，实现了并行的两大竞赛体系的不同年龄阶段比赛的划分。除此之外，国际足联还经常组织各种类型的竞赛活动。国际足联作为足球运动普及和推广的组织机构，在国际足坛扮演的角色越来越重要。这些都源自阿维兰热为世界足球运动和国际足联的发展所作出的贡献。

2004年，国际足联迎来了百年华诞。如今的世界足球运动，因为其参加者和爱好者的人数众多而被公认为世界第一体育运动。据不完全统计，全世界踢足球的人已经超过1.5亿，其中女性2000万；经常参加比赛的球队有近80万支；登记在册的运动员有4000万人，他们分别属于150个国家和地区的33.2万家俱乐部，其中职业运动员近10万人。通过电视观看第12届和第13届世界杯赛的观众为100亿人次，第14届和第15届的观众达260亿人次，2002年第17届世界杯的观众达310亿人次，呈快速增长的趋势。国际足联是国际单项体育联合会中最庞大的组织，现有203个成员，超过了联合国会员国的数量。

在现代足球百余年的发展历程中，人们共同创造和积累了无数物质上和精神上的财富，这些财富的总和反映了各个时代世界发展在政治、经济、社会、文化方面的状况，同时反映了各个地区和民族的特点，这些物质上和精神上的人造物汇聚成了丰富多彩的足球文化。

二、足球文化的定义

很多学者都曾对"足球文化"作出不同的解释，对"足球文化"的内涵也进行了相关研究。肖子亮在《足球文化内涵的研究》中，以足球文化的母概念文化为出发点，深入地研究了文化学领域各学科各学派对文化的理解，并在此基础上构建了足球文化的定义，即足球运动主体创造的不同形态特质所构成的复合体，并剖析了足球文化的结构和内涵，他指出，足球文化的构成包括足球物质文化、足球制度文化、足球精神文化。其中足球精神文化表现为足球运动的行为准则、思想观念体系、艺术文化、价值观念。陆小聪在《足球文化与文化建构——"体育和社会"对话之六》中涉及足球文化的定义时指出，广义地说，它是以足球比赛为焦点，由球队、球员、球迷、各类媒体、供应厂商、行政系统等构成的一个足球文化链。而从狭义的角度作界定的话，它是人们对于足球的认知及其价值判断的状态。王国栋、回寅在《对足球文化全球化问题的思考》中结合马克思主义哲学原理中文化的概念，认为足球文化的实质同样是足球的人化，即人类在进行足球运动的实践过程中，赋予足球运动以人化的形式。足球文化是与足球这项运动相联系的一切人类心理、行为与所创造事物的总和。田世平、李坤贤在《世界杯与足球文化》中提出："足球作为一种文化现象，其基本内涵指的是人们在以足球为对象的社会实践活动中所表现出来人的运动和创造的本质，以及一系列与足球相关的物质的、制度的和精神的社会实践成果。"

结合对"文化"和"体育文化"定义的论述，任何文化的实质都是人化，是人类在改造自然、社会和人本身的历史过程中，赋予物质和精神产品全部总和以及人的行为方式以人化的形式的特殊活动。文化可分为物质文化、制度文化和精神文化。文化即人化，也就是说文化是指人的生命活动或存在的特殊方式，以及与之联系的人的心理、行为和人所创造的一切事物，它体现着人掌握自己同自然、社会以及自己的关系。足球文化是足球运动主体创造的不同形态特质所构成的复合体,是一个以足球为核心概念的,与足球相关的多种文化的集合。足球文化的实质同样是足球的人化。具体来说,便是与足球这项运动相联系的一切人类心理、行为与所创造事物的总和。

三、足球文化的构成

任何类型的文化,作为整体必然包括表层的物质技术结构、核心的民族心理价值观念结构以及在这两者中间起重要作用的制度结构。足球文化也不例外,据此,可将足球文化划分为足球物质文化、足球制度文化和足球精神文化三个方面。

所谓足球物质文化,是指足球运动主体在认识、适应、改造和控制自然界的过程中所取得的成果,表现为足球运动的器材设施及思想物化。足球物质文化是足球文化系统的基础,为足球文化的发展提供重要的物质保障。为满足足球运动需要而创造的场地器材设施等有形客观事物是足球物质文化的基本表现形式。器材设施主要指运动装备、足球场等足球比赛训练必需的物质条件。随着足球运动的不断深入发展,运动装备也在不断更新换代,如球衣柔韧性、透气性、吸汗性更好,球员穿着舒适性更佳,且不易受对方队员拉扯影响;球鞋设计更加符合人体工程学原理,对球员的保护性更高,且使球员对球的方向、力量操控性更高;足球设计得速度更快、旋转性更强;运动场地如草坪设计得防滑性更强、对球员的保护性更强。随着电子科学技术的进步,计时计分设备、辅助裁判设备也日益完善。当然,足球物质文化并不只是指纯粹的器材和设施,而是指内涵和功能具有物质性的活动和它的成果。足球文化的高级部分是为促进足球运动发展而创造且形成物质的各种思想物化品,这些由人的足球意识和观念直接形成的物质产物也归属足球物质文化的范畴,它高于直接充当足球活动载体的足球场地、设施和装备,如关于足球的歌曲、电影和足球比赛录像等。足球物质文化从整体上来说是指在足球文化中实际存在,可直接感知的事物,它不仅包括各种足球装备、场地、器材,还包括具有深刻思想内涵的物质成果。

足球制度文化就是人类通过足球运动改造和完善自身的活动方式及其制度的产物,是调控和规范足球运动中人们各种社会关系的组织机构和规章制度的总称。主要可以分为三个部分:第一,足球运动中人的角色、地位以及组织形式;第二,为促进足球运动发展而形成的各种组织机构;第三,直接影响足球

运动的各种原则、规章和制度。人的角色、地位主要指足球运动参与者在足球运动中承担的临时角色，即职责分工，如后卫、前锋、中锋等，各种各样的角色在一定组织形式的约束下共同维持足球运动的开展；足球组织机构是足球运动逐步发展的产物，它对合理高效地发挥群体的力量起着重要作用，人类的个体和集体的活动都离不开组织机构的作用。足球运动作为一种人类改造、促进社会进步的文化产物，各种社会组织和各种组织机构是不可缺少的，国家足球协会、洲际足球协会和国际足球协会等都属于足球组织机构；足球运动的原则和制度在足球制度文化体系中也非常重要，它决定了组织的性质、活动方式和发展方向，是制度文化中层次较高的部分。

足球精神文化是指足球运动主体在创造物质文化的过程中，认识、改造、适应、控制社会环境所取得的成果，表现为足球运动的行为准则、思想观念体系、足球艺术文化和价值观念。所以足球精神文化是以精神因素占主导地位的文化，凡是在足球文化中传承的社会心理、道德规范、科学、哲学、宗教信仰、审美评价和文学艺术等在思想意识形态领域的反映，都属于足球精神文化。

三种不同层次的文化之间并不是孤立的，而是相互协调配合，彼此互为前提，共同构成足球文化的全部内涵，在共同的文化机制控制下，促进足球运动的发展。首先，足球物质文化是基础与前提。足球运动的设施器材，如足球、球场等是开展足球运动的器材设施，没有这些物质文化作保障，足球文化便是空中楼阁。物质文化是最易于融合传播交流的，因而其也是在不同民族、不同类型足球文化间最易相互影响和借鉴的。其次，足球制度文化是关键与枢纽。足球制度文化层面的结构则是将其内在难于触动的心理、价值观念层面与外在易变的物质技术表层结合起来的部分。第三，足球精神文化是导向，足球精神文化作为系统的内核，决定着足球文化的性质和方向。好的舆论与价值观可以教育人，反之亦然。同时，精神文化中的心理和价值观念核心结构，是一种足球文化类型的灵魂，是不易变化的。另外，从具体的各层次足球文化看，一种足球文化现象往往包含多个层面的文化，比如一张足球报纸，首先它是具体的、可直接感知的物质文化，同时，足球报纸的出版机构作为组织机构又是制度文化的一种，而报道内容中所表达的理念和思想又是一种精神文化，所以不能机械地区分各层次足球文化（见表1-1）。

表1-1 足球文化的构成

结构层次	表现形式	功能
足球物质文化	设施、场地、器材等	基础保障
足球制度文化	组织结构、规章制度等	连接枢纽
足球精神文化	精神、心理、思想、价值观等	核心导向

第二节 广东文化

文化作为一个复杂的物质和精神财富体系，是由多种多样的因素长期作用形成的。这些因素包括自然、政治、历史、技术、经济、心理等，而丰富多彩的广东文化，恰是它们长期相互联系、相互渗透和相互结合的产物。

研究广东文化，是从区域文化研究的角度来探讨的，强调现实的行政区域界线，即以目前广东省的行政版图为区域边界。从构成来看，广东文化包含广府文化、潮汕文化和客家文化。从渊源来看，广东文化源于岭南文化。岭南文化，一般是指按文化特质划分的区域文化类型，如同齐鲁文化、吴越文化、荆楚文化等区域文化类型；而广东文化，则指岭南文化在广东的地域分布，即其赖以存在的地域或空间。学术界对岭南的领域有不同见解，但多数人认为岭南包括今广东省、海南省和广西壮族自治区的大部分地区。对这两个文化概念的内涵、特质、差异和联系作出分析，岭南文化与广东文化并没有实质差异。以岭南指代广东，古已有之，"故岭南文化即广东文化"[1]。为了保持广东文化历史的连续性，在习惯上，岭南文化与广东文化经常相互混用，没有严格区别，视实际需要而定[2]。如要突出某个政区文化，特别是它全部或大部在广东这个地域范围内，这时候就应当使用广东文化，"以致不少人干脆把岭南文化等同广东文化"[3]。

---

[1] 区锓.岭南文化的务实传统[J].中国典籍与文化,1993(4):52-56.

[2] 司徒尚纪.广东文化地理[M].广州:广东人民出版社,2001:4.

[3] 司徒尚纪.岭南文化和珠江文化概念比较[J].岭南文史,2002(1):7-10.

一、广东概况

1. 建制沿革

广东曲江县马坝狮子岩曾发现一颗中年男性头骨化石,称为"马坝人"。"马坝人"属于"古人"的早期类型,生活在距今约十二万九千年前。马坝人的发现,证明了广东的人类活动历史可以上溯到原始社会的原始群时代。中国是世界上幅员最广大的国家之一。从远古时代起,中华民族的祖先就在南国的大地上生息、劳动、繁衍,不断地改造自然和改进他们的生活,共同缔造了远古的文化。但是,中国自进入文明社会以来,其境内的开发有早有迟,有快有慢,呈现出发展的不平衡。一般来说,南方地区的开发比北方的黄河流域要晚,而广东境内地广人稀,又多密林、深谷和水泽,加上五岭的阻隔,所以开发也就迟一些。

秦代以前,广东地区与中原商周王朝以及长江流域的吴、越、楚等国就有了经济、政治、文化的交往,并与楚国的关系密切。秦始皇统一六国之后,于公元前214年(秦始皇三十三年)在岭南设置了桂林、象、南海三个郡。今广东省境内大部分地区属南海郡,海南岛及南路一带属象郡,粤西一部分地区属桂林郡。南海郡的治所在番禺(今广州)。

"汉承秦制",岭南划分为南海、苍梧、郁林、合浦、交趾、九真、日南、儋耳、珠崖九个郡。西汉末,裁撤儋耳、珠崖二郡,并入合浦郡。东吴统治时期,分合浦以北为广州,合浦以南为交州。广州统辖南海、苍梧、郁林、合浦等郡;交州辖交趾、九真、日南等郡。广州的州治设在番禺。广州由此得名。

唐太宗即位后,将全国分为十道,岭南道是其中之一。862年(唐懿宗咸通三年),岭南道划分为岭东道与岭西道。东道治广州,西道治邕州。广分东西自此始。宋初在岭南置广南路。宋太宗晚年把广南路分为广南东路和广南西路。广州与桂林分别是广南东路与广南西路的治所。元朝的地方行政制度分省、道、路、县四级。今广东境内分设广东道和海北海南道。广东道属江西行省管辖,海北海南道属湖广行省管辖。

1369年(明洪武二年),明朝政府改广东道为广东等处行中书省,并将海北海南道改隶广东。广东成为明朝十三行省之一。1376年(明洪武九年),朱元璋改行中书省为承宣布政使司,但习惯上仍称省。明代,广东承宣布政使司辖广州府、肇庆府、韶州府、南雄府、惠州府、潮州府、高州府、雷州府、廉州府、琼州府、罗定州等十府一直隶州，共有八州七十五县。明代广东布政使司的辖境和中华人民共和国成立之初广东省境基本一致，而"广东省"三字相连，作为行政单位的名称，是从清朝开始的，一直相沿至今①。中华人民共和国成立后，广西合浦地区与广东多次分合，1965年最近一次归广西，1988年4月海南单独建省，形成今日广东版图。

2. 地理位置

广东地处我国南疆，北靠五岭，南濒海洋，是一个相对独立的地理单元。这就让广东拥有了既封闭又开放的地理区位，极利于孕育和发展富有地域特色的文化体系。横亘广东北部的五岭山地，在交通落后的古代，是一道难以跨越的巨大障碍，极大地限制了古代广东与中原的沟通。唐代以前，中原人对岭南基本上一无所知，或知之甚少，斥之为"蛮荒""徼外"。同样，岭南人也难以跨越五岭进入中原，对那里的经济文化了解更少。虽然五岭间有许多通道可以相互往来，而且事实上两地居民很早就假道它们彼此交往，在文化上产生过一定作用，但这并不能真正改变其隔膜状态。另外，广东大部分疆域被海洋包围，使它与大洋彼岸的世界隔离起来，从这个意义上说，又增加了它的封闭性。这种地理环境，一方面，极大地限制了古代广东与中原的沟通，影响了广东经济、政治、文化的发展；另一方面，广东古代战乱少，社会较安定，政治环境相对宽松，外来的影响较少，也有利于广东本根文化的形成和发展，特别是有利于民族文化的积淀，形成自己的民族地方特色并易于承袭下来。几千年来，岭南的本根文化能保持自己的特色，并有很强的生命力，同这种地理环境和历史传统有很大关系。

但是，广东又恰处在我国南海航运枢纽位置上。生活在岭南的古越人很早就驱驰于这片广阔的海洋，随着航海、造船等技术的进步，广东人又不断假道海洋，迈出国门，走向世界，走上与世界各地交往的道路，从而不断削弱自己的封闭性，增加开放性，海洋最终给广东带来无限开放的优势和生机。特别是到了近现代，海洋成为广东对外开放的主要通道，得海外风气之先。正是由于广东濒临海洋，便于对外交流，所以本地区的政治、经济、文化、社会生活乃至人民的心态，均逐步形成开放型的特点和传统。

广东境内地形复杂，有山地、丘陵、平原、台地等，珠江三角洲与韩江三

---

① 蒋祖缘,方志钦.简明广东史[M].广州:广东人民出版社,1987:2.

角洲是广东主要的平原地区,中部河网密布,河水流量丰沛,终年不冻,水力资源丰富,航运利用率高,又因其居于沿海和山区过渡交汇之处,易于成为交易之所,渐渐形成商业文化的优势。

3. 自然条件和资源

广东的气候属热带、亚热带季风气候类型。由于境内纬度较低,大部分在北回归线以南,是我国最接近赤道的地区,太阳辐射热量大,日照多,又濒临南海,受海洋暖湿气流的调剂,所以气候温暖,夏长冬短,雨量充沛,几乎全年都适合农作物的生长。

广东得天独厚的地理位置、自然条件和气候,使广东的各种资源极为丰富。早在古代,广东的各种稀世奇珍,诸如珠玑、玛瑙、玳瑁、象齿、犀角、能言鸟、宝石、美玉和名贵香料等,就成为岭南人向中原统治者进贡的珍品。《汉书·地理志》对广东这些珍品作了详细的记载:"粤地……处近海,多犀、象、玳瑁、珠玑、银、铜、果、布之凑。中国往商贾者多取富焉。"广东农业比较发达,早在汉代已有一年两熟稻,从明代中叶开始,农业生产已实现了一年三熟。经济作物以亚热带、热带种属为主,兼有多种温带地区的产品,还盛产各种著名水果。森林资源丰富,树木兼有热带、亚热带、温带、寒带的各个品种,还有各种珍禽异兽。水产资源、矿产资源及旅游资源也很丰富。

虽然自然资源丰富,但在生产力低下的古代,广东的自然条件是很恶劣的。远古的岭南原始森林茂密,蚊虫成群飞舞,毒蛇猛兽横行,疟疾、伤寒、皮肤病等疾病成为其地方性的流行病、多发病,中原人称之为"瘴疠病毒"。其中以粤北英德府的烟瘴最甚,甚至有"人间炼狱"之称。这样的地理气候条件,一方面为广东人提供鱼类和兽类等生活资源,另一方面又给广东人带来了生活上的种种困难,为了生存,人们被迫与大自然进行顽强的斗争,逐渐认识了这里的自然规律,不但改造了自然,也发展了自己,这样就形成了广东人特有的文化特征:一方面,勤劳、勇敢,敢于冒险,勇于开拓;另一方面,又不得不求助于神灵,笃信神鬼,寻求超自然力量的保护。

4. 人口

任何文化都是民族的文化,它的发生和发展离不开载体,即民族和人口迁移。移民一则造成文化传播,二则使不同地域文化发生交流,形成新文化,推动文化向前发展,故移民在文化形成上占有很重要的地位。而移民素质、源地、迁移时间、路线和分布,又影响到一个区域的文化特色。广东文化是由生活在广东地区的各个民族共同创造的，但汉族的到来，无疑在其中起了决定性的作用。

古越族是岭南土著居民，他们创造了广东的古代文明。南越文化作为土著文化主体，代表了岭南文化在上古发展的成就和水平。但比起中原汉文化，它毕竟是落后的。所以岭南文化的发展，在很大程度上应归结于汉人的不断南迁。秦汉进军岭南，也是有组织的移民。这不仅增加了开发岭南所需要的劳动力和生产技术，而且极大地改善了岭南文化环境。他们与土著越人和睦相处，从事艰苦劳动，成为开发广东的先驱，同时为发展广东农业耕作和手工业技术，以及兴教办学等提供各种人才。在他们的浸染、熏陶之下，华夏文化开始在广东生根，也标志着中原移民文化与土著文化结合，奠定了广东文化发展的基石。此后历经东晋初、唐末、元初、清初前后多次大移民，不但广东人口民族成分发生巨变，汉人成为当地居民主体，而且广东文化结构也非昔日可比。土著文化不是被汉文化融合、改造，就是作为底层文化积淀下来，与中原文化的差距也在缩短。大抵在明清之交，以中原文化为脊梁，具有岭南地方特色的广东文化构架已经形成。

汉族南迁与土著居民的汉化和居地收缩是同步进行的。这些土著居民后来演变为黎、壮、瑶、畲、苗等少数民族，他们退居山区，保留着自己的民族文化，这些文化成为多彩多姿的岭南文化的一个组成部分。此外，历史上移居广东的还有海内外的回族和北方的满族。他们集中分布在一定地域，在很大程度上保持了自己的民族文化，同样为岭南文化增添异彩。南迁广东的汉人，由于他们的源地、移居时间和分布地区环境的不同，大约在唐宋时期，渐渐分化、发展为广府、福佬和客家三个民系。他们除了具有共同的文化特质以外，在语言、风俗、经济生活、心理素质等方面都有较大的差异，这都成为广东文化区划的基础。

二、丰富多彩的广东文化

文化的内涵很丰富很广泛，是人类所创造的一切物质财富和精神财富的总和，是一个非常复杂和多元的大系统；文化又是历史的投影，是时间积淀的结果。也就是说，文化是历史发展的产物，它不是短时期内出现的，而是人类世代劳动的结晶，有其历史的阶段性、连续性和继承性，这就决定了文化不能割断历史。

广东文化源远流长，结构复杂，内涵丰富，自成格局，从古代到近代都具有强烈的地域特色，在全国独树一帜。广东文化在形成、发展过程中不断向外扩散，到了近现代，特别是改革开放以来，以高位势能、崭新姿态辐射全国，在某些新兴文化领域，还位于全国前列，令世人刮目相看。

1. 物质文化

约在4500年前，古南越族人民就创造了以稻谷为主粮的农业锄耕文化。种植水稻，是南越族先民对我国南方农业的一项重大的发明和贡献。岭南除盛产水稻外，还盛产水果，素有"水果王国"之称，还大量种植经济作物。广东先民在发展农业生产的过程中，不仅培育了许多新品种，还引进了一批国外良种，大大丰富了我国的农作物品种。广东的手工业、工业在全国也有重要地位，"广货"历史悠久、品种繁多、质优工巧，素与"京货"齐名。"广绣"是全国四大名绣之一，"广绣"艳丽华贵，蜚声海外；"广钟"是我国最早制造的时钟；"广铁"曾大量出口，有"铁莫良于广铁"的美誉；广式家具做工细致，为人所乐用；"广雕"如牙雕、玉雕、角雕、石雕、砖雕、木雕、榄雕等，技术高超，品种齐全；"广药"以疗效显著而享有盛誉。其他名牌日用品更是不胜枚举。特别是近代，由于工商业发展较早、较快，广州地区成为我国最早建立近代工业、交通运输业的地区，从而诞生了我国最早的近代产业工人阶级。饮食文化是岭南文化一个很有特色的分支，"食在广州"早已闻名于世，粤菜享誉海内外。在服饰方面，岭南与中原或其他地区也很不同，岭南服饰文化的特点是，重视表现体型特征，款式新颖，用料讲究，做工精细，适应气候需要，舒适大方。岭南建筑也有自己的文化特征，城市大街两旁很多"骑楼"建筑，行人可以防晒避雨，民居重视厅堂装饰，吸取了西方建筑艺术的优点。

2. 精神文化

在精神文化方面，广东的科学技术、艺术、家教、语言等领域也各有特色和贡献。广东的学术研究在中国的科学史上有一定地位。早在东汉时期，就有陈元、士燮、董正等从事儒家经典注疏工作的学者。汉代杨孚的《南裔异物志》《稻海水土记》，是我国最早记载岭南作物的专著。晋朝王范的《交广春秋》，被称为"事赡词密"的佳作，是我国最早的岭南地方史专著。东晋葛洪在岭南研究炼丹术，唐朝赵德在广东宣扬理学，惠能在广东开创佛教南宗顿教。明朝陈白沙发展了宋朝陆九渊的理学，其弟子湛若水与王阳明各立门户，并驾齐驱。清朝中期，广州许多学者提倡"实学"，主张"崇实黜虚"，揭露社会弊端,讲求经世致用,它是从理学通往近代新学(西学)的中介和桥梁。阮元在广州创办"学海堂",使教育、学术研究、出版事业合为一体,整理有关广东的典籍文献,刻书1254册,3334卷。其后,"菊坡精舍""广雅书院"相继效仿,有力地推动了教育和出版事业的发展。鸦片战争后,西学东渐,岭南地区大力兴办现代学校、医院,发行报刊,有力地促进了科学文化的发展。

广东的文学艺术颇有特色。文学作品大量反映爱国主义精神,诗歌伤时忧民,沉郁而雄伟,小说多为针砭时弊,倡导改革。"广东音乐"驰名全国,它发源于粤剧、潮剧的伴奏音乐,谱制新曲,声韵优美,悠扬动听,风格卓异。"岭南画派"在我国享有盛誉,其作品不但继承了我国传统绘画技法,同时吸取了西欧、日本的画法,注重写生,色彩鲜艳,独树一帜。

宗教是文化的重要组成部分,广东的宗教活动非常活跃。佛教、伊斯兰教、基督教先后从海道经广州传播到内陆地区。东晋葛洪使原始道教理论化,对道教的传播起到了积极推动作用。唐朝惠能在韶州(今韶关)建立了南派禅宗,盛行全国,对佛教传播有重大贡献。清朝洪秀全吸取西方早期基督教中的平等思想,创立了拜上帝会,他以自己的理论为武器发动了太平天国武装起义,对中国历史的发展产生了深刻的影响。

由于中原多次移民,广东形成了独特的三大民系文化:以广州方言为标准音,主要聚居于珠江三角洲及西部地区的广府民系文化;以粤东北梅县方言为标准音,主要聚居于粤东北及东江流域的客家民系文化;以潮州方言为标准音,主要聚居于粤东南潮汕地区的福佬民系文化[①]。这三大民系文化各自有各自形成的历史和特征,显示了广东文化的复杂性、多元性和令人神往的风情。此外,广东的民俗也很有特点。

广东地处我国南疆,位于我国南方沿海地区,是对外交流的窗口,易于接受外来文化。它继承了我国优秀的文化传统,且吸收了外来文化的精华,形成了富有特色的地域文化。西方近代政治思想传到广东地区后,对我国太平天国运动、戊戌变法、辛亥革命均产生过重大影响。其后,工农运动也是最早在广东兴起,香港海员大罢工、海陆丰农民运动、省港大罢工等,在我国革命历史上均占有重要的地位。

中华人民共和国成立以后,广东文化又有许多新发展,特别是党的十一届

---

① 李权时.岭南文化[M].广州:广东人民出版社,1993:15.

三中全会以后,广东又一次成为国人瞩目的改革开放的试验地和引进西方先进科技文化的窗口,成为我国政治、经济、文化最活跃的地区之一。广东文化以一种新的姿态展现在人们面前,引起全国各地乃至世界的关注。

三、广东文化基本特征

广东不但有悠久的历史、灿烂的文化,而且文化特质独具一格,风格多样,在全国地域文化体系中占有重要一席。而近现代广东文化,更引领时代潮流,独占风骚,成为时代先进文化,并以高位势能、崭新姿态和装束辐射全国,令海内外人士刮目相看。广东文化的基本特征是广东文化的外部显著特点,我们深入研究和考察广东文化的基本特征,将有助于更好把握近代广东足球文化的本质和发展规律。广东文化各方面的研究者都认为广东文化特色鲜明,具有开放、兼容、多元、重商、实用、创新等文化特质和风格。

1. 开放

广东位于东亚大陆边缘、南海之滨。得天独厚的地理环境和自然环境形成的岭南文化,必然是"窗棂之下,易感风霜",免不了与其他外域文化发生碰撞和交汇,形成一种开放的文化心态,呈现出与较为封闭的内陆文化明显的不同性质。自古以来广东在物质、人员、信息等交流上互通有无,从未中断,这是广东自然形势所致,使广东呈现出一种开放式的文化态势。自汉高祖刘邦统一天下以来,广东不仅从海外引进了众多的花果和农作物品种,而且为佛教、伊斯兰教、基督教的传播打开了大门。在人文环境方面,广东对外通商和与境外各种友好往来,即使在明清海禁时期,也保持开放态势。尤其令人惊叹的是道学颇盛,朱陆、阳明之学声势炽强之际,广东却于同期接纳了大量的西方科学知识,不少商贾士人率先学习格致之学。鸦片战争之后,中西方文化交流更为普遍,广东地区大量设立传播自然科学知识的西式学堂。郑观应、容闳、康有为、梁启超、孙中山等人引进并介绍西方社会的政治学说,先后宣传资产阶级社会改良和社会革命的理论,从而为中国近代资产阶级民主革命开了风气之先。中华人民共和国成立以后相当长的一段时间,在国际封锁新中国的背景下,因有华侨、港澳等关系以及外交需要,广东也依然保持一定程度的对外文化交往,域外文化照样可以进入广东。而党的十一届三中全会以来,广东,特别是珠江三角洲,成为我国对外开放的"窗口"、"通道"和"桥头堡",其文化的开放性更加明显。

2. 兼容

自古以来，广东人在中外文化交流和变革的现实中，不断锻炼、改造和提高自己，形成了宽广襟怀，故能接受和容忍不同事物，形成广东文化兼容性的品格。在广东宗教史上，汉代传入佛教，晋代葛洪在广东建立道教，唐代又传入伊斯兰教和基督教（时称景教），加上形形色色的民间信仰和崇拜，广东神祇之多，在全国恐不多见。但却能诸神共存于一个空间，往往一个庙中供奉多个神明，都接受祭拜。在广东历史上，因宗教或民间信仰而发生的冲突不多。即使是异质文化，也能在广东找到自己的位置，并行不悖，和而不同地存在和发展。尤其19世纪以来，当西方先进科技文化成果和民主思潮涌入时，中国封建王朝许多臣民视其为洪水猛兽，闹出许多笑话。但广东人反应大不一样。利玛窦当年在肇庆传播西方宗教和科技文化，知府王泮支持他，大多数肇庆人感到惊讶、新奇，后来佩服。利氏在山城南雄，受到官员和信徒拥戴，洋教热席卷全城。西方科技在当时的中国被斥为"奇技淫巧""异端邪说"，广东人不但不排斥，而且从中吸取有益成分，从仿效到创新，这类事例，不胜枚举。

3. 多元

因土著文化存在，及与外来移民和海外通商、宗教传播等，广东文化成分十分复杂，包括本土南越文化（粤方言、习俗、饮食、地名等）、中原文化（主要是汉文化）、荆楚文化（五羊传说、青铜、方言）、巴蜀文化（冶铁、稻作、枸酱）、吴越文化（语言、风俗），以及海外印度文化（佛教）、波斯文化（用香药、斗鸡、长洲岛波斯人墓、银器）、阿拉伯文化（伊斯兰教、蕃坊）、西洋文化（近现代科技、意识）等，且广东无论哪个民系语言，都融合了大量外来语，除了英语（广州话中有400个英语单词），还有阿拉伯语、马来语等。广东文化是一种复合型文化，其多元性高于其他省区。北京大学著名人文地理学者胡兆量教授曾指出："广东是世界上历史文化十分复杂，因而也是十分典型的省份，加上海南岛，自成一个历史文化区域，进行深入研究，十分必要。"这些文化，像地层古生物一样，层层叠压，构成广东文化色彩斑斓的剖面，从建筑、语言、饮食、习俗、宗教等方面，无不展示出广东文化是一个完整的万花筒。

4. 重商

中国传统文化在经济领域历来具有重农抑商的倾向，但在广东地区，这种情况并不突出。广东的商业文化色彩表露得十分鲜明，历史上表现得也十分突出。广州是我国历史上最早、规模最大的重要对外通商口岸之一，自三国时期

以来，广州就已经是中国海上丝绸之路的起点，到唐代已成为世界著名商埠，宋代时广州与50多个国家有通商及政治关系，元代时广州与140多个国家有贸易关系，明清时岭南商品经济迅猛发展，当时浙商、徽商、晋商、闽商争相"走广"，广州城南的濠畔街成为"天下富商聚焉"的闹市区。长期的商业贸易实践，使商品交换的价值观念渗透到岭南社会各个角落。"崇利"的商品思想萌芽使中原农业文化的"贵义贱利"观念逐渐淡化。广东尤其是广州、潮州等地，人们逐利之广，上至官僚、地主，下至士子农人。中原文化认为官吏经商是不应为之和不屑为之的，但在清初，广州官僚经商却十分普遍，习以为常。"无官不贾，且又无贾不官。""今之官于东粤者，无分大小，率务朘民以自封。……于是民之贾十三，而官之贾十七。"①"又广州望县，人多务贾与时逐……北走豫章、吴、浙，西北走长沙、汉口。其黠者南走澳门，至于红毛（泛指西方）、日本、琉球、暹罗斛（在泰国）、吕宋（在菲律宾），帆踔（音"戳"）二洋，倏忽数千万里，以中国珍丽之物相贸易，获大盈利。农者以拙业力苦利微，辄弃耒耜而从之。"②雍正皇帝曾因之而斥责："在广东本土之人，唯知贪财重利，将地土多种龙眼、甘蔗、烟草、青靛之属，以致民富而米少。"尽管封建制度实行了两千多年，儒家正统的重本抑末、重农抑商观念占据统治地位，深入经济生活的每一角落，广东人还是顽强地坚持着以商养农，以商业促发展、求进步。与中原汉文化的自给自足、单一化的农业经济形成鲜明对照。

5. 实用

广东文化的实用性表现在其农业、手工业等的多元架构和整个经济生活方式都朝着有利于经济发展、满足大众生活需要和享受的方向发展。商品、市场、价值、信息等观念在人们心中根深蒂固，广东人目光远大、心怀意广、重利轻"义"、讲求实际。广东文化的实用性极典型地体现在其饮食文化上。广东饮食风格之一是几乎"无所不吃"；风格之二是丰俭有度，讲究实际；风格之三是注重营养，讲究科学。这三个风格是统一的，即在讲究营养和享受适度的前提下食之博杂，而并不受教条限制。广东人不尚虚名，讲求实际，不仅仅体现在饮食上，从服饰、交际、商务应酬等方面都可以看到这种文化特征的影响。在激烈竞争的生存环境中，实用性的广东文化的形成几乎是自然而然的。

---

① 屈大均.广东新语注[M].李育中，等注.广州：广东人民出版社，1991：267.

② 同①：333.

6. 创新

商品意识使广东人很早就懂得金钱的力量，也学会和掌握了通过商品交换来获得财富的手段。为此他们不惜冒险，敢于和善于开创，习惯变化，不怕新奇，被推为"华商之冠"，成为岭南人的气质之一。这也是岭南文化得以不断除旧布新的重要原因。

秦汉时代，岭南商人就远涉鲸波，开展海上贸易，其目的如唐代谚云："欲拔贫，诣徐闻。"徐闻为海上丝绸之路的一个港口，实际上商人足迹遍及东南亚，此后历久不衰。甚至在明清严行海禁之时，仍有不少人铤而走险，下海贸易，成为巨商。鸦片战争以后，国内经济凋敝，大批广东人出洋谋生，对促进海内外文化交流起到了重要作用。从20世纪开始到改革开放，广东人更是一马当先，实行各种试验，取得了很大成绩。

为了发展，必须不断开拓创新。鸦片战争以后，大批华人出国，看到西方世界文明，但不是照搬，而是经过改造引入广东。广东骑楼，源于地中海一带，后传入南洋，清末民初经华侨传入国内，但已结合岭南地理特点，在造型、立面上加以改造，变成既有中国传统式，又有西方文艺复兴式，仿巴洛克式、仿古典式等建筑景观。开平碉楼，在没有设计图纸的条件下，仅凭华侨记忆、明信片、油画等建造，而造得美轮美奂，风格多彩多姿。西式造型和内部广东式及西式陈设，反映了五邑侨乡人的聪明才智和中西文化的完美结合。在思想文化上，洪秀全在广州考试落第，获得一本基督教小册子，他深入思考，对西方宗教进行改造，写成《原道救世歌》等三部著作，奠定了太平天国革命的理论基础。其中"太平"为中国典籍《公羊传》中"太平世"理想，而"天国"出自《新约·马太福音》。太平天国不但体现了中西文化在广东的融合，也是洪秀全创新精神的表现。鸦片战争中林则徐、魏源提出"师夷长技以制夷"的"变器"思想以后，康有为、梁启超实现"变道"思想转变，提出效法西方政治模式，建立英、日式君主立宪，这比洪秀全农民革命平等思想前进了一步。此前中山人郑观应花五年心血写成《盛世危言》，提出一系列自强致富、改革政治等主张，成为中国启蒙运动先驱。毛泽东说正是看了这部书才促使他走出韶山冲，到处求学和创业，这部书影响了这位伟人的一生。而孙中山又在前人基础上提出建立美、法式资产阶级共和国，比康梁君主立宪又先进得多。孙中山三民主义革命思想代表了广东思想文化在第一次世界大战后的最高水平，也是广东文化创新性最高的典范。改革开放以来，广东文化创新性又达到一个高峰，包括开放意识、改革精神、价值道德、物质生产、区域发展、企业管理等模式、经验等，都充满了文化创新精神。这绝不是偶然的，乃是广东历史文化这种精神在新条件下的发展和凸显。

以上广东文化的基本特征是相互联系的，它们是一个有机整体。只有把它们有机结合起来，才能科学地把握广东文化的本质和特色，并掌握其发展规律。

图1-1　体现广东文化多元、兼容和创新特征的开平碉楼

第二章　近代广东足球文化发展历史背景

唯物辩证法认为，联系是一切事物所固有的属性，任何一个事物的内部和外部都处在相互联系之中，孤立的事物是不存在的。整个世界是普遍联系的统一整体。事物的相互联系、相互作用构成了事物的不断运动、变化和发展，事物由一种状态发展为另一种状态，从无到有、从简单到复杂，由低级形态发展为高级形态，都是事物相互联系和相互作用的结果，离开了联系，就无法考察发展。任何时代，人们创造的历史都要受到历史背景的制约。历史背景既为人们提供活动的基地，又使他们的活动受到制约；人们既受历史背景的限制，又不断地突破这种限制。

广东足球文化的发展历史也必然符合这个规律。广东足球文化广泛地与国际、国内、广东本土诸多要素相联系，这些背景要素包含政治、经济、社会、思想、人口等，直接或间接地作用于广东足球文化上，促进、影响或制约广东足球文化的发生和发展。这些对广东足球文化产生作用的要素总和构成了广东足球文化发展的历史背景，要清楚了解某一时期广东足球文化发展的历史，作出正确的分析，必须要依据具体的历史背景。

第一节　国际历史背景

在经过宗教改革、思想启蒙运动、资产阶级革命和工业革命以后，西方国家发生了深刻的变化，宗教束缚和封建藩篱被打碎，世界各主要资本主义国家处于高速发展的阶段，在政治、经济、军事、科技、社会、体育等领域都取得了极大的进步，成为世界强势文化。为了扩张自己的领土，巩固自己的统治，在与其他西方国家的激烈竞争中胜出，西方列强选择了殖民侵略；为了增加自己的原始积累，赚取更多的经济利润，资本家也走上了殖民主义经济掠夺的道

路；在强大的军事实力掩护下，传教士们加大了他们本就强烈的扩张行为。这些因素共同促使了源于欧洲的各种文化向全世界扩散，西方先进的科学技术、思想文化、伦理道德和价值观念也大量涌入东方各国，从而使东西方文化呈现出有史以来最大规模和最密切的交流、撞击及融合。东西方两大文化真正交流、融为一体，且在工业文明的基础上，开始形成互相融合、吸收并以西方文化占主体的新的世界性文化。现代足球文化传入中国便是此交流大潮中的一部分。

一、科技：工业革命

19世纪中期，欧洲国家和美国、日本的资产阶级革命或改革相继完成，世界形成西方先进、东方落后的格局。两次工业革命的完成进一步改变了世界格局。这一时期，自然科学研究取得了重大进展，新技术和新发明已被开发并应用于各种工业生产领域，西方资本主义国家先后进入"蒸汽时代"和"电气时代"。

1. "蒸汽时代"主要科技成就

18世纪末英国工业革命中纺织工业急需解决动力问题，瓦特适应时代的需要发明了改良的蒸汽机。1785年，瓦特的蒸汽机开始广泛应用于纺织工业。1775—1800年，瓦特和波尔顿合办的工厂生产了173台蒸汽机，其中用于纺织业的有93台，用于采矿业的有52台，用于冶金业的有28台[①]。瓦特改良的蒸汽机具有很大的效能，是一场动力革命，成为工业革命的巨大推动力。同时它也是推动人类社会历史前进的革命力量，可以说蒸汽机是伟大的"革命家"。

蒸汽机的发明和使用，推进了机器制造业、冶金业以及交通运输业的发展，并使社会从木材时代进入煤和铁的时代。钢铁质量的提高，使工具制造的精密度和准确度也不断提高，从而发明了各种车床，用机器来制造机器从此开始。1854年贝塞麦发明了转炉炼钢法，1801—1864年，西门子和马丁改进了炼钢法，使钢的产量增长很快。

蒸汽机被应用到水上交通，发明了轮船。1807年，美国发明家罗伯特·富尔顿（1765—1815）建造了"克莱蒙特号"内河轮船，到1851年，汽船吨位达

---

① 关勋夏.简明世界近代现代史：上册[M].广州：广东高等教育出版社，1986：195.

30万吨。蒸汽机被应用到陆上交通，发明了火车。1814年，英国发明家乔治·斯蒂芬森制成第一台蒸汽机车，并于1825年建造第一条客货运铁路。从此铁路运输事业获得迅速发展。1840—1870年，全世界铁道长度从约9000千米，增加到21万千米[①]。

19世纪上半叶，基本化学工业领域，即硫酸、硝酸、玻璃、炸药、染料、化肥和药剂等工业也发展得很迅速。1844年，德国开勒尔首创用木浆造纸，使纸张的质量大大提高。照相术在19世纪三四十年代得到广泛应用。以玻璃为底片可以晒出任何数量的正相。德国化学家李比希用化学方法分析了植物灰的无机物含量，并且制造出与植物灰成分相同的，主要含钾盐和磷酸盐的人造化学肥料，对农业化学作出了重大贡献。合成染料工业的发展也很快。1846年，意大利人索布雷罗发明了硝化甘油。这种把有机物无水甘油与浓硝酸和浓硫酸混合而产生的无色油状液体，爆炸力极强。但这种炸药受到轻微振动就会爆炸，贮存、运输都不安全。瑞典人诺贝尔的发明解决了这个问题。1867年，他用硅藻土吸收硝化甘油，发明了"安全炸药"。

在自然科学方面，能量守恒和转化原理、细胞的发现、达尔文的进化论三个重大发现使人们对自然过程的相互联系的认识有了大幅度的提高。另外，英国化学家道尔顿在1803年提出了关于原子论的观点，在此基础上，俄国化学家米特利·伊万诺维奇·门捷列夫发现了化学元素周期律，这是化学史上的重大成就。

2. "电气时代"主要科技成就

电气技术在19世纪末至20世纪初获得了重大成就，极大地改变了工业企业的整体面貌。从1870年起，许多科学家和发明家就着力于研究制造更完善的电气发动机来代替蒸汽机。18世纪70年代，法国工人格拉姆造出了第一台适合工业用的直流发电机。这是利用德国工程师西门子关于机械力发电的原理制成的发电机，可以将机械能转变为电能。1873年格拉姆又发明了一台电动机，可以将电能转变为机械能。这两种机器后来又被西门子、美国发明家爱迪生和俄国工程师多里沃·杜布罗沃尔斯基所改进。1831年，爱迪生在美国建立了第一个发电站。1879年，西门子将电动机运用到交通方面，发明了电车。1891年，多里沃·杜布罗沃尔斯基实际运用三相交流系统第一次解决了电的远距离输送问

[①] 关勋夏.简明世界近代现代史:上册[M].广州:广东高等教育出版社,1986:196.

题。远距离输送电力的发明极大地改变了工业的整个面貌，对水力发电是一个极大的促进。随着电气技术的发展，热力技术即蒸汽机和内燃发动机也得到改进。这样在19世纪80年代就发明了蒸汽涡轮机和内燃机。内燃机的发明和应用，继蒸汽机之后又一次引起了交通运输的革命，为汽车和飞机的发明创造了条件。1885—1886年，德国工程师本茨和戴姆勒设计制造了第一批汽车。1895年，爱尔兰发明家邓禄普发明了充气轮胎，使汽车更广泛地流行起来。在汽车发明后的30年间，全世界已拥有汽车200万辆[①]。汽车的发明和迅速推广，使世界各国的交通事业突飞猛进。

19世纪70年代，电气照明技术有了重大发展，电灯这项重大发明，为人类造福极其深远。同时期，通信技术取得了重大成就，爱迪生在贝尔发明的电话的基础上，对电话作了巨大改进，使电话在19世纪60年代在全世界各大城市普及，并由此开始了信息革命。

19世纪末的另一项重要科技发明就是无线电，意大利工程师马可尼在英国资本家的资助下，改进了无线电设备，于1899年实现了英吉利海峡两岸的无线电通信。1901年，他又实现了大西洋两岸的无线电通信。

在化学工业方面，1869年，美国化学家黑特发明了赛璐珞。1906年，巴克兰德发明制作了电木（酚醛塑料）。1884年，法国工程师夏尔东发明了人造纤维。到1903年，出现了用黏胶生产的人造丝。1910年前后，德国、美国都制成了合成橡胶。1903—1904年，德国科学家哈贝尔和博什发明了用高压的方法将氮和氢合成氨。氨是制造硝酸及生产染料、肥料和炸药的重要基础材料。合成染料在19世纪末期制造成功。

19世纪末期至20世纪初期，物理学发生了一场革命。放射性物质的发现、电子的发现和量子理论基础的奠定，尤其是相对论的创立，是这场物理学革命的标志。19世纪和20世纪之交，爱因斯坦创立的相对论是物理学上的一场大革命，在科学史上取得了划时代的成就。

物理学的发展，为化学理论的发展提供了新的基础。因此，19世纪末和20世纪初，化学科学也获得了跨越式发展。许多国家的科学家研究发现了新元素，证实了门捷列夫在1869年发现的周期律。同时，镓、锗等元素被发现了。1894年，英国科学家拉姆塞和瑞利发现了氩；1895年又发现了氦；1898年又发

---

① 关勋夏.简明世界近代现代史：上册[M].广州：广东高等教育出版社，1986：444.

现了居于周期表中最末的"零族"惰性气体——氮、氖、氩。

工业革命时期的科学技术革新还有很多，这些科学技术上的革新促使西方社会进入新的时代。率先完成工业革命的欧美国家，完成了由手工业到动力机器大生产的转变，生产力得到了极大的提高，并随着工业革命传播到世界各地，改变了世界的政治、经济格局。工业革命的迅猛发展为资本主义扩张提供了强大的物质力量，使资本主义具有了空前的扩张力和渗透力；工业革命和工业文明的兴起，开始了世界一体化和全球化进程。

二、殖民侵略

西方国家大规模的殖民侵略和扩张始于15世纪末和16世纪初的地理大发现，即哥伦布发现美洲新大陆和麦哲伦环球航行。进入17、18世纪，老牌的殖民帝国西班牙和葡萄牙走向衰落，后起的荷兰、英国、法国取而代之。

荷兰先是夺取了葡萄牙占领的东印度群岛，并围绕好望角开辟了南部非洲殖民地；英国不仅在北美东海岸建立了13个殖民地，后又扩张到加拿大地区；法国则在路易斯安那和加拿大地区进行殖民活动。在大洋洲，英国人发现并逐步移民，占据了澳大利亚和新西兰，并将英国的文化全面移植到这些人烟稀少、文明程度较低的地区。在亚洲，英国人先在印度获得最初的立足点和沿海商站，直到18世纪末，英国人才强大到利用莫卧儿帝国的解体，开始对印度进行侵略。1764年，英国东印度公司在击败莫卧儿军队后，又获得了孟加拉的基地。英国人先后击败了竞争对手法国人和印度地方王公，到1818年，英国对印度的侵略基本完成。随后，英国人继续北进，在尼泊尔击败了廓尔喀人，最后战胜了西北方的锡克人。到19世纪中叶，英国人成了从印度河到布拉马普特拉河，从喜马拉雅山到科摩林角的整个印度次大陆的"主人"。在侵略印度的过程中，英国还于1815年获得开普殖民地和锡兰，1819年占领新加坡，1824年又东侵缅甸，后来终将缅甸征服，1838年侵入阿富汗。法国则在1830—1847年侵略了阿尔及利亚，19世纪50年代进而入侵越南南部。英国将势力推进到中国海疆和边境之后，中国就成了西方资本主义国家尤其是英国侵略的下一个目标了。1840年，英国对中国发动了第一次鸦片战争，强迫清政府签订了不平等的《南京条约》，由此中国逐渐陷入半殖民地半封建社会的深渊。

19世纪70年代开始，殖民国家竞争加剧，除了老牌殖民国家（包括俄国），又出现了德国、美国、意大利、比利时和日本这些新的殖民主义国家。

1860年，英法联军攻入北京，俄国乘机夺取了阿穆尔省并取得满洲的特权。两次鸦片战争打开了中国的门户，列强的竞争使任何一个国家都不能独占中国，遂加紧在华划分势力范围，把许多不平等条约强加给中国。中国名为独立，实则不断向外国提供越来越多的特权和租借地。后起的日本也大力向中国和朝鲜扩张，20世纪初已在中国的满洲享有特权，并把台湾和邻近岛屿变成殖民地。

19世纪初殖民主义国家在被称为"最后的大陆"的非洲占领的土地只有318万平方千米，而在19世纪最后的25年里，欧洲对于非洲的兴趣又浓厚起来，在非洲占领了2569万平方千米土地。由于欧洲的迅速工业化和人口的增加，对植物油、植物纤维、橡胶和某些矿产资源的需求增大了，而这些产品可以用廉价的工业品在非洲换得，因此对新原料的需求引起对非洲原料产地的激烈争夺。殖民主义国家对非洲内地的殖民始于19世纪晚期法国在塞内加尔开创的逐步推进方式，即以种植花生或油棕榈的农场为前进基地，利用药物治疗热带疾病，利用当地土著组成雇佣军队，沿主要河流向腹地推进，这种方式远比英国的沿海渗透方式有效，因此为其他殖民国家所效仿。

18世纪70年代，南非发现了大量的金刚石、黄金等矿产，又刺激其他殖民国家在非洲其他地区探寻同类矿藏，争夺的土地不再限于适宜种植农作物的地区，荒地、沼泽、沙漠和无人区都成为争夺的对象。新兴的工业强国——德国、比利时和意大利也加入对非洲的争夺中来。1885—1900年，欧洲国家完成了对非洲的瓜分。除了埃塞俄比亚和利比里亚两个政治上独立的国家外，传统的非洲王国如阿散蒂、达荷美、索科托、布干达，以及欧洲裔非洲人建立的德兰士瓦和奥兰治自由邦等国家均沦为西方国家的殖民地或保护国。埃及名义上为独立国家，但完全受英国的控制。到1912年止，列强已经占领了非洲96%的土地，非洲大陆基本上被帝国主义列强分割完毕[①]。

在亚洲，俄国的殖民扩张与众不同，采取了同化土著民族的文化和社会的方法，向西伯利亚、远东、高加索和中亚推进，并极力向中国渗透。到1876年，地处欧洲东部和亚洲北部的东正教国家沙皇俄国已经占领了1700万平方千米的土地。法国征服了安南、老挝、柬埔寨，地处欧洲西部的英国占领了东南亚的马来半岛和北婆罗洲，控制了中东的波斯湾和阿拉伯半岛南部。在大洋

[①] 王助民, 李良玉, 陈恩虎, 等. 近现代西方殖民主义史(1415—1990)[M]. 北京: 中国档案出版社, 1995: 184.

洲，欧洲中部后起的资本主义国家德国从西班牙手中购买了加罗林群岛、马里亚纳群岛等殖民地。

在从"自由"资本主义向垄断资本主义过渡的时期，殖民地对于各资本主义国家有了新的意义。各个垄断集团在相互竞争中，只有夺取殖民地并独占原料产地、商品倾销市场和资本输出场所，才能摧毁对手的竞争能力。从19世纪70年代起，资本主义列强掀起了夺取殖民地的狂潮，到1900年，非洲90.4%的地区，亚洲56%的地区，美洲27.2%的地区以及大洋洲的全部都沦为了帝国主义直接统治的殖民地，同时还出现了许多半殖民地和附属国[①]。世界已经被基本瓜分完毕了。

从15世纪的地理大发现，欧洲人走出欧洲，到19、20世纪亚、非、拉等地经历"去殖民化"的历史过程，殖民主义贯之始终。殖民主义涵括了这一整段历史，并且影响着人类社会变迁发展的各个方面。殖民主义的客观结果带来了资本主义文明，促进了古老世界的崩溃，为落后民族的复兴奠定了物质基础，这是客观结果。但所有的"建设"都是为了殖民者自己的需要和目的，是在剥削殖民地资源、役使殖民地人民的同时完成的，殖民主义的实质就是一组控制与被控制的权力关系。伴随着帝国主义的殖民侵略，西方国家的宗教、科技、思想制度等文化大量向落后国家传播。

三、经济掠夺

工业革命使得机器被广泛使用，劳动生产率得到大幅度提高，生产力有了突飞猛进的发展，欧美主要资本主义国家的主要工业产量迅猛增长，经济领域的发展达到空前的繁荣。资本主义大工业，从"蒸汽时代"进入"电气时代"，从"棉纺织时代"进入"钢铁时代"，标志着资本主义生产力发展到一个新水平。19世纪的最后30年里，世界工业总产值增长了2倍多，钢产量猛增了55倍，铁路线长度增长了近4倍。1870—1913年，世界贸易额增长了3倍多[②]。殖民主义侵略扩张把世界广大地区纳入资本主义经济的范围中，形成了资本主义世界经济体系。

[①] 王助民,李良玉,陈恩虎,等.近现代西方殖民主义史(1415—1990)[M].北京:中国档案出版社,1995:193.

[②] 唐承运.简明世界史[M].长春:东北师范大学出版社,1987:271.

近代广东足球文化发展历史研究

1. 用商品占领世界

19世纪50年代英国完成了工业革命,此时它的资本主义经济在世界居首位,居世界工业垄断地位。从1850年到1870年,英国出口的棉纺织品总值由2800万英镑增加到7100万英镑,英国生铁的年产量由229万吨增加到597万吨,机器制造业由1850年的机器出口总值100万英镑增加到1870年的530万英镑。工业技术也有很大发展,出现了不少高达25米,日产450吨至550吨的炼铁炉,同时采取了最先进的冶炼技术。交通运输也有很大发展,1850年到1870年英国铁路线由1065千米增加到4500千米。在海上,英国垄断了国际航运,工业技术和交通运输业上的优势,保证了英国商品在世界市场上的垄断地位。1870年世界贸易总额为374亿马克,其中英国有91.8亿马克,连同其殖民地的对外贸易,有140亿马克,等于法、德、美3国对外贸易的总和,居世界首位。在19世纪的前70年里,仅占世界人口2%左右的英国,一直把世界工业生产的1/3~1/2和世界贸易的1/4~2/5掌握在自己的手里①。从18世纪末到1870年,英国的国民收入增加了10倍,人口增加了3倍。英国的经济空前高涨,变成了"世界的工厂",获得了世界经济霸权和殖民霸权。

机器大工业的建立、经济的发展、世界金融中心和海上霸主的确立、"世界工厂"的形成,必然导致大规模的商品输出。运用廉价商品作为殖民掠夺的主要形式,这是工业资本取代商业资本的必然结果。此时期英国对外采取"自由主义"贸易和用商品占领世界的策略。19世纪中叶以后,英国生产的产品大大超过了国内市场的需要,一半以上要输往国外市场销售,而国内工业又需要大量原料和粮食,也要依赖国外供应。其中棉纺织品80%输往国外,棉花则全部来自国外。以印度为例,那时英国向印度输出棉织品占其全部棉织品输出的1/4以上,占英国对外输出总额的1/8以上,把印度完全变成了英国的主要国外销售市场。英国对其他殖民地的商品输出也是惊人的。1827—1834年,英国输往伊朗的纺织品增加了1.5倍,自19世纪30年代起其纺织品占伊朗进口总额的90%。英国于1838年强迫土耳其签订新的《英土商业条约》,土耳其取消专制,允许境内"贸易自由",降低进口税等,英国的大量商品进入土耳其。克里米亚战争以后,英国基本上控制了土耳其的市场。1767—1814年平均每年向拉

---

① 王助民,李良玉,陈思虎,等. 近现代西方殖民主义史(1415—1990)[M]. 北京:中国档案出版社,1995:127.

美国家出口40万英镑商品，1822—1824年增加到每年均为590万英镑，成为英国重要的出口市场。到19世纪50年代，澳大利亚已形成了典型的殖民地经济，1842—1852年，英国平均每年向澳大利亚出口商品的价值为160万英镑，在其发现黄金后的1852—1861年为1010万英镑，是前10年的6倍。1860年，新西兰进口商品的56%来自英国，到19世纪末一直保持在60%上下。大量的数字、广阔的范围反映出英国工业品的输出状况。

地大物博、人口众多的中国自然成了西方资本主义国家极其渴望开拓的市场，但初期的贸易远不能满足西方资产阶级的欲望。19世纪二三十年代，中国每年出超银元二三百万两，英国不得不远送白银至中国以弥补贸易逆差。运送白银至中国以弥补贸易逆差的状况日益受到英国国内资产阶级的反对，在中国做生意的东印度公司最后发现印度的原棉及鸦片在中国销路较好，最终把二者作为解决中英贸易不平衡的有力工具。1773年，英国政府确立了鸦片政策，给东印度公司以贩运鸦片的专利权，鸦片输华数量呈直线上升。18世纪60年代以前，鸦片输华量每年不过200箱，18世纪60年代以后则上升为1000箱，1786年首次超过2000箱。18世纪末，从东印度公司领有特许状的大批商人参与鸦片走私，使得鸦片输华量急剧增加。1800—1801年，输华鸦片为4570箱，1821—1822年为5959箱，1830—1831年高达21849箱，1838—1839年高达3.55万箱，价值银元230.75万元[①]。鸦片的大量输入不仅给中国人民的身心造成严重损害，而且直接导致中国白银大量外流，出现"银贵钱贱"的现象，从而给中国民众的生活带来巨大危害，加剧了清政府的财政困难，进而直接危及清朝的统治。1806—1809年，约有700万元的银块和银元从中国流入印度，1830—1839年10年间，平均每年有五六百万两白银流出。

对东方国家廉价商品的输入，尽管总是带着炮火的硝烟，甚至鸦片的异味，但它是"历史向世界历史转变"的一个客观历史进程。大工业不仅把世界各国人民互相联系起来，把所有地方性的小市场联系成为一个世界市场，而且它使各文明国家里发生的一切必然影响到其余各国，引起这些国家整个生存形式的改变。所以自由资本主义时期的殖民侵略对东方社会的影响远比以前深刻，它不仅触动社会的表面，而且开始触动亚洲生产的经济基础。东西方的交往是复杂的，带来的后果及影响也是多元的。但西方绝不容许东方独立发展资

---

① 许庆朴,张福记.近现代中国社会:上册[M].济南:齐鲁书社,2002:131.

本主义与之抗衡是无疑的。现代足球就是这种商品经济掠夺带来的多元"副产品"之一。

2. 资本输出

近代殖民主义是资本主义生产方式的产物，伴随着资本主义的发展而发展，从19世纪70年代开始，世界资本主义发展到一个新阶段，由自由竞争的资本主义过渡到垄断资本主义，金融资本确立了自己的统治地位。资本主义大力向海外扩张，掀起了殖民扩张的新浪潮。在短短的几十年时间内，资本主义生产关系深入全球的各个角落，发展成为囊括一切的统一的世界经济体系。

把资本输出到落后国家去开发资源，既可以获得廉价原料的稳定来源，又可以对资本输入国进行控制，加强国际间竞争的优势地位。资本输出是金融资本从经济上瓜分世界的必然结果。19世纪后期，资本输出迅速增长。因为殖民地拥有丰富的资源、大量的廉价劳动力，而且西方强国通过占有殖民地可以在相当程度上排除竞争者，因此西方国家竞相向殖民地、半殖民地国家输出资本，进行殖民掠夺。

主要资本主义国家资本输出迅速增长，从1825年的9亿美元增加到1870年的79亿美元，到1913年再度增长到385.5亿美元。1855—1913年，英国对外投资增加6.5倍，法国增加11倍，德国后来居上，达到与法国相近的水平。英国资本输出始终都遥遥领先于其他资本主义国家，后起的美国、德国增长速度咄咄逼人。1914年，在总额为94.3亿英镑的对外投资中，欧洲占27%，北美占24%，拉丁美洲占19%，亚洲占16%，非洲占9%，大洋洲占5%[①]。可以看出，广大的殖民地附属国成为帝国主义国家资本输出的主要对象。

通过资本输出，金融资本把触角伸到了世界各地，把殖民地半殖民地的经济纳入其剥削体系之中，成为资本主义经济体系的一个组成部分和附庸，这是金融资本统治时期殖民侵略的最主要特征。例如，英国对印度的资本输出到1901年已达到4.5亿英镑，每年可得利润4000万英镑，已超过它在商业、航运业方面的利润（2800万英镑）。巨额的利润收入便是英国"将铁路和工业制度的其他产物介绍到印度来以后……便不能把改变的巨轮停顿下来"的原因。马克思曾在1881年算过一笔账，发现英国人每年从印度剥削的纯收入比印度6000

---

① 王助民,李良玉,陈恩虎,等.近现代西方殖民主义史(1415—1990)[M].北京:中国档案出版社,1995:176.

万劳动人口获得的收入还要多。他气愤地说:"这是残酷的敲骨吸髓的过程!"

在投资过程中,殖民国家一般要在殖民地半殖民地实行目的在于破坏自然经济、发展商品货币经济的一系列改革,否则它的工业资本、商业资本和金融资本的殖民剥削便很难进行,因而它需要通过经济和行政手段将农业结构转型为服务于生产农业原料和其他经济作物;推广西方教育(英语或法语教育),培养所谓新式知识分子,建立适合殖民统治的一套政治机构;引进西方思想观念,制定社会立法。资本主义经济体系的建立直接导致殖民地社会阶层的变化,大量获得相对自由的无产阶级产生,商品经济意识也助推了殖民地人们的思想观念的转变,以现代足球为代表的西方体育文化也就随着这些经济上的"建设"传向世界。

四、宗教扩张

基督教和伊斯兰教一样,是一神教的宗教观,它宣扬只有一个上帝,上帝创造一切,也是一切的主宰。因此,凡不信仰基督的人都是异教徒,作为他们的"兄弟姐妹",基督徒有义务使他们改信基督,相信上帝。这种宗教观决定了基督教必然要把世界的统一(同一)作为一种目标,必然要为此而向外进行扩张。基督教出现不久,教会就狂热地进行传教活动。罗马时期,为了扩大信教的范围,不惜使用武力进行所谓"圣战"。到6世纪时人们就可以感受到,在拉丁地区文化背景中成长起来的西派(罗马)教会,同世俗政权一样,对于地域的扩张和权力集中是饶有兴趣而且孜孜以求的。到了中世纪的欧洲,宗教作为一种意识形态无孔不入,有着至高无上的地位,11世纪开始的十字军东征拉开了基督教世界性扩张的大幕。欧洲浸淫于基督教精神之中;基督教赋予欧洲以扩张性。为实现其世界性目的,宗教成为一种鼓舞的力量,一种进攻的手段,一种实际行动的巨大动力。

自15世纪地理大发现以来,基督教的海外传播与近代西方殖民主义的海外扩张是紧密相连的,在西方殖民主义的海外扩张活动中,传教士常常与殖民者同船而来、携手并进,"十字架"与"剑"成为近代欧洲海外扩张的左膀右臂。传教士在欧洲殖民扩张与维护殖民统治中所起的作用甚至超过了殖民军队,无怪乎有历史学家认为"十字架的作用比军刀大""传教士是真正的征服者"。方济各派的编年史家特瑞达德在其1638年的《东方的精神征服》一书中写到:"在征服东方的过程中,世俗权力与教会力量紧密结合,缺一不可,因为世俗权力只能借助传播福音而获得力量,征服殖民地,而福音的传播只能依靠世俗权力的保护。"

西方传教士进入殖民地以后,为了扩大基督教的影响,博取当地民众的信任,吸引更多的人加入基督教,"为传播福音开辟门路",会在殖民地建立一些学校,创办报刊以加大宣传力度,以及大力发展慈善事业,包括开办医院,建立育婴堂、孤儿院、盲童学校、聋哑学校等。犹如当时在东印度公司担任医生的哥利支在向英美发出的"呼吁书"中所说:"为了改善中国人俗世的和社会的状况,……请医务界的善士们前来行好事,以博取人民的信任,由此而为……基督教铺平道路。"美国基督教差会重要负责人司弼尔曾把传教士举办慈善事业的目的明确地指出来,他认为:"我们的慈善事业,应该以直接达到传播基督福音和开设教堂为目的。……因此,作为一种传教手段,慈善事业应以能被利用引人入教的影响和可能为前提。要举办些小型的慈善事业,以获得较大的传教效果,这要远比举办许多的慈善事业而只能收获微小的传教效果为佳"①。

西方传教士利用文化教育和慈善事业推广传播宗教活动,培养一批亲教会的知识分子和群众,以加强教会势力,扩大教会在殖民地半殖民地国家的影响,同化殖民地半殖民地人民的思想,并为西方国家在殖民地半殖民地的统治和经济掠夺服务。但是,西方传教士的这些工作也在客观上开拓了殖民地民众的视野,发展了教育和医疗水平,提高了殖民地的文明程度,促进了文化的交流。

传教士向中国传播西方文化,对中国封建社会的解体并逐渐演变成一个半封建社会起过一定的催化作用,他们给中国封建社会注入了大量的西方资本主义文化及资本主义的价值观、伦理观和生活方式,客观上对中国近代化起了推动作用。现代足球作为源于英国的体育文化,是西方社会的生活方式,体现了西方世界的价值观,代表了西方工业文明发展的成果,西方传教士选择足球作为其中的一种手段进行传播。

五、殖民主义"双重使命论"

殖民主义的"双重使命"理论是马克思首先提出来的。马克思于1853年撰写了《不列颠在印度的统治》和《不列颠在印度统治的未来结果》两篇文章。在这两篇文章中,马克思基于英国在印度殖民统治的历史,提出了"双重使命论",认为殖民主义(以英国为例)一方面通过商品输出和资本输出破坏殖民地

---

① 顾长声.传教士与近代中国[M].3版.上海:上海人民出版社,2004:256.

（以印度为例）社会的整个结构；另一方面又必然会"造成新的生产力"，"播下新的社会因素"。但在英国资产阶级统治被英国工业无产阶级推翻以前，或是印度取得独立以前，印度人民是不会收获英国资产阶级在他们中间播下的新的社会因素所结的果实的。由此，马克思作出总结性理论概括："英国在印度要完成双重的使命：一个是破坏性的使命，即消灭旧的亚洲式的社会；另一个是建设性的使命，即在亚洲为西方式的社会奠定物质基础。"马克思关于殖民主义"双重使命"的理论是非常深刻、辩证的，从本质上揭示了殖民主义存在的"破坏性作用"和"建设性作用"。

1. 破坏性作用

殖民主义侵略者对落后的亚非拉国家的破坏性是非常巨大而且显著的，马克思曾尖锐而形象地把殖民主义实现"双重使命"比喻为用人的头盖骨做酒杯盛着甜美的酒浆。

在工业革命前的殖民扩张阶段，欧洲殖民者对殖民地人民进行直接的经济掠夺和征收贡物。西班牙、葡萄牙从拉丁美洲搜刮了不可计数的金银财宝运回国内，导致欧洲通货膨胀，金价下跌。荷兰在东印度群岛也是巧取豪夺。为了牟取暴利及满足南北美洲对廉价劳动力的需求，西方殖民者开始了贩卖非洲黑奴的罪恶勾当。1451—1870年，由欧洲殖民者运到美洲的黑奴近1000万人，而比这个数目还要多的黑人则死于被捕获和海上贩运过程中，给非洲造成了灾难性的影响。另外，欧洲殖民者大批移居南北美洲，引发了殖民者与土著印第安人的大规模冲突和战争，加上欧洲殖民者又从旧世界带去了一些印第安人缺乏免疫的传染性疾病（如天花），导致印第安人大量死亡，有些部族几近灭绝。

欧洲殖民者对于亚洲各国的侵略和殖民活动，也是一场血与火的灾难。他们所到之处，烧杀抢掠，恶果累累，而且公然在亚洲种植、贩卖鸦片，毒害亚洲人民。为了逼税，东印度公司还派军队下乡，严刑拷打交不起租税的印度人民。1769—1770年，孟加拉国发生了饥荒，饿死的人占孟加拉国人口的三分之一，尽管如此，英国殖民当局还是不断加强对孟加拉国人民的搜刮。英国驻孟加拉国拉总督华伦·哈斯丁曾向伦敦正式报告："尽管本省人口至少死了三分之一，因而耕地面积缩小了，但是1771年的纯税收甚至超过了1768年。……其所以如此，是由于因暴力强行保持以前水平的结果。"[①]据不完全统计，从18世纪

---

① 王助民,李良玉,陈恩虎,等.近现代西方殖民主义史(1415—1990)[M].北京:中国档案出版社,1995:58.

初至1813年以前，东印度公司从印度掠夺了价值10亿英镑以上的财富，这笔财富在大大加速英国工业革命进程的同时，也给印度人民带来了深深的苦难。

殖民主义者还通过多种形式侵蚀、改变殖民地半殖民地和附属国的经济结构和社会结构，使当地原来的农业和手工业结合在一起的自给自足的自然经济结构趋于解体，最终仅仅成为殖民主义者的附属和补充。正如马克思所说的："不列颠侵略者打碎了印度的手织机，毁掉了它的手纺车。"昔日孟加拉国的手工业中心达卡居民约有15万人，曾被誉为印度的曼彻斯特，到1824年已经萧条不堪，只剩下2万人[①]。不仅摧毁了城市手工业，也沉重打击了农村手工业，从而破坏了印度传统的家庭手工业和农业结合的、自给自足的经济基础。随着亚洲式社会基础被摧毁，东方社会中先进、美好的文化也一并衰落。

2. 建设性作用

资本主义发展到垄断阶段，为了适应不断扩大的资本输出的需要，垄断资本家需要把殖民地从增值商业财富转为榨取剩余价值和实现剩余价值的场所。单纯的赤裸裸的暴力掠夺对殖民地半殖民地社会造成了极大的破坏，妨碍了把殖民地半殖民地变成原料产地和商品销售市场。金融资本不仅需要一个农业附属国，而且需要一个工业附属国，需要一个经济上有一定发展的殖民地。因此帝国主义改变了纯粹掠夺的政策，通过资本输出，在殖民地进行了有目的和选择性的建设。建设是相对于破坏性而言的，这是殖民主义双重使命的体现。建设性使命是在破坏性基础上进行的。

对殖民地的建设早在自由资本主义时期就开始了，只不过规模很小，当时只有英国在殖民地投资经营铁路、交通运输、矿山和少量的初级加工工业。到了垄断资本主义时期，建设的规模和范围不断扩大，帝国主义在殖民地半殖民地进行了大量的近代工业建设，修建铁路、公路等近代交通设施，兴办企业、银行，开设文化教育机构，创办自由报刊，传播西方的思想、科技，开办医院，等等。帝国主义对殖民地的建设是为了掠夺更多的财富，建设主要集中在采矿业、原料的初级加工，或用来修筑铁路，发展运输，扩大交通网。其中，铁路建设对于控制殖民地、扩大商品市场和原料的掠夺都有特别重要的意义，因而成为建设的重点。19世纪末和20世纪初，帝国主义国家掀起了建设铁路的

---

① 王助民,李良玉,陈恩虎,等. 近现代西方殖民主义史(1415—1990)[M]. 北京:中国档案出版社, 1995:107.

高潮。1870—1914年，英国在印度修建的铁路达5.8万千米，到第一次世界大战前，列强在非洲修建的铁路达4万多千米。在墨西哥，英、美公司修建的铁路线由1880年的1016千米增加到1910年的24730千米，阿根廷的铁路线由1880年的2313千米增加到1914年的3万多千米。通过修建铁路，帝国主义大大加强了对殖民地经济的控制，铁路是殖民地现代工业的先驱。

为了把殖民地变为原材料产地，帝国主义在亚、非、拉广大地区开采了大批矿山。在非洲矿产丰富的北罗德西亚（今赞比亚）、比属刚果、南非等地建立了大批铜矿、金刚石矿、黄金矿，拉丁美洲则集中在硝石、铜、锡、石油等方面。亚、非、拉广大殖民地蕴藏的丰富的自然资源成为金融资本高额利润的重要来源。

随着垄断资本主义的发展，金融资本要求有一个经济上不断发展的殖民地，投资、建设的领域和规模不断扩大，从农业、商业、轻工业扩大到重工业。英国从20世纪初至20世纪30年代，在印度兴办了煤炭、水泥、电力、造船、钢铁、纺织、化学等工业，把工厂制度扩大到各个领域，并在殖民地建立了近代金融体系，为其开办的工厂服务。

帝国主义国家通过资本输出，把资本主义生产方式移植到殖民地，客观上促进了殖民地资本主义的产生和发展，资本主义的生产关系逐渐成为占主导地位的生产关系。如印度、阿根廷、墨西哥、巴西、智利等到独立时都有相当发达的资本主义经济，从这个意义上讲，殖民主义在促使殖民地国家较早改变落后面貌、加入近代世界发展潮流方面起了一定的作用。

但是，帝国主义对殖民地的建设并不是要真正发展殖民地，而是要保持殖民地的原料产地状态，是为了更好地掠夺殖民地的财富。殖民主义总是压抑、控制殖民地民族资本主义的发展，不希望自己的利益受到太多的损害。在印度英国对民族资本主义的发展百般刁难，多方限制，不给印度企业提供长期贷款，实行差别运费，在运输上对印度产品实行歧视政策，特别是利用殖民政权的关税政策，对印度产品征收高关税，极大地阻碍了印度资本主义的发展。帝国主义国家在殖民地投资兴办了大批工厂，涉及农业、商业、轻工业和重工业，却没有投资机器制造工业，殖民地所需要的机器设备都必须从帝国主义国家进口。亚、非、拉广大的殖民地半殖民地到独立时，工业体系是没有"心脏"的体系。所有的建设性作用，都导致了帝国主义对殖民地财富更多的掠夺，对殖民地半殖民地的社会经济造成了极大的破坏。

在对殖民地进行经济建设的同时，帝国主义也移植了西方的政治制度和思想文化。西方国家的政府、教会和企业直接推动和资助西方文化、教育在殖民地的植入活动。他们引进现代舆论工具，创办报刊，宣传西方的观念，开办大批学校，推广西方教育，培养了一批又一批为西方服务的近代知识分子。西方思想文化广泛而又日趋深入地传播，深刻地影响着殖民地的教育、思想和政治，促使殖民地半殖民地的传统文化走向衰落，为帝国主义巩固和加强对殖民地的统治提供了有力的武器。

现代足球文化是这些众多西式文化中的一种，它随着战舰上的士兵、码头上的商人、教堂中的传教士传播到了殖民地半殖民地国家。足球是这些人原来的生活方式、消遣方式之一，是他们的兴趣爱好，体现了西方世界的价值观，是他们认为可以改变殖民地半殖民地国家人们思想观念的方式。足球被有意或无意地带到了这些亚非拉国家，足球也成为工业革命以后所形成的世界政治、经济、文化体系中的一部分。

第二节　国内历史背景

鸦片战争使中国陷入半殖民地半封建社会的深渊，西方列强在政治、经济领域逐步控制了中国社会，中国经济结构发生重大改变，社会阶层出现分化，中国社会发生了传统时代从未有过的巨变，被称为"三千年未有之变局"。在民族存亡之际，最早睁眼看世界的中国有志之士，看到了西方国家的科技进步、经济发展、军事强大，积极主动引入西方的文化、科技、教育、制度等，以实现救亡图存的目的。体育在这一过程中被认为是强身健体、改善国民素质，壮大军队的重要途径，包括洋务派兴办的新式学堂引入西式兵操，发展军事体育；维新派将体育作为学校教育的重要组成部分，全面提高国人素质；资产阶级革命派进一步利用体育为革命服务，后期形成了国民体育思想。这些都是国人基于各自的利益、知识背景及在此基础上对国内外情势的判断，在审时度势后，为救亡图存的实际需要做出的积极探索和社会实践。代表西方工业文明成果的现代足球也随之被国人认识、接受。可以说，救亡图存的思想和社会实践是现代足球传入中国最重要的历史条件。

一、国门被迫打开

漫长而愈益封闭的中国封建社会在清代后期出现了王朝衰落的迹象，此时西方资本主义国家却经过文艺复兴、宗教改革、资产阶级革命和工业革命建立起了强大的工业文明，并同时走上了殖民主义扩张的道路。西方工业强国不断向世界殖民扩张，它们裹挟着坚船利炮和廉价商品撞开了中国封闭的大门，中国被迫逐渐沦为半殖民地半封建社会。

鸦片战争前夕，英国已经完成产业革命。英国资产阶级为了扩大本国工业品的销售市场和增加工业原料的来源，依靠其强大的军事力量，在世界各地开辟航路，强迫别国缔约通商，甚至不惜兵戎相见，拓展殖民地空间。

初期的中英贸易远不能满足英国资产阶级的欲望。一是清政府实行闭关政策，仅以广州作为对外通商的口岸，这在西方资产阶级看来限制了其对华贸易的开展；二是初期的中英贸易中，中国处于出超地位，这一状况日益受到英国国内资产阶级的反对，在中国做生意的东印度公司最后发现印度的原棉及鸦片在中国销路较好，以致把二者作为解决中英贸易不平衡的有力工具。鸦片的大量输入给中国人民的身心造成严重损害，给中国民众的生活带来巨大危害。面对危局，当时中国的有识之士要求严禁鸦片。以林则徐为代表的强硬派在广州开展了禁烟活动，沉重打击了英国鸦片走私贩。这一正当的禁烟运动激起了英国资产阶级的愤怒，于是英国侵略军打着保护其在华利益及维护"正当"贸易的旗号出兵中国，从而爆发了中英战争。1840年2月，英国对中国发动了第一次鸦片战争，腐败无能的清政府败下阵来，被迫与英国签订不平等的《南京条约》。19世纪50年代，英法借口"亚罗号事件"和"马神甫事件"，联合出兵中国，挑起了第二次鸦片战争。1860年8月，英法联军攻占天津，10月攻进北京。咸丰皇帝逃往热河，圆明园被抢劫一空，并被侵略军纵火焚烧。最后，清政府批准了1858年与英、法、俄、美分别签订的《天津条约》和1860年10月签订的《北京条约》。

历史表明，英国发动第一次鸦片战争的根本目的，决不仅仅是为了保护可耻的鸦片贸易，也不是为了维护他们所谓在华"平等""自由"通商的权利，其根本目的在于：西方资本主义国家凭借其强大的军事实力，企图在相对落后的国家的领土上获得种种殖民特权，以便从事不平等贸易，获得高额利润。只要实现不了这种目标，西方列强总会找出各种借口发动新的对华战争。第二次鸦片战争则是西方列强为了在华获取更多特权而又一次诉诸武力的侵略战争。

两次鸦片战争给中国社会以巨大影响，产生了多重效应。一系列不平等条约的签订使中国由一个政治上完全独立自主的国家，变为领土主权、司法独立遭到破坏而且政治上逐步丧失独立地位的国家。在中国的沿海沿江等城市出现了外国人掌握治权的租界，这些"国中之国"，一方面构成了西方列强侵略中国的桥头堡，另一方面也成为西方资本主义文化进入中国的窗口。大量西方国家的军人、商人和传教士来到这些租借地，其设立的工厂、银行、教堂等机构数量众多，他们的生活方式、行为习惯、思想观念深刻地影响着中国人。外国资本主义的入侵，客观上推动了中国近代化的进程。鸦片战争前，中国还是一个经济上以小农经济为主体的自给自足的封建社会，鸦片战争后，中国封建经济逐步解体，日益成为世界资本主义的商品市场和原料产地，自然这也为中国民族资本主义的产生提供了条件。中国人的思想观念也发生了深刻的变化，经世致用思潮及效法西方以自强的洋务思潮兴起。总之，中国正由一个相对封闭的封建社会，开始向日益融入世界历史的半殖民地半封建社会转变，社会的运行机制也由于外国资本这一新因素的插入而发生变化。

二、经济结构改变

中国在长期的封建社会中，一直保持着农业与家庭手工业相结合的自然经济结构。明清时期，在经济发展水平最高的长江三角洲以及珠江三角洲地区，出现了类似西方资本主义萌芽时的一些经济现象，但在整个社会经济体系当中，远未达到催生资本主义生产关系的程度，还不足以动摇自然经济的统治地位。但是到了近代，自然经济逐渐解体，封建生产关系不断受到削弱，资本主义在中国产生，社会经济结构慢慢发生质的改变，开始由农业社会向近代工业社会艰难转型。

首先，西方输入的机制棉纺织品，逐渐打开了中国市场，对中国的手工棉纺织业打击沉重，促使纺与织、耕与织逐步分离。在19世纪40年代末50年代初，由于洋布进口量多，上海的手工织布业逐渐衰落，广州、苏松地区的家庭织布业也纷纷停业。19世纪50—60年代，在厦门地区，洋纱在价格上较土纱有明显优势，人们以洋纱代替土纱织布，洋纱进口量大增。19世纪70年代以后，特别是19世纪80年代中期以后，以棉纺织品为主的西方工业品进口量快速上升，棉纱进口量在1885年较1870年增长了22倍，棉布进口量在1890年较1872

年增长了66%。廉价的洋纱、洋布大量涌入中国市场，在更大范围内导致手工棉纺织业的破产以及耕与织的分离，出现了"妇女愁叹坐食，机杼不闻"的局面。

其次，主要从19世纪70年代以后，西方其他种类繁多的工业制品也不断在华扩大市场，沉重打击了中国传统的冶铁业、榨油业、制糖业等，使相关手工业者纷纷破产。

最后，鸦片战争后中国出口贸易不断扩大规模和拓宽范围，加强了中国农业与市场的联系，促进了经济作物种植和其他商品生产。在中西贸易中，中国的丝、茶出口量一直到19世纪60年代都是直线上升的；70年代以后虽在国际竞争中日益处于不利地位，茶叶出口开始呈下降趋势，但出口量仍相当可观，刺激了农村的蚕桑生产和茶叶种植。此外，棉花、大豆、桑麻、猪鬃、羽毛、皮革、草席等农产品在出口贸易中所占比重逐步增大，也拓宽了农产品商品化的范围。

中国的自然经济结构受到西方势力扩张的影响而解体，结果使物质财富主要集中到西方势力手中，并使众多农民和手工业者丧失原有的谋生手段而破产，这在客观上扩大了商品市场和雇佣劳动者的后备队伍，从而为资本主义在中国的产生提供了一定的前提条件。

三、社会阶层分化

伴随着生产方式的变革，中国社会固有的阶级结构发生分化，原有的各阶级阶层出现分化与解体，产生了新的阶级与阶层。中国近代资本主义经济，主要是在外国资本的入侵与刺激下产生并不断发展的，从而导致近代中国资产阶级在来源、阶级构成及特性等方面的独特性。中国资产阶级是由地主、官僚、商人、买办等转化而来的，而商人和买办则成为较早向资产阶级转化的成分。

旧式商人在中国封建社会中处于"四民之末"，社会地位低下。鸦片战争后，买办商人显示了独有的优越性，他们不仅可以获得丰厚的经济收入，而且受到外国领事裁判权的庇护。尤其是洋务运动时期，兴办近代工商业成为救亡措施，不少买办成为洋务派的座上宾，一些知识分子也提倡商战，从而导致商人地位的提高。商人地位的变动，并不完全取决于"商"本身地位或力量的提高与壮大，主要是世界历史发展变化的必然结果。西方资本主义在冲击古老中国的大门时，正是商品经济显示了巨大的优越性，于是，被中国传统观念视为

"淫巧"之物的商品，越来越显示出其无穷的魅力。商人地位的提高不断打破传统士农工商的排序，逐渐走向社会的尊贵阶层。尤其是甲午战争后，清政府出于自保，逐步放弃重农抑商的政策，鼓励发展工商业，先后颁布了《商律》《奖励华商公司章程》《奖给商勋章程》等，提高商人的社会地位。同时，下令各地商人成立商人自治性组织——商会，使得商人的社会力量更为增强。商人不断向工商业资产阶级转化，其在近代中国社会的进程中起到越来越重要的作用。其中，郑观应就是买办商人的一位代表人物。郑观应（1842—1921），字正翔，别号慕雍山人，广东香山县（今中山市）人，他是中国资产阶级早期改良主义思想的代表。他17岁应童子试失败后便决意经商，同年（1858年）远赴上海，在宝顺洋行学习商务，开始了一生中最重要的买办生涯。自19世纪80年代起，郑观应与洋务派发生广泛的联系，除投资开平煤矿外，另与盛宣怀等人在登、莱、青、锦四州筹资开采五金矿藏，积资达数十万两之巨[①]。晚年他致力于宣传和发展教育工作，担任招商局公学住校董事和商务中学名誉董事，直至逝世。郑观应著有《救时揭要》、《易言》和《盛世危言》等，其中《盛世危言》直接宣传了他的改良主义思想，影响甚为巨大。《盛世危言》是改良主义者的宝典，成为康有为、梁启超等人的先师，对资产阶级革命派孙中山和无产阶级领袖毛泽东也有过影响。随着经济实力进一步的巩固，社会地位的提升，以及对西方政治、经济、思想价值的认同，中国资产阶级的家庭成员陆续地以进入新式学堂、教会学校，出国留学等方式进一步学习西方社会的先进文化，成为西方政治经济制度文化的倡导者和引领者。有"第一个踢足球的中国人"之称的莫庆，就是中国近代著名英资洋行"太古洋行"第二代买办莫藻泉的侄儿，他是中国最早参加足球运动的人之一，发起和推动成立了中国历史上第一家体育组织——"华人足球会"（后来的"南华体育会"），对足球文化在中国的传播作出了贡献。

另一个新兴的阶级是工人阶级。中国的产业工人最早产生于外资在华企业中。19世纪四五十年代，外资在华开设的船舶修造等企业以及对外贸易的货栈、码头中，产生了首批产业工人；以后随着洋务运动中官办工业及民族私人资本企业的大量出现，工人阶级的队伍不断壮大。据初步统计，1895年产业工人的人数约有10万，1913年产业工人总人数达到100万。中国的工人多数是来

---

① 李权时. 岭南文化[M]. 广州：广东人民出版社，1993：224.

自农村的农民和手工业者，也有一部分是城市市民。中国最早的产业工人产生于外资企业中，这批工人成为中国最早使用西方机器的劳动者，他们直接接受外国资本家管理，在资本主义经济运作方式下，他们的价值观念、生活方式、社会风俗、娱乐文化等都受到了西方文化的影响，成为现代足球文化传播的接受者。

四、救亡图存的思潮及实践

鸦片战争使中国逐步沦为半殖民地半封建社会，也给中国人民带来了深重的民族灾难。第二次鸦片战争后，世界的主要资本主义国家开始向帝国主义阶段过渡，掀起了夺取殖民地的高潮，进而加紧侵略中国。它们在政治上加强对清政府的控制；经济上把资本活动扩展到中国广大地区，渗透到各个部门；军事上进一步企图分割中国。美国、日本先后侵略台湾，英、俄争夺新疆、西藏，法国发动中法战争，日本发动中日甲午战争。从东南沿海的台湾到西北的新疆，从邻近朝鲜的东北到靠近越南的云南、广西，全面告急，形成边疆危机。

面对国内政治危机，民族存亡之际，中国不同阶层的政治团体形成了不同的救国思想，相应地也采取了不同的道路，力图通过变革以自强，主动学习西方的军事、科技、制度和文化。现代体育作为西方资本主义的文化之一，被认为是"强种、强国"的重要手段，包括现代足球在内的现代体育虽不是各政治团体的主要发展目标，但在救国图存的思想背景下，通过一系列的变革变法，促进了现代足球文化在中国的传播和发展。

1. 洋务派

1840年，第一次鸦片战争爆发，清政府长期的"闭关锁国"被西方列强的坚船利炮所打破，昔日的上朝天国竟败于蛮夷小国，朝野上下无不为之震惊，中国亦开始沦为半殖民地半封建国家。国门大开，西方列强加紧了入侵中国的步伐，伴随着资本主义列强对中国军事、政治、文化、宗教全方位的侵略，国人开始探索"自强"、摆脱外国欺辱的救国良方。在当时内忧外患的情势下，清政府中一批开明地主阶级官僚及部分知识分子，认识到被形容为"三千年来未有之大变局"的时代巨变，在镇压农民运动及与西方人接触的过程中，充分了解到西方坚船利炮的优越性，产生了学习西方物质文明以自强的思想，并很快付诸实践，从而有了清政府的自救运动——洋务运动。洋务派在中央的代表人物主要有奕䜣、文祥等，在地方的代表人物则主要有曾国藩、李鸿章、左宗棠、张之洞等，另外还有一批团结在他们周围的知识分子。他们都有要求学习西方科学技术以解决社会危机的愿望。

洋务运动的主要内容最先表现为"求强"思潮的兴起。经过两次鸦片战争的较量，西方列强的坚船利炮给人们留下了深刻的印象。奕䜣曾明确表达了洋务派的共同认识："治国之道，在乎自强。而审时度势，则自强以练兵为要，练兵又以制器为先。"①所以，求强思想就是采用西方的技术与设备，创办军事工业，并用洋枪洋炮和洋法装备与训练旧式军队，以加强清政府的统治力量。至19世纪70年代，"求富"思想产生，借用李鸿章的话就是"今日当务之急，莫若借法以富强，强以练兵为先，富以裕商为本。""欲自强必先裕饷，欲浚饷源，莫如振兴商务。"求富，就是创办适应市场需要的民用工业，增加财政收入和开辟军事工业及兵饷的来源。1872年李鸿章创办了中国第一个民用企业轮船招商局，此后，洋务派办起了一系列民用企业。学习西方又向前迈进了一步。

洋务派开始编练新式军队，以洋操、洋枪、洋炮为主要训练内容。最早对军队进行西方编练的是曾国藩的湘军、李鸿章的淮军。洋务派一方面从英、法、美等国的军队中聘请军官充任洋操教官，另一方面派人出国学习兵操。洋务派新军中，早期又以练习英国兵操为主，后来多采用德式兵操，德式兵操主要是单兵教练与队列训练，也教习单双杠、木马、平台等器械体操。至19世纪末，清军大都以习练洋操为主。洋务派的新军操练，使西方兵操得以系统地传入中国，对中国近代体育的形成与初期发展产生了较大的影响。

清政府在举办洋务的过程中，迫切需要新式人才，于是在洋务派的推动下，清政府在此期间先后创办了30多所洋务学堂，并选派学生去国外留学。洋务学堂开有兵法、体操等体育课程，学生们热情高涨，所开设课程受到了极大欢迎。1894年曾受业于北洋水师学堂的王恩溥在《谈谈六十三年前的体育活动》中谈到，当时列入正式体育课程的有击剑、刺棍、木棒、拳击、哑铃、足球、跳栏比赛、算术竞走、羹匙托物竞走、跳远、跳高、爬桅等项，此外还有游泳、滑冰、平台、木马、单双杠及爬山等活动②。或是身着学校新制式的训练

---

① 许庆朴，张福记. 近现代中国社会：上册[M]. 济南：齐鲁书社，2002：167.

② 中华人民共和国体育运动委员会运动技术委员会. 中国体育史参考资料：第3辑[M]. 北京：人民体育出版社，1958：121-122.

短衣、短裤，在新式操场上进行兵操（步操、炮操和马操）的训练；或是在老师的带领下，学习单杠、双杠、徒手体操；或是在某个下午的课间，到户外环境中参加体育训练或运动。新式学堂，一改从前的枯燥沉闷、只文不武的局面，开始注重身体的练习。在编练新军、办军事学堂和派遣留学生等活动中，引进了现代体育的内容，是中国现代体育兴发的起点。从历史的观点看，洋务运动对现代体育的引进、传播和后来的发展，在客观上起了先导作用。洋务运动从时局和现实利益角度考虑，关注的重点是强兵，积极联系和引进西方现代体操作为一种新的军事训练和学习内容，客观上促进了西方现代体育在中国的传播和普及，为现代体育思想的产生和发展奠定了基础。

为培养军事工业人才及军队官佐，洋务派曾派遣不少青少年赴英、法、德、美、日等国留学。1871年曾国藩、李鸿章奏请"挑选聪颖幼童赴美国书院学习军政、船政、步算、制造诸等。……以培人才，而图自强"。1872年开始陆续选派10余岁少年4批共120名赴美。这批留学生年纪小，在美国7~9年的学习生活中，不但参加了许多体育活动，而且其中一些人还成为运动好手。他们回国后，对传播西方体育起了一定作用。

2. 维新派

洋务派借法自强的内容主要限于军事和经济领域，在政治制度方面则固守封建君主专制统治，其学习西方的纲领为"中学为体，西学为用"，把中国封建专制政体与引进的西方科技文化和生产力捆在一起，这是不能真正把中国社会推向富强的道路的。1894年，中日甲午战争爆发，中国大败，北洋水师全军覆灭，丧权辱国的《马关条约》的签订，再一次激起了全国人民的不满。在国家危难之时、存亡之际，以康有为为首的资产阶级改良派在对洋务运动进行反思的基础上，提出了进一步学习西方政治制度的要求，发动了著名的"戊戌变法"运动。他们企图在维持清朝封建专制体制的前提下，效法英国和日本，用和平手段实现君主立宪，引进西方"新学"来改良社会，以救亡图存。

戊戌变法从1895年的"公车上书"发其端绪，至1898年夏季的"百日维新"达到高潮，最终又以谭嗣同等"戊戌六君子"血溅菜市口，康有为、梁启超逃到国外避难的悲剧结束。期间，在试图有所作为的年轻的光绪皇帝的支持下，改革派颁布了一系列变法条文，初步勾勒出一幅当时的中国人学习西方、发展资本主义、建立以日英为模本的君主立宪政体的蓝图。

维新派在维新运动中很重视教育，把教育看作是国家富强的根本，认为教育决定了一个国家的强弱，教育强则国家强，教育弱则国家弱。中国之所以落后，原因在于教育不良，而要变得强大，必须改革教育。他们积极提倡西学，主张废除科举，兴办新学。维新派的所谓"西学"与洋务派不同，主张"西学"包含着资产阶级需要的社会政治学和自然科学，是为君主立宪政体服务的。因此，改革教育广兴学校成了维新运动的一项重要内容。在维新派影响下，1898年光绪皇帝下谕内阁，改书院为新式学堂或专门学堂，京师设大学堂，各省书院改为高等学堂，郡书院改为中等学堂，县书院改为小学堂，在学堂中推广西学。故而在维新运动前后，反映资本主义经济发展和政治要求的普通新学堂开始出现且逐步增多。

京师大学堂创立后，体育课程开始获得正式的地位。学校的课程设置仿照西方国家，分普通学科和专门学科两类。普通学科通习课程共10科，体操为其中之一，是全体学生的必修课。体操课的教学由中外教习兼授，教学内容、课时安排都有明确规定。内容主要是徒手体操、器械体操和兵式体操，每周2～3节。学校建有室外、室内两处体操场，设置了各种体操器具。学生上课时要穿专用操衣、操帽、操鞋，均由国家统一发放，冬夏两套。京师大学堂起到了"各省之表率"的作用，此后各地陆续设立的普通学堂纷纷仿效，增设、开设体操课程。如苏州中西学堂、江阴南菁学堂、山东大学堂、直隶师范学堂、直隶小学堂等。

尽管戊戌维新仅仅维持了百日有余，但作为一场政治运动和社会改革，它有着不可磨灭的历史意义。与洋务运动不同，它抛弃了中体西用原则，不再是以维护封建君主专制统治为目的，而是要改变这种落后的政治体制，用君主立宪制度取而代之。尽管维新派在"百日维新"中并未明确提出政体改革的问题，但在他们的舆论宣传中大力提倡民权，有助于提高人们的民主意识与参政意识，是一次意义深远的思想启蒙运动。戊戌维新运动时期，维新派积极从事各种近代文化事业，如办报刊、办学堂、组织学会团体、翻译出版书籍等，为中国近代新文化的形成做了大量准备和奠基工作，并在移风易俗方面具有积极的影响。

维新思潮对中国近代体育发展的影响是巨大的，特别表现在它使中国人在体育观念上发生了重大变化。"民族救亡"的呼声促使中国人拿起西方体育这把工具，欲通过它来革除社会之顽疾，振奋民族之精神。在洋务思潮的影响下，中国人对体育的认识主要是侧重于强兵的作用而导致了对西方近代体育的最初引进，而在维新思潮影响下的变化则是近代中国人开始从更深的层面上认识到近代体育不仅有军事上的强兵作用，更有在国家与民族长远利益上的强种、强国作用。

3. 资产阶级革命派

接连不断的丧权辱国的条约、巨额赔款和主权沦丧使得全国民怨四起，各地揭竿起义屡见不鲜，民族主义情绪日渐高涨。1900年八国联军入侵中国，慈禧太后狼狈逃窜，签订的《辛丑条约》直接把中国推向了生死一线。人们对清政府彻底失望，并逐渐形成一个共同的信念：只有推翻清王朝的统治，中国才会有希望，才不会亡国亡种。为救国而革命，进行武装起义，用暴力推翻清政府，是源起于要求改良而不可得的必然结果。革命逐渐成为广大人民普遍的要求，成为一股汹涌奔腾、不可阻遏的洪流，滚滚向前。

以孙中山为代表的资产阶级革命派领袖大都具有留洋经历，他们熟悉欧美社会思想、政治制度，同时近代社会演化与变革而积聚起来的新因素不断壮大，并与破产中的工农群众汇合，构成了不可阻挡的反对旧制度的力量，推翻清政府的专制统治，建立共和政府成为他们的革命目标。他们提出"驱除鞑虏，恢复中华，建立民国，平均地权"的革命纲领，吸取维新派彻底失败的教训，掀起了以推翻清朝统治为目的的民主革命运动。

为了达到这个目的，学习西方的良好教育就成为革命事业的重要一环，如何提高国民素质也成为民族振兴的重要工作。孙中山先生在《致郑藻如书》中说："虽多置铁甲，广购军装，亦莫能强也！必也多设学校，使天下无不学之人，无不学之地。则智者不致失学而嬉；而愚者亦赖学而知理，不致流于颓悍；妇孺亦皆晓诗书。如是，则人才安得不盛，风俗安得不良，国家安得而不强哉！"他认为"窃尝深维欧洲富强之本，不尽在船坚炮利、垒固兵强，而在于人能尽其才"。孙中山对中国落后原因的分析没有仅仅停留在物质技术的落后上，而把眼光锁定在对人才的教育和培养上。对于人才培养的方法，孙中山认为，"教之有道，则人才济济，风俗丕丕，而国以强；否则反此。"[①]孙中山所说的教之有道，就是要使受教育者在体育、智育、德育几方面都得到发展。所以他说："必须要全国的人民，都要有体育、智育、德育的人格才好。"[②]可见，孙

[①] 广东省社会科学院历史研究所.孙中山全集:第1卷[M].北京:中华书局,1981:2.

[②] 同①：326.

中山有关"强种保国"、"强民自卫"、立志振兴中华的思想与体育有密切的关系。"今以提倡体魄之修养，此与强种保国有莫大之关系。"他始终重视在革命队伍中提倡体育，使体育与军事相结合，锻炼体格，提高素质，为革命斗争服务。

辛亥革命的另一位领导人黄兴也极力提倡体育。1902年他留学日本时，注重军事训练，"常教于日本军官讲授军略，暇即参观士官联队各地兵操。且每日晨起，必赴神乐坂武术馆，演习枪弹骑射"。1903年，他在日本参加拒俄运动，组织义勇队。黄兴懂得军事知识，由他给义勇队教授枪法。同年，黄兴从日本回国，受湖南明德学堂之聘，任该学堂学监（即教务主任），兼任历史和体操教员。教授内容主要是兵操和器械体操，据黄一欧《黄兴与明德学堂》所记：黄在明德学堂时，一边任教，一边通过体育活动，联络同志，发展会党。他当时已剪辫，在学堂时多着操衣。他喜欢体育活动，下课后，总是在操场上踢足球、翻杆子、跑圈子等。在教学中他常以尚武爱国的思想教育学生，强调强国必先强身，强身必行体育锻炼。黄兴充分利用体育，训练武装斗争骨干，使体育服务于革命斗争。

资产阶级革命派还从军事意义的角度来认识和利用体育。在他们的倡导和影响下，体育呈现出直接服务于革命，特别是服务于革命武装斗争的显著特色。这个时期，革命党人多以组织体育会和兴办体操学校作为培训武装骨干的重要途径，较有代表性的体育学校有：大通师范学堂、松口体育学校、重庆体育学堂、浙江台州耀梓体育学堂。资产阶级革命派把学校作为传播民主革命思想的阵地和培养反清起义骨干的场所。有些学校实际上已成为反清的革命据点，革命派利用学校这个教育阵地，宣传革命思想，进行军事训练。

到辛亥革命前夜，资产阶级革命派除建立体育会、办体育学堂来训练武装力量外，还积极利用一些民众体育团体开展革命活动，组织热血青年，锻炼身体，为革命斗争作准备。这类体育团体以上海、江浙一带较多，上海商团工会所属的体育团体、绍兴体育会及浙江其他体育团体、湖南野球（即棒球）会、安庆爱国会与英武会等都是这个时期的革命体育社团代表。

清末，资产阶级革命派利用体育组织进行军事习练，以积蓄革命力量，是当时革命活动中一种较为流行的做法，它反映了革命党人对体育的认识和重视。这种做法表现了近代体育为政治斗争服务的特色，同时，也促进了近代体育在中国的传播与发展。

第三章 近代广东足球文化发展历史进程

在特定的历史背景下，近代广东足球文化在100余年的发展历程中，各种与足球文化相关的历史事件以因果的互动方式、以偶然的和突发的方式，或者以重复的方式不断上演，这些零散的历史事件以连续的方式出现，从而构成了近代广东足球文化历史进程。本章将基于第一次鸦片战争、辛亥革命、南京国民政府成立、抗日战争全面爆发、中华人民共和国成立等重大历史事件，将近代广东足球文化发展这一连续的历史进程划分为四个阶段，将相对零散的历史事件置于固定的框架，便于以更全面、系统的眼光分析和探寻不同历史阶段之间的本质差异，进而揭示近代足球文化发展历史的特点和规律。正如林增平在《中国近代史》一书中指出，"正确地采取分期的办法去研究和叙述中国近代历史，才能对中国近代政治、经济、文化各方面作综合的探讨，找出贯串这些错综复杂的历史事件的线索，掌握中国近代史的发展规律，从而对这一阶段的历史获得全面的、系统的理解。"[①]

第一节 近代广东足球文化萌芽阶段（1840—1911）

第一次鸦片战争后，清政府被迫与英国签订《中英南京条约》，将香港岛割让给英国，并开放广州、福州、厦门、宁波、上海五处港口为通商口岸，中国由此沦为半殖民地半封建社会。大量英国军人、商人、传教士等外国侨民进入香港，作为英国人喜爱的体育项目，现代足球也一同被带到香港，随着粤港两地频繁的人员往来，现代足球文化进入广东。来自西方国家的现代足球文化与近代广东固有的中国文化相互作用、相互对抗、相互融合，使近代广东足球文

---

① 林增平.中国近代史[M].长沙:湖南师范大学出版社,2018:5.

化得到发展。

一、现代足球文化传入香港

清咸丰、同治年间（19世纪60年代前后），现代足球运动传入香港。传入广东的时间，是在光绪后期[①]。19世纪80年代后，战事减少，驻港英军中的足球爱好者，以步兵营或军舰为单位组织足球队，相互比赛。之后，空军和炮兵也组织比赛。可以说，香港早年的足球版图，是英国军人的世界。英国作为现代足球的起源地，英国人对足球是相当热爱，包括军人、商人、传教士等在内的英国人来到香港，带来了他们本国的生活方式。现代足球作为他们日常的运动方式之一，在空余时间广泛开展，这些英国人便是现代足球传入中国的"始者"。1897年，几支英国的军人足球队在香港创办正式足球比赛，参照英国足总杯规程，采用淘汰制，每周末比赛。奖品是合金盾牌，刻上字后镶在木架上，盾牌银光闪闪，这项比赛也就定名为"特别银牌赛"，第一届冠军由山多伦舰队夺得。"特别银牌赛"自创办以来，已有过百年的历史。这当中，除1917年、1918年因欧战停赛和日本侵占香港的5年未进行外，每年都有举办。除此以外，英国教会或港英当局办的学校也是传播足球运动的重要途径。香港的圣保罗书院、拔萃书院、圣约瑟书院及中央书院（后改称皇仁书院），办校初期只培养传教士或训练传译文员，到19世纪80—90年代改为一般性英文书院后，中国学生逐渐增多，课程增设体操科，由英国教师教踢足球。

1908年秋，中国近代史上第一个体育组织在香港诞生。几位英文书院爱好足球运动的中国学生，凑钱购买了足球，组织成立了"华人足球会"。大家觉得需要有个会址办事，便选定了位于香港上环的育才书社。大家推举莫庆向书社学监刘铸伯商借会址，刘先生表示支持，并乐意出任会长，当时会员共有40人。1910年，在莫庆的倡议下，将球会名称改为"南华足球会"，取香港岛位于祖国的南疆之意。1920年12月5日"南华足球会"召开会员大会，一致通过正名为"南华体育会"，并沿用至今。自此，南华体育会会员逐渐增多，会务蒸蒸日上，各项运动技术水平日益提高，香港华人足球文化在南华体育会的推动下得到全面的发展，涌现出众多华人足球运动员，同时，其他华人足球组织也纷纷成立，华人足球势力逐渐取代外国侨民成为香港足球文化的主要力量。

---

① 广东省地方史志编纂委员会.广东省志:体育志[M].广州:广东人民出版社,2001:337.

由于地理位置以及人员交往的频繁，现代足球传入香港后又通过多种途径传入广东，这些途径包括普通市民的交往，学生、传教士、商人和军人的传播。在1907年12月25日，香港皇仁书院粤籍学生郭宝根等组织足球队，利用圣诞假期，挥师广州，与岭南学堂队作赛于康乐园，开创了省港两地足球交往竞赛的先河，推动了近代广东足球文化的发展。

二、广东各式学校出现足球文化

近代广东的一些教会学校率先开展足球运动，如长乐县（今五华县）的元坑中书馆，广州的培英书院和格致书院（先后改称岭南学堂、岭南学校、岭南大学），嘉应州（今梅州）务本学堂和中西学堂等。据1947年出版的《五华县志》记载，清同治十二年（1873年），德国巴色教会开办了元坑中书馆（中学），首次将足球运动作为体育课程传授。同时期的广州，现代足球运动也开始在各式学校开展。据《广州体育志》记载，光绪二十四年（1898年），格致书院教习（教师）辅导"蹴球（足球）"活动。该书院于光绪三十年（1904年）迁往康乐村新校舍，易名岭南大学，辟建可开展足球活动的运动场。光绪三十一年（1905年），华侨教育家谢英伯、李蕴石在广州开办南武公学，足球成了学生课外的主要活动。1906年3月，何剑吴受黄节之邀，正式执掌南武学堂。上任伊始，他便身先士卒，带着学生一起开辟操场。经过一番苦干，硬是给学校"开"出了4个大操场，东边是足球场和两百米跑道，北边是排球和篮球场，西操场建设了手工劳作室，南边则是跳高、跳远和体操场地，一个私立学堂一下子有了4个大操场，不仅在当时的广州绝无仅有，就是在全国也是极为罕见的。广州的一些书院、公学相继仿效，从此，足球运动植根于广州。1900年前后，格致学堂（岭南大学前身）和南武公学（南武学堂前身）已经定期进行校际比赛[①]。

光绪二十四年（1898年），清政府甲午战争战败，法国强迫清政府"租借"广州湾99年。当时法国人在麻斜开设了一所外语学堂，内有一位华人教师张炎，他的父亲率先玩起了从欧洲带回的足球，很快就在广州湾埠的华人中传开。20世纪初，法国人在湛江当地建设了不少西式学堂，足球成为必备的体育

---

① 王月华. 80年前"国足"主力兼职广州骑警[EB/OL]. (2018-07-12)[2020-08-01]. http://www.gzzxws.gov.cn/gxsl/gzwb/201807/t20180712_85197.htm.

课程。

光绪三十三年（1907年），从海外归来的同盟会会员谢逸桥、温靖侯、许良牧等为集结革命力量，在嘉应州的松口温仲和学堂内设立一所体育学堂，以传授军事知识和技能为主课。进行体质训练时，教员古植指导学员踢足球。

另据《汕头市志》（第4册）记载，"足球运动在汕头市是较早开展的现代体育项目。清光绪二十九年（1903年）的岩石小学和清光绪三十三年（1907年）的华英学校等都已开展足球运动。"[①]

宣统二年（1910年）10月，由唐绍仪、王正廷、伍廷芳、张伯苓等人发起成立的"全国学校区分队第一次体育同盟会"在南京举行，以东、南、西、北、中五大区为单位参赛。后来，为了尊重历史，与以后各届全运会联系上，体育界和文学界的一些权威人士，给这次大会冠以"第一届全国运动会"的称谓。大会只设田径、网球、篮球和蹴球四项比赛，蹴球即今天的足球。南部足球代表队基本由香港华人足球会组成，成员有莫庆、唐福祥、郭宝根等人，他们全部都是广东籍。南部足球队在前两轮轻取西部和北部代表队，10月22日，又以1：0击败最后一个对手东部足球队，以三战三捷的成绩，成为中国历史上第一个全国足球冠军。

第二节 近代广东足球文化兴起阶段（1912—1926）

1911年的辛亥革命和后来的北伐战争，推翻了长达两千年的封建统治，成立了中华民国。但是，辛亥革命的胜利果实因为袁世凯的倒行逆施而彻底毁于一旦，来之不易的和平局面很快消失，中国进入10余年的军阀混战动荡之中。在广东，各路军阀纷至沓来，先后有龙济光、莫荣新、陆荣廷、陈炯明等军阀统治广东，广东社会战乱频仍，社会动荡。与此同时，在新旧两种势力、新旧两种文化的交锋下，渴望改变积贫积弱的现状、摆脱西方国家压迫和侮辱的新知识分子发起了一次剧烈的社会和思想变革，这场新文化运动传播了民主、科学的思想，使人们对西方文化的容纳度和本土文化的认知度也进一步提升。广东足球文化在此阶段得到一定程度的发展。

---

① 广东省汕头市地方志编纂委员会.汕头市志：第4册[M].北京:新华出版社,1999:518.

一、足球文化向社会拓展

早在1906年,广东省便举办了第一届"广东省大运动会",但前五届省运会并没有设置足球比赛,反映了足球文化在当时并未得到足够的重视。直到民国六年(1917年)的第六届广东省运动会,才设足球项目,当时有4支球队参赛,其中学生队有3支,即岭南学校(翌年改称岭南大学)队、培英中学队、广东高等师范学校(中山大学前身)队,另一队是香港南华体育会(简称南华会)足球队,本届锦标由南华会夺得。两年后第七届省运会足球赛,南华会蝉联冠军。

民国二年(1913年)2月,第一届远东运动会在菲律宾马尼拉举行。鉴于香港、广东开展足球运动早,南部代表队又是全国冠军,教育部决定在广东、香港两地遴选中国足球队队员。广东有广州南武公学学生许文辉和丘纪祥入选。结果中国足球队以1:2败给菲律宾队。民国四年(1915年)第二届远东运动会在上海举行,由唐福祥任队长、粤港选手组成的中国足球队夺得冠军。这是中国足球队在国际正式比赛中取得的第一项冠军。从第三届到第十届远东运动会的足球锦标,均由中国足球队蝉联。前五届的队员基本选自香港南华体育会,第八届选自香港中华体育会,除个别队员外,均为广东籍。第九届选自香港7人(全部广东籍)、上海7人(3人是广东籍)、广州3人。第十届选自广东6人,其余均选自香港。其中唐福祥(民国六年)、梁玉堂(民国十年)、李惠堂(民国十四年)先后被传播媒介誉为"远东球王"。

民国十年(1921年)4月,广东省第八届省运会第一次出现社会人士组队参加足球赛,有殷商刘有显以个人名义组织的刘有显足球队和广州基督教青年会组织的足球队参加,这标志着广东足球运动从学校向社会拓展。该届省运会在4月16日举行,岭南大学队和香港南华会队会师足球决赛,孙中山莅临北较场观战,并向蝉联冠军的南华会队队长梁玉堂颁发了由大新公司捐赠的冠军奖杯。民国十四年(1925年)第九届省运会,岭南大学队战胜老牌冠军香港南华会队,登上了足球赛榜首。

在省会广州,足球竞赛制度逐步建立。民国十三年(1924年)创办"广州市足球赛",岭南大学足球队蝉联4届桂冠。在梅州地区,1917年,万保全发起了由乐育中学、梅州中学、东山中学、广益中学等4所中学参加的梅县历史上第一届中学足球联合会,比赛结果是乐育、梅州、广益中学分别获得冠军、亚军、季军。此后，梅县中学足球友谊比赛频繁举行，梅县地区的足球文化也得到进一步的发展，社会开始出现足球竞赛。

二、各层次足球文化得到初步发展

首先，各层次足球文化得到初步发展主要体现在以下4方面。足球场地得以建设。如民国十四年（1925年），广州国民政府成立后，开始重视体育场馆的建设，决定对观音山运动场（旧称观音山足球场）进行改造扩建，并定名为广州市公共运动场。但鉴于经费所限，负责的委员会决定先填筑公共运动场的路基，1926年8月，填筑路基工程大致完竣并投入使用。

其次，各类报刊开始出现有关足球文化的报道。其中《培正青年》是培正中学青年会刊物，在民国十年（1921年），该报对培正中学与岭南中学、南武中学、岭南大学的足球比赛都进行了较详细的报道，足球文化成为各学校报刊的报道内容。民国十四年（1925年），当时广州市发行规模和影响力最大的报纸《广州民国日报》推出了"运动专号"，其中除了对第一次广东大运动会进行回顾，对体育运动的积极作用以及第八次广东全省大运动会等进行介绍外，还对取得第二届远东运动会足球比赛冠军的中国足球队进行了详细的报道，对被誉为第一代"远东球王"的广东籍球员唐福祥和第一批留洋体育硕士许民辉等著名球员更是作了详尽的介绍。之后，足球文化相关的报道开始出现在广东的主要报刊中。

再次，足球规章制度开始出现。1917年，万保全发起了由乐育中学、梅州中学、东山中学、广益中学4所中学参加的梅县历史上第一届中学足球联合会，并组织起草了《梅县中学足球联合会临时简章》，足球制度文化在广东梅州地区得到初步的发展。

最后，足球组织开始得以创办。在汕头市，足球运动最先在美国人创办的礐石中学和英国人创办的华英中学开展。民国九年（1920年）出现了"南雄足球队"和"群学会"等足球社团或组织。民国十年（1921年）南雄队与群学会合并为"汕头体育会"，并组建多项球类队伍。

第三节 近代广东足球文化繁荣阶段（1927—1937）

南京国民政府在形式上统一全国后，中国政治环境相对稳定，社会各领域均得到一定的发展。此阶段广东军阀陈济棠逐步登上中国政治舞台，在广东建立了以广州为基地的半独立封建军事政权，与南京中央政府分庭抗礼，形成政局相对稳定的宁粤对峙时期。这一局面自1928年开始形成，至1936年7月陈济棠被迫宣布下野结束，约有8年时间。陈济棠主政广东时间虽然短暂，但当时广东的政治、军事、经济、教育、文化等各方面均取得一定发展。足球文化也在此阶段获得空前的繁荣，各层次足球文化蓬勃发展。

一、频繁开展和参与各类足球竞赛

民国十七年（1928年），广州开始设立甲、乙、丙组分级足球联赛。这项赛事于次年因有马来西亚华侨捐赠奖杯，故改称"马来鼎足球分组赛"。此后陆续举办的赛事有：民国二十年（1931年），张惠长捐赠的"自治杯"足球赛，香港汇丰银行陈廉伯捐助的"省港华人埠际赛"；民国二十一年（1932年），十九路军总指挥蒋光鼐资助的"光鼐杯"足球赛，以及外国侨民组队与广州的球队对抗的"中西足球赛"。广州各学校也开展了丰富多样的足球赛，如1931年，岭南大学的"惠长杯足球赛"、中山大学的"季陶杯足球赛"等。

民国十八年（1929年）和民国二十三年（1934年），汕头体育会足球队先后出征厦门，获得全胜。

民国十九年（1930年），第四届全国运动会，广东足球队以岭南大学球队为基础，加上中山大学、强华体育会5名队员，半决赛时负于上海队，最后获得季军。

民国二十年（1931年），梅县举办第一届全县足球锦标赛，地点在省立五中球场，参加比赛的球队有东山中学、省立五中、学艺中学、乐育中学、岭东、强民、南侨（归侨组织）、梅西、白土、城东、第三军大炮连、松江等13支，最后强民队以不败战绩获得冠军。民国二十一年（1932年），强民队在汕头以3∶1战胜英国水兵足球队。

民国二十一年（1932年），岭南大学足球队出访澳门、星洲、马来西亚和西贡。9月，广州强华体育会由孙锦顺、陈镇和、徐亚辉等名将领衔，访问印度尼西亚等地。

民国二十二年（1933年），第五届全运会，决赛时广东足球队负于上海队，屈居亚军。

民国二十四年（1935年），第六届全运会，广东足球队列第三名。

民国二十五年（1936年），中国首次派遣足球队参加在德国柏林举行的第十一届奥运会，广东省入选的运动员有黄纪良、李天生、谭江柏、麦绍汉、徐亚辉、冯景祥、叶北华和杨水益等人。

此外，此阶段粤港足球交流竞赛十分频繁，香港的拔萃书院、圣保罗书院、华英书院、中华足球队、东方体育会足球队和香港南华体育会足球队等球队先后多次来访，广东先后有广州警察足球队、广州岭南大学足球队、海军足球队、强华足球队等出访。以两地交流最为频繁的1931年为例，广东举办的足球竞赛有：4月7日，香港圣保罗书院足球队访穗，与岭南大学、航空学校进行友谊赛；4月20日，香港与沙面联队进行足球义赛，为广州孤儿院筹款；7月13日，香港远东中学足球队访穗；7月23日，香港南华会足球队到广州参加三江水灾义赛；8月31日，香港南华会足球队访穗，首战广州市联队，以3∶0胜，再战英国"摩轩号"舰足球队，又获大胜；9月28日，澳门西洋足球队到广州，先后与海军、警察队比赛；12月24日，香港足球联队到广州参加义赛，胜警察队。广东各球队出访港澳的交流竞赛有：1931年5月21日，广州警察足球队访问澳门，战胜西洋协和足球队；7月13日，广州市足球冠军海军队访港，与英国海军联队比赛，以1∶0获胜。

二、足球组织纷纷成立

民国十六年（1927年）10月，广东体育协进会成立，丘纪祥任总干事，积极在广州开展足球运动，倡导组织社团球队。民国十七年（1928年），广州警察足球队、广州空军足球队、广州海军足球队先后成立；强华体育会于民国十八年（1929年）成立；国民体育会又于民国十九年（1930年）创立；以足球为主的粤汉铁路体育会于民国二十年（1931年）成立。加上原有的岭南大学、中山大学、培正中学、圣心中学等队，广州足球劲旅已发展至10余队，市内各校亦多组队活动，呈现出一派蓬勃景象。民国十七年（1928年）年前后开始，不少香港足球名将先后到广州求学、工作或从军，并相继加入警察足球队、海军足球队或空军足球队等足球组织。

在粤东地区，梅县的学校普遍开展足球运动，社团组织的足球队随之出现。民国十八年（1929年），梅城一批青年、店员在原来印刷图章工会足球队的基础上组建强民足球队。民国二十三年（1934年），强民足球队扩大为"强民体育会"。以强民队员为主体组成的梅县足球队参加了第十三届广东省运动会，获得联赛冠军。两年后，梅县队参加第十四届，在决赛中以5∶4击败拥有七八名香港甲组队员的宝安队，蝉联联赛冠军。从此，梅县足球遐迩闻名。

在粤西和海南岛，足球运动逐渐推广。肇庆的培志中学、湛江的法华学校和益智学校、海南的琼海中学，都是当地最早开展足球运动的学校。民国十七年（1928年），海康的南强体育会、铁心足球队，成了广州湾一带的足球劲旅。在海南文昌县，由大学生组织的"钟声体育会"，其足球队员遍布全县，起到了"播种机"的作用。

三、大型公共体育场相继建成

早在民国五年（1916年），时任广东省长的朱庆澜力荐体育以强固民众体魄。在他的呼吁下，第七十二号大总统令于1916年12月26日正式颁布，批准广州东较场为"永远公共运动场"，史称"广东省公共运动场"。但由于缺乏资金等原因，直至1931年，耗时近15年的公共体育场第一期工程才完成并得以投入使用，体育场占地面积达13万多平方米，建有呈U形田径场的体育场一座，田径场中央为足球场，更名为"广东省立体育场"。

广州大佛寺、将军前、越秀山等公共用地的体育场也得以修建或进一步扩建，如1929年，广州教育局提议在广东省立体育场内再加建球场四座，在周围增加跑道以及一处小房间作为管理处，至1930年下半年工程基本竣工。

其他的一些县区如中山、汕头、南海、韶关等修建了运动场，宝安、梅县、兴宁、蕉岭、平远、河源等地也建有大型运动场。1931年，彭精一就任广东梅县县长后，着手对梅县城区进行全方位大规模改造建设，其中文化体育方面的一大工程就是将梅县东较场改造成大型体育场。1936年，体育场初步建成，命名为"梅县公共体育场"。东较场的中间为一大型足球场，周围建水泥栏杆。在土方完成后，建设司令台一座，得到当时广东领导人陈济棠的鼎力支持，黄任寰决定仿南京体育场大门图案，兴建梅县体育场大门（即俗称的"红门"），如今仍存。当时，梅县东较场是广东省内规模仅次于广州东较场（广东省立体育场）的运动场所。

四、女子足球出现

20世纪30年代，广州地区的女子足球运动也在积极开展，国立中山大学附属中学作为当时女子足球运动的倡导者，积极开展足球活动，包括校内的班级比赛和校际的足球比赛，《勤奋月报》以《破天荒之女子足球比赛》为题，加以报道。1934年1月，该校举办了女子足球班级赛，参加本次比赛的队伍一共有三支：初中补习甲班、一女、二女。该校非常看重足球竞赛活动对发展足球运动的重要影响，除了在校内搞班级足球比赛外，还积极与临近学校的女子足球队开展比赛。校际女子足球比赛的开展，表明当时的广东足球文化已得到社会各阶层的广泛认同。

第四节 近代广东足球文化停滞阶段（1938—1949）

1938—1949年这一阶段，中国大地上掀起了两次大规模战争，一是1937—1945年中国人民进行的全面抗日战争，二是1945—1949年为推翻蒋介石国民党政权而进行的解放战争。两次大规模的战争使包括足球在内的各类文化发展大受影响，广东足球文化发展也因此陷入停滞。

一、足球义赛艰难开展

1938年，日军占领广州，琼崖、潮汕等沿海地区相继沦陷，人们纷纷逃离家园，足球竞赛基本停顿。民国三十年（1941年）冬，"远东球王"李惠堂拒绝为敌伪服务，逃离被日军占领的香港，返回家乡广东五华，组织了一支"老柴"（指老人）足球队，到兴梅一带比赛，为抗战募捐。民国三十二年（1943年），李惠堂还和一批球友参加广东航空建设协会的"航建"足球队，辗转于广东的韶关、五华、兴宁、梅县、龙川，甚至远涉桂林、柳州、重庆、成都、自贡、昆明等地，共举行了120多场足球义赛。该队还以广东队名义，参加民国三十三年（1944年）5月中旬在广西桂林举行的"两广元首杯"足球赛。该队积极宣传抗日，并将募捐所得款项购买飞机、军械、汽车等支援抗战，慰问抗日官兵。

二、足球文化逐步恢复

民国三十四年（1945年），抗战胜利，外迁的大、中学生纷纷回穗复课，这时广东的许多体育设施已被严重破坏：广州东较场体育场被占用，大佛寺足球场、东园足球场、越秀足球场荡然无存。为复兴广州足球运动，有关单位先后修建足球场9处，其中由银行界的侯澄滔发起、梁少芝赞助，在十三行的废墟（今文化公园中心台附近）上修建足球场。随后西湖路警察足球场建成，广东省立体育场得以修复。

民国三十五年（1946年），强华体育会、国民体育会、越秀体育会等社会体育社团陆续恢复活动。这一年在广州举办了"市长杯"足球赛，广州体育协进会举办了"向华鼎"足球赛和"特别银牌赛"。同年广州足坛对外交往也开始恢复。香港九龙巴士队、中华会足球队、旅越华侨足球队、英舰"阿鲁森号"水兵足球队相继访问广州。上海足球队借参加沪港杯的机会，顺道访问广州。

1947—1948年，广州市内经常活动的足球队逾20支，加上大、中学校球队不下数十队之多，其中实力较强的有市警、红鹰、空军、红白、建国（记者）等队。当时主要有"逸云杯""市长杯""特别银牌赛"及规模较大的"向华鼎"等赛事，还组织了"穗港澳三角足球赛"。

第四章　近代广东各层次足球文化

在特定的历史背景下,由西方传来的足球文化和东方特有的广东地域文化逐渐相互作用、影响和发展,形成了广东足球文化。为了能准确地认识近代广东足球文化的发展成果、水平和特点,把近代广东足球文化置于整个中国足球文化发展的范围内研究,并与中国其他地区的足球文化作同时期、同层次的横向对比,通过整体的视角进行评价,将有利于加深对近代广东足球文化及其发展历史的认识。这种整体性的分析旨在研究和探讨近代广东足球文化在中国足球文化及其发展中的地位和作用,其中自然就包含了对近代广东足球文化优长和缺短的分析。

另外,从具体的各层次足球文化现象来看,一种足球文化现象往往包含着多个层次的文化内涵,所以不应机械区分各层次足球文化。本章只是依据各层次文化基本的属性进行分类以更清晰地梳理其发展历史,最终还是应该用整体的眼光来看待各层次的足球文化。

第一节　物质文化

足球物质文化是指足球活动主体在认识、改造、适应和控制自然界的过程中所取得的成果,表现为足球运动的器材设施及思想物化。足球物质文化是足球文化系统的基础,为足球文化的发展提供重要的物质保障。为满足足球运动需要而建造的场地器材设施等有形客观事物是足球物质文化的基本表现形式。当然足球物质文化并不只是纯粹的器材和设施,而是指内涵和功能具有物质性的活动和它的成果。足球文化的高级部分是为促进足球运动发展而创造且形成物质的各种思想物化品,这些由人的足球意识和观念直接形成的物质产物也归属足球物质文化的范畴,它高于直接充当足球活动载体的足球场地设施和装备，如关于足球的歌曲、电影和足球比赛录像等。足球物质文化从整体上来说是指在足球文化中实际存在，且可直接感知的事物。它不仅包括各种足球装备场地器材，还包括具有深刻思想内涵的物质成果。

总体上看，近代广东足球物质文化处于全国发达水平，形成足球物质文化时间较早，具体的表现形式如足球场地建设、体育用品销售、足球报刊发行等方面取得了较好的发展，但这些物质文化的发展与领先全国的上海、天津两地还是具有明显的差距，而且在足球电影、足球歌曲等思想物化品方面，依然比较匮乏。

一、足球场

足球场是承载足球活动的重要的、基本的物质文化形态，足球精神层面的文化内容以及相关的艺术形式和社会文化心理渗透其中，共同构筑了整体的、复合的文化属性，并表现出多层面的品格特质。足球场一方面反映了当时足球活动开展的情况，另一方面也是体育文化发展过程的主要标志和象征，同时还是社会运作的重要观察窗口。

1. 租界球场

租界是帝国主义列强凭借武力、欺诈等手段强行占据其他国家的土地，利用其他国家的资源发展本国的商品贸易及经济。在租界范围内，外国侨民按照自己原有的方式生产生活，在社会生活、礼仪、风俗、娱乐方式、服饰等方面，租界都类似一个微型的展示场所，是一个活生生的异国文化的参照系和对比物。租界原居民或蔑视，或诧异，或欣羡，或模仿，在一种不平等的状态之下，两种文明产生碰撞与交流。起源于欧洲的现代足球是外国侨民喜爱的娱乐消遣活动，为了满足外国侨民的需求，各地租界兴建了多个可供足球活动的场地，形成了近代中国最早的足球物质文化，也为后来中国足球文化的发展提供了物质基础。

近代广东最早的足球场出现在沙面租界。第二次鸦片战争期间，广州人民愤恨外国人的野蛮侵略行径，愤然烧毁十三行馆区，大火足足烧了3天，战争结束后，原十三行馆区内的公园因损坏而获得清政府赔款2万美元，实际的赔偿连本带息共超过2.5万美元，"广州公园基金"（有时叫沙面公园基金）就是用来管理其中一半的赔款而成立的机构。1864—1881年，广州公园基金负责沙面租界早期的绿化管理工作，为了有更多的经费用于绿化，他们在公园的土地上开办网球场、足球场等体育设施。1881年2月7日,广州公园基金将所有与基金有关的文件和账目及财产转到沙面工部局,广州公园基金就此停止运作。1906年,沙面理事会对英国女皇公园进行改建,公园内铺上了道路花床,建了凉亭、网球场、槌球场、足球场等。当时沙面的草皮质量相当优良,据记载,当时的外国侨民认为:"这儿的草地和球场是南中国地区令人羡慕的地方,并一直是英国租界所夸耀的地方。"[①]

但沙面只是广州市珠江白鹅潭北岸边一个面积仅有0.3平方千米的椭圆形小岛,且不同于中国的其他租界,沙面租界的面积一直没有扩大,狭小的面积制约了租界内足球场的建设,因此,沙面足球场面积不大,长度只有80码(73 m)。而且初期的租界采用"华洋分居"的政策,当时沙面租界除华人买办和高级职员外不允许一般华人居住,公园场地只供居住在租界内的纳税人和外国居民玩乐、使用,一般中国人不得进入,这一规定直至1924年洋务工人罢工胜利之后才被取消。由于广东人民对殖民侵略者的持续、强烈抵抗,以及沙面租界特殊的地形(只有两条桥与广州城相连),沙面租界足球场在近代一直没有发挥太多有利于当地足球文化发展的作用,直至新中国成立后,沙面岛真正归还到中国人民手中,广东市民才有机会充分利用这片场地。1950年在沙面足球场就举办了多场友谊赛、为灾民筹募寒衣足球义赛和小型足球联赛,苏永舜、梁利生、冯灿荣等老一批广东足球名宿小时候就是在沙面足球场练就扎实的基本技术的。

近代中国租界公园最大、足球设施最完善的是上海的公共租界。随着上海租界内体育娱乐项目的不断丰富,体育社团的增多,各种用途和规模的体育场也相继辟建。1862年租界体育公园跑马场被扩建成占地达33万平方米的"跑马厅",它以出租的形式给外国侨民提供娱乐场所,先后开辟了抛球场、滚球场、棒球场、足球场和高尔夫球场等。两片草地足球场位于跑马厅西南中心区,分别称为南草地和北草地;1906年建成"虹口娱乐场",园内分设多个运动场,中部有足球场3片;胶州公园建成于1935年(今胶州路、余姚路),内有足球场,东边建造有可容纳1000名观众的木结构看台。1937年"八一三"事变时,它受影响较小,在上海沦陷后,它成为"孤岛"中主要的足球赛场。除上海租界外,天津租界的足球场也十分先进且规模较大。1910年天津的英租界工部局在和平区新华路建设了"大英国球场"(即现今的新华路体育场),场内设置专

[①] 钟俊鸣. 沙面:近一个世纪的神秘面纱[M]. 广州:广东人民出版社,1999:98.

业足球场地，不设跑道，周边为木制看台，外围建有较高围墙。1920年，天津英租界工部局又在租界修建了一座规模较大，在当时也是比较先进的，有着2个足球场及200米、500米跑道若干的体育场，这就是民园体育场的前身，后于1925年对诸如跑道结构、灯光设备、看台层次等进行改建，参考英国伦敦斯坦福桥体育场的设计，民园体育场成为当时在亚洲范围内较先进的综合性体育场。近代中国其他租界也建有开展足球活动的场地，如1870年前后鼓浪屿租界的"番仔球埔"（今鼓浪屿人民体育场）以及1905年汉口西商跑马场内的足球场，但这些球场在规模和数量上均不及上海、天津两地。

通过与同时期中国其他租界的足球场地对比，从建设时间来看，广东与这些租界建设球场的时间接近，都属于中国最早建有球场的地方。但从场地的数量、大小、规格上比较，可以清楚地看到近代广东租界足球场与上海、天津两地有较大的差距。造成这一情况主要是历史和现实原因，广东人民是以最激烈的方式反抗殖民侵略者，从而导致广州租界的面积一直维持在较小的规模；同时由于贸易中心的转移，外国侨民在中国的活动中心转移到香港、上海、天津等地，对广州租界的投入相对减缓。虽然外侨开展足球活动的根本目的是满足自身的娱乐消遣，早期的球场也限制中国人的进入，但客观上外国侨民的足球活动还是带动了当地足球文化的整体发展。因此，活跃的、大规模的外国侨民的足球活动成为上海、天津两地近代足球文化得以快速发展的重要因素之一。

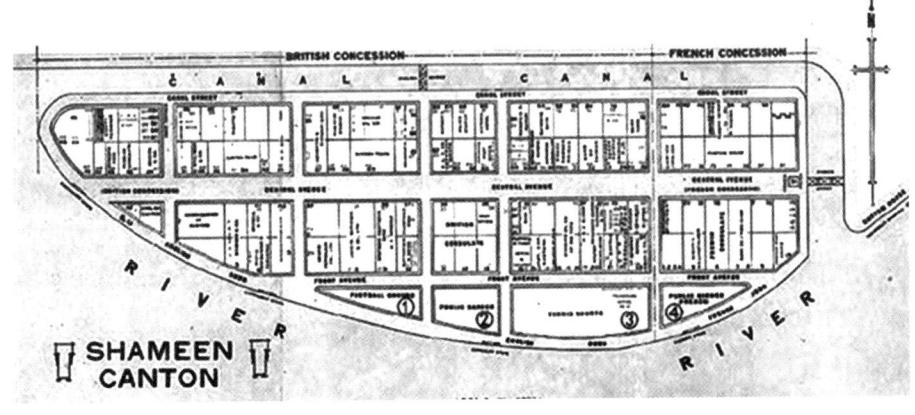

图4-1 20世纪初沙面地图
①—足球场；②—英租界公共花园；③—网球场；④—法租界公共花园[①]

[①] 孙海刚. 草坪是何时引入广州的?[EB/OL]. (2018-10-22)[2020-08-01]. http://www.gzzxws.gov.cn/gxsl/gzwb/201810/t20181022_86280.htm.

图4-2 1930年沙面航拍照片（图片左侧下方的足球场清晰可见）①

2. 学校球场

鸦片战争后，中国逐渐沦为半殖民地半封建社会，中国社会的各个领域发生了巨大变化，近代教育开始兴起，一批具有现代意义的新式学校相继诞生，包括教会学校、洋务学堂和普通新学堂。各式学校开始引入西方体育作为课外活动的内容，有的还将西方体育作为课程内容以强健学生的体魄和精神。

到了20世纪30年代，绝大多数高等和中等学校均开设了体育课，并开展课外体育活动。小学虽然不一定都有体育课，但多少也有些课外体育活动。中等以上的学校，一般都有一些体育场地设备，但体育场地条件参差不齐，国立学校和教会学校的场地比一般公立学校好；公立学校又比一般私立学校好；沿海地区学校的体育场地比边远地区学校好；城市学校的体育场地比农村学校好。现代足球也是进入各式学校的西方体育项目之一，足球进入学校促进了近代中国足球文化的发展，包括足球场地的建设。如：19世纪90年代，武昌的文华书院就有大型运动场，开展墙球、棒球、足球等体育活动，是武汉地区最早开展

---

① 广州市国家档案馆, 广州市荔湾区档案馆. 沙面[M]. 广州: 广州出版社, 2013: 10.

西方体育的学校。汉口博学书院在1898年也已经开辟出体育场，可以开展足球活动。重庆的教会学校广益中学堂一贯重视体育，学校体育以足球运动著称。首任校长陶维义是英国皇家足球队队员，他第一个带足球入川，并修建了一块宽40米、长70米的沙地足球场，这也是西部地区的首座足球场。上海在近代逐渐发展成中国的经济、金融、文化中心，各式学校相继建立，而且数量众多，校园的足球活动开展十分活跃，如圣约翰大学、东吴大学、复旦大学、同济大学、暨南大学、光华大学等，以及复旦附中、复旦实中、光华附中、沪江附中、暨南附中、浦东中学、育青中学、民立中学、持志中学等十余所中等学校。上海因此也举行了各级学校的"常年赛"和锦标赛。这些学校活跃的足球活动也促进了足球场地的建设，产生了近代上海各式学校数量众多的足球场地。近代广东学校足球场地的建设与中国其他开展足球活动的通商口岸和大城市大致相似，各式学校辟建球场时间较早，早期都是以教会学校为主，但场地普遍比较简易，拥有标准尺寸足球场的学校数量有限。从总体上看近代广东学校足球场地处于中国较发达水平。

近代广东各式学校较早地引入了足球作为课外活动或体育课程内容，一些学校先后辟建了可供开展足球活动的简易体育场地，最早的要数广州培英书院（1879年）和南武公学，梅县的黄塘桥也较早便建有足球场（由德国、瑞士教会修建），此外宝安、五华、紫金、兴宁、龙川等地的德国教会办的学堂都建有足球场。20世纪40年代后，揭阳县真理中学、潮安县金山中学的运动场都较有规模，省内其他城市少数中小学则建有小运动场或足球场。而比较符合标准的大型足球场则有岭南大学和广东高等师范学校（后改称中山大学）的足球场。

教会学校较早在校内开展足球活动，足球场地的建造时间也较早。1873年由传教士毕安创办的五华县长布镇源（元）坑村中书馆，当时的教室、校舍等欧式建筑错落有致地分布在山上和山腰，在无法开辟平整运动场的情况下，该校针对山坡陡峭的地势，从校园左侧起修建了一条3米宽、400米长的环山跑道；在山脚下的山坳里，有三面环山的草坪操场，是该校当时上体育课之地。在操场两端用木料搭成球门，足球活动就得以开展。1916年，由华人自筹资金兴办了基督教新型学校培正中学，开始只有5名学生，主要课程由杨元勋任教。他见学生受中国数千年封建传统束缚，只知读书，不喜运动，精神呆滞，身体羸弱，乃大兴体育活动，建球场、辟跑道，至1934年该校兴建了"体育场一所、面积达三十余亩、只作足球场和跑道之用……合计共有排球场八所、篮球场廿余所、绒球场八所"[①]。培正中学完善的足球场地设施为发展足球活动提供了非常有利的条件，培正中学也因此形成了良好的足球传统，这一传统一直延续到现代，苏永舜、彭伟国等一批广东足球名宿都是该校的毕业生。

除了教会学校，近代广东一些私立新式学堂也建设了可供足球活动的体育场地，如：1906年，何剑吴正式执掌南武学堂后不久便把"观音殿"后边的沙荒地辟为操场。民国元年（1912年），南武学堂正式更名为南武中学，并增设小学，何剑吴并不满足于初始的规模，继续由南武公学会募捐得款开掘乌龙岗为球场；又因海幢寺西侧的"放生池"积水不合卫生，呈报当局核准将该地填平为西操场；同时，动员南武名誉董事黄鸿逵先生捐赠学田32亩（约2.1万平方米），扩建成为有跑道环绕的足球场。这些体育场地为南武中学活跃的体育活动创造了条件，南武中学也在体育竞赛上取得了优异的成绩，培养了陈彦、许民辉、丘纪祥等杰出的体育人才。

但由于技术、资金等方面的限制，学校早期建设的体育场地设施普遍比较简陋，与其说是体育场，倒不如说是空地更为确切，在校园内开辟一块大小不一的场地，包括足球在内的各种体育活动就在这样的空地上开展。随着一些学堂在发展过程中逐渐合并或扩建，先后发展成各式大学或高等学校，教学设施、体育场地条件也有所改善，足球场地得到进一步的发展，建设了一些具有较先进水平的足球场地。

岭南大学是晚清时期由美国基督教兴办的格致书院逐渐发展而来的，1904年，岭南学堂搬迁到广州康乐村，学生增至近百人，广东各教会正式宣布岭南学堂为广东基督教教育的最高学府。在广州康乐村附近购得的建校用地有200多亩（约13.33万平方米），学校董事会交由一位名叫司徒敦的美国青年建筑师来勘察用地并进行校园规划设计。建筑师做的规划概念是将小学、中学、大学拼合在一起，把建筑沿着一条南北中轴线依次排列，校园内以教学区、生活区、运动区为主的结构功能基本形成。由于其教会的性质，筹得的各方经费相对充裕，加之对体育运动比较重视，岭南大学的足球场地设施比较完善。董黎教授在《岭南近代教会建筑》一书中对岭南大学的规划特点做了几点总结，其中就有"在东北区设置学生宿舍，体育设施得到了充分的考虑，校园内还有良

[①] 培正中学全校运动会[N].广州民国日报,1934-04-26(8).

好的足球和网球设施。"①可见当时岭南大学的校园规划从一开始就对足球活动十分重视,所建设的足球场地也比较标准、现代,从而为岭南大学和近代广东足球文化的发展提供了坚实的物质基础(见图4-3)。

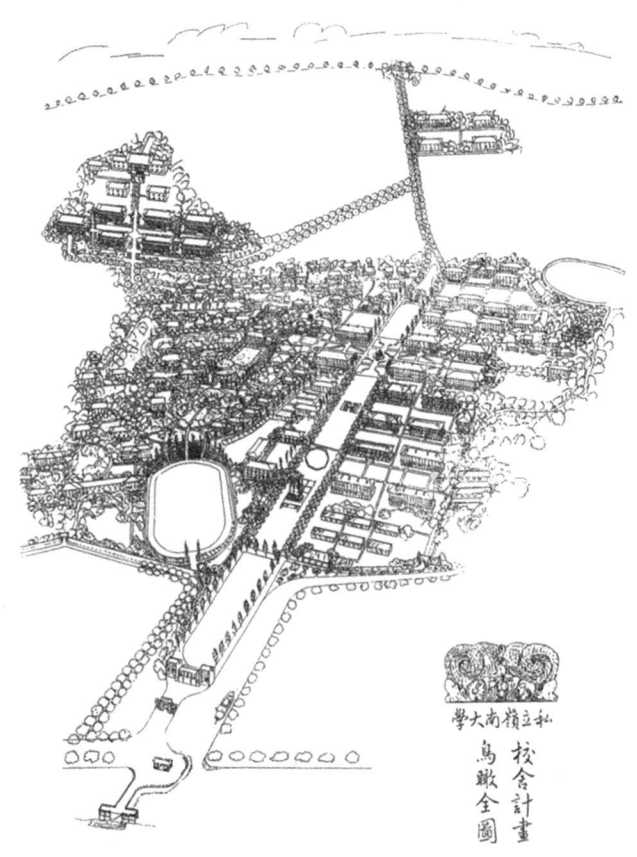

图4-3 岭南大学在民国时期校舍计划鸟瞰图②

孙中山先生亲手创办的国立广东大学由原国立广东高等师范学校、省立广东法科大学、省立广东农业专门学校合并组成,成为华南第一所由国人自己创办的多科性高等学府,于1926年更名为国立中山大学。由于该校的"国立"性质,得到的政府经费支持要比其他私立高等学校充裕,同时该校对体育也极力提倡,开设田径、球类、游泳、普通操、器械操等体育课程。为促进学校体育活动的开展,中山大学还成立了专门管理学校体育的体育部,组建了篮球队、

---

① 董黎.岭南近代教会建筑[M].北京:中国建筑工业出版社,2005:96.

② 同①:97.

排球队、足球队、田径队、乒乓球队、网球队、水球队、游泳队等体育队伍。1935年，中山大学文理两学院迁入石牌新校区，为便于体育运动的开展，增加了不少体育设施，"除原有篮球场四所、排球场二所、绒球场八所、器械场、临时游泳池，更从速完成田径场、健身房、体育馆、游泳池、足球场、射击场等，以便应用。旧校方面，除原有球场外，更增建球场，及将于操场改建，以为中学部同学应用，起于器械至缺乏者，亦从速添置。"①国立中山大学完善的足球场地设施为开展各类足球竞赛提供了物质基础，如"院际足球赛""季陶杯足球赛"等，足球竞赛的开展进一步促进了足球文化的发展，学校的足球文化氛围得以活跃，并"取得了卓著的成绩，为海内外人士所赞许"。在东较场被短暂出售后，广东省运动会无固定地点举办，国立中山大学体育场凭借相对优良的场地条件举办了第九、十、十一届广东省运动会，同时也举行了一些具有重大影响的足球比赛，如1928年马来华侨足球队与广州足球队的比赛等，国立中山大学体育场成为近代广东足球文化发展的重要物质保证。

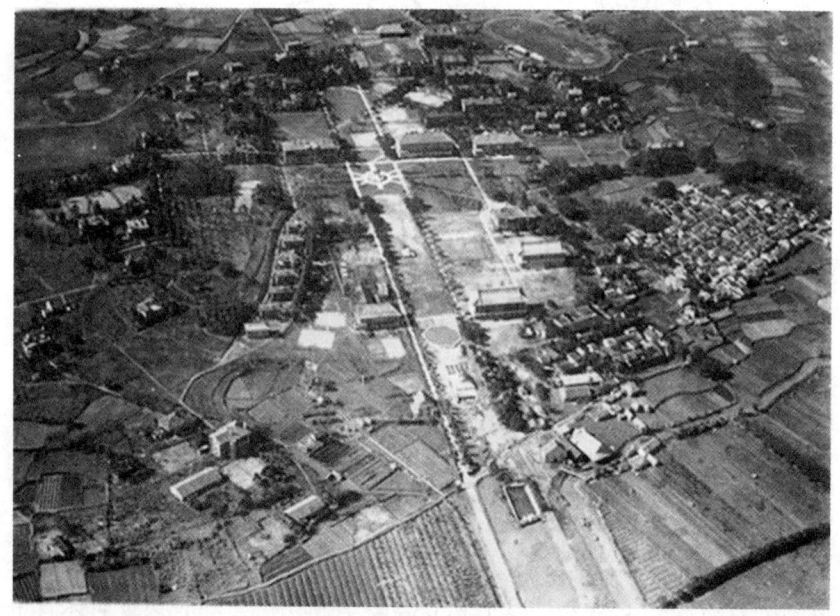

图4-4 早期岭南大学全景（正上方椭圆形标准运动场清晰可见）②

---

① 本校实施体育新计划[N].国立中山大学日报,1935-09-20(12).

② 康乐园的前世[EB/OL].(2015-03-06)[2020-08-01]http://www.gzzxws.gov.cn/gxsl/gzwb/lsjq/201503/t20150306_36536.htm.

图4-5 民国时期国立中山大学校园内的足球场①

3. 公共体育场

公共体育场为民众提供了广泛参与体育锻炼的基本空间，也是许多社会重大活动和体育赛事的举办场所，具有多元化的功能。公共体育场是推动体育活动发展，增强人们身体素质和意志品质的重要物质保证，它的出现反映了社会对人文意识的重视。公共体育场的建设受所处时代和地区的政治、经济、文化等因素的制约，具有鲜明的时代特征和地域特征，是体育文化高度浓缩的物质形态。足球活动是很多公共体育场的重要活动内容之一，足球文化成为公共体育场的重要组成部分，而公共体育场是足球文化的重要物质载体，是足球活动重要的物质文化形态。

我国最早的公共体育场是1913年由民国教育部创办的京师通俗图书馆附设公共体育场，1915年，教育部曾通令各省在省城筹设体育场，各省陆续修建了一些公共体育场。1929年国民政府颁布的我国第一部体育法《国民体育法》规定"各自治之乡镇区市必须设备公共运动场"，各地政府自此在一系列政策法规的引导下在全国范围内兴建了大量的公共体育场，据资料统计，在1929年全国公共体育场有1139个；1936年全国公共体育场达到2863个；在1945年普查时全国的公共体育场减少到1417个②。大量公共体育场的建设推动和普及了体育

---

① 良友图书印刷有限公司.各地学府：广州中山大学[M]//中国大观：图画年鉴.上海，1930：80.
② 国家体委体育文史工作委员会.中国近代体育史[M].北京：北京体育学院出版社，1989：244.

活动,提高了国民身体素质和体育意识,但各地的公共体育场由于经费不足,缺乏管理人员等原因,有的建设困难、进展缓慢、设施破旧,各地公共体育场的情况差别很大。上海、北京、武汉等大城市,江苏、浙江、湖南、山东等省,及抗战期间四川省的一些大、中城市等地的体育场建设规模较大,设备较先进现代,工程进展速度也较快,开展了众多包括足球在内的体育活动,甚至有的体育场馆还创办了报刊,成为推动足球文化发展的重要力量。

近代广东也兴建了一些公共体育场,广州东较场、大佛寺、将军前、越秀山等公共用地以及一些县市如中山、汕头、南海、韶关等亦修建了运动场,宝安、梅县、兴宁、蕉岭、平远、河源等地也建有大型运动场。近代广东兴建的公共体育场对普及推广足球文化、提高民众身体起到一定的积极作用。但由于经费、人们的体育意识以及时局变化等原因,近代广东公共体育场在建设进展、场地规模上都要落后于其他地区。

(1) 广东省立体育场。广东省立体育场,清代名叫东较场,"较"通"校",又称校场、教场,从唐代开始直至清代民国,这里一直就是阅武场,是广东武科乡试以及军队操练、阅兵的地方,东较场见证了广东体育文化的沧桑巨变,被称为岭南体育文化的"活化石"。清光绪三十一年(1906年)至民国三十六年(1947年),广东省共举办过15次省运会。其中第一、三、四、六、七、十二、十三、十四、十五届共9次在东较场(1931年改名为广东省立体育场)举行,因此东较场是广东省运动会举行最早及最多的地方,是近代广东现代体育运动文化的中心。东较场还是近代广东政治活动的中心,很多大型政治集会都在此举行,林则徐、孙中山、周恩来、廖仲恺等历史人物均在此留下身影,1927年广州举行五卅惨案纪念会,到东较场赴会的群众更达到近50万人[①],一个个重要的历史事件在此上演,这些历史事件与广东的历史发展进程紧密结合,深厚的历史文化积淀使东较场成为意义非凡的文化符号与传统象征。

在民国五年(1916年),广东省省长朱庆澜对于提倡体育颇为积极,当时除设立女子体育学校、成立中国南部体育会外,又拨东较场地址建筑公共运动场,为此特呈文北洋政府大总统黎元洪,同年获得批准立案后,即在东较场建设围墙头门,塑刻横额招牌,又下令中国南部体育会妥为筹办。但由于东较场

---

① 胡吾初.广州之五卅纪念会举行于东较场 赴会民众约五十万[J].良友,1927(16):8.

地块属于清朝旗产，加上广东省政局不稳及筹款困难，朱庆澜又于1917年离开了广东，广东省立体育场的建设迟迟没有进展，场内仍是荒草砾石，空无所有。

1921年春，孙科任广州市财政厅厅长，其时粤军在西北两江战后，急需军饷，加上广东通货膨胀，市库空虚，孙科为筹措军饷，除将市内各街坊寺庙公产尽行出卖外，认为东较场面积宽阔，可以出售以获巨款，于是将目标转向东较场。1922年，广州市政厅将东较场分段出售，"把大部分面积，分作32份，共售产价41万多元"①。随后孙科又下令将原建在东较场的围墙头门全部拆除，半砖不留。自此以后，广东省运会举行的地点也无法固定，第九届省运会是借国立广东大学（后改名中山大学），第十、十一届省运会是借中山大学运动场举行。省运会借用会场，不但对于交通、布置、秩序各方面都会造成困难，而且临时布置会场耗费亦多，一般舆论都认为建设公共运动场是一件重要的事情。1927年，国民政府在南京成立。伴随全国政治形势的相对稳定，1928年全国体育协进会董事会议决定在1929年10月间于广州举办第四届全国运动会。全国运动会的举办为东较场的改建带来契机，广州市政部门也加快了筹建进程，据1929年《广州市市政公报》记载："……现已规划征求图案并着手招商投承建筑工程，约两个月内即可践行兴工建筑，总以在本年内完成，以备全国运动大会及全省第十二次运动大会开会得在该运动场举行，以资利便云"②。广东省立体育场的建设似乎近在眼前，但随着南京国民政府逐渐在形式上完成全国统一，蒋介石为巩固统治，树立自己的威望，同时也为了抬高江浙财阀的地位，国民政府在1929年国民党中央政治局会议上通过了第197次议决，决定于民国十九年（1930年）4月1日，在浙江省杭州市举行第四届全国运动会。广东因此错过了在新中国成立前的那段时期举办全国运动会的最佳机会，广东省立体育场的筹建也再次陷入停滞。

直到1930年，由于广东体育代表团在第四届全国运动会上取得了优异成绩，为了进一步提倡体育运动，强健粤人之体格，广东省政府主席陈铭枢于6月4日以教字第260号令，分令教育厅厅长金曾澄、建设厅厅长邓彦华、财政厅厅长范其务等共同推进建筑公共运动场事宜，并筹建委员会，拟定公共运动场建设办法。建筑公共运动场委员会于同年7月1日组织成立后，马上展开了场地

---

① 中国人民政治协商会议广州市委员会.广州文史:第46辑[M].广州:广东人民出版社,1994:171.
② 广州市政府.纪事:筹筑东较场运动场之急进[J].广州市市政公报,1929(323/324):110.

回收、工程设计及预算、建筑招标等工作。

整个公共运动场建筑计划大概分为四区：东南区建田径场和足球场及有2.5万个座位的水泥看台；东北区建柚木地台的篮、排球场及有5000个座位的看台；西南区建棒球场；西北区建游泳场和健身房。全场概算，收回东较场地价约计50万元，建筑费合计50万元，总计100万元。工程分5期进行，预定5年内完成。到1931年9月底，广东省立体育场第一期工程大部分已经竣工，建成的体育设施有较标准的田径场、足球场及可容纳数千人的足球看台，南北两端各设一个篮、排球场。其余计划因经费不能拨付，暂行停顿。此后，广东省政府和广州市政府多次答应拨款，但由于种种原因，拨款迟迟没有得到落实，省体育会委员会仅仅对公共运动场进行过小范围的维护，以至于到广州沦陷，公共运动场的设备仍基本停留在刚开幕时的水平，未完成规划的一半。

广州沦陷后，日军将公共运动场改建为仓库，作存储军用物资之用，又在西边建筑工厂，盟军飞机曾以此地为目标，大举进行轰炸，但炸弹多落在附近，居民伤亡不少。抗日战争胜利后，南京国民政府军政部派员接收公共运动场，其时场内各建筑物如田径场、足球场、看台、浴房等，虽有损毁破坏，但轮廓尚存，重新修葺即可恢复使用。1947年，为迎接广东省第十五届运动会的召开，社会各界捐款、国民政府出资恢复了体育场，并将广东省立体育场易名为"中正体育场"。

从1931年第一期工程竣工开幕后，广东省立体育场就成为广东大型足球比赛的重要场所，一些足球比赛更是引起了广大民众的关注，如：1936年10月10日，省港足球对抗赛"在东较场省公共运动场举行，由香港南华会队对警察队，是日风和日煦，各界乘暇到场观战者，人山人海，为本市空前未有之盛举"[①]；1937年3月3日，"广州2万人看足球粤港华联和香港葡联"[②]，大量民众观赏了当时广东和香港众多著名球员的精彩表演，包括李惠堂、谭江柏、李天生、包家平、叶北华等，李惠堂还在比赛中射进扳平比分的一球，这些精彩的赛事对推广和普及足球文化起到了重要的作用，而这些足球竞赛的重要物质载体就是广东省立公共体育场，广东省立体育场逐渐成为广东足球文化重要的地标性建筑。

---

① 粤港足球对抗赛[N].大公报(上海),1936-10-17(5).
② 广州2万人看足球 粤港华联和香港葡联[N].时报,1937-03-03(6).

广东省立体育场从1916年开始筹建,到1931年第一期工程完成举行开幕礼,至广州沦陷时,整个场馆建设还没有完成规划的一半,工程进展极为缓慢,缺乏经费、时局变化以及民众体育意识薄弱是主要的原因。广东新安县(现深圳)人凌道扬是中国近代著名林学家、农学家、教育家、水土保持专家,他对当时以省体育场为代表的广东体育设施就作出过这样的评价:"广东省之经济地位,在华南是首屈一指,但一观东较场体育场之残旧,与全市运动场之缺少,以比上海、南京、青岛等地,诚不觉得惭愧之至"[①]。近代广东省立体育场与同时期上海、南京等中国其他城市的大型公共体育场相比,无论是工程进度还是规模都存在明显的差距,反映了当时广东复杂多变的政治环境以及社会大众相较薄弱的体育意识,这同时也限制了广东足球文化的进一步发展。

表4-1 广东省立体育场名称更易表

时间	名称
702年(唐长安二年)	阅武堂
1454年(明景泰五年)	演武厅
1620年(明万历四十八年)	武亭
1683年(清康熙二十二年)	东较场
1931年(民国二十年)	广东省立体育场
1947年(民国三十八年)	中正体育场
1950年	广东省人民体育场

(2)观音山足球场。观音山位于广州市北侧,又名"越秀山""粤秀山",是广州著名的风景名胜,到民国陈炯明时代,为了防止龙济光和陆荣廷军阀残余势力盘踞观音山,负隅顽抗,陈炯明下令开放观音山,《实行开放观音山手谕》中记录:"查观音山既非国防之要塞,自应立行开放,辟作公园,所有龙、陆等一切建筑供民贼自固者概行销毁,以新耳目。一俟库储充裕,再行增加娱乐之布置。"[②]观音山从此向广大市民开放。越秀山南麓有一片相对平整的山谷,在清代时是弹药库所在,1925年7月1日,广州国民政府成立后,开始重视体育场馆的建设,7月29日,工务局长林逸民请求市政府划拨市内观音山公园旁三面环山一面向南之数亩地开辟为一个公共运动场,市政府批准后,对观

[①] 凌道扬.今后广东体育应趋之途径[N].中央日报,1936-10-25(8).
[②] 段云章,倪俊明.陈炯明集:下卷[M].广州:中山大学出版社,2007:976.

音山运动场的名称、地址、宗旨、经费、筹建办法等做了详细规定,将观音山运动场(旧称观音山足球场)定名为广州市公共运动场。12月广东精武体育会应广州工务局邀请召集体育团体和学校商讨筹建广州公共运动场事宜,并选出了负责委员会,鉴于经费所限,负责委员会决定先填筑公共运动场的路基。1926年8月,填筑路基工程基本完竣。1929年12月6日,教育局提议在该场地内再加建球场四座,在周围增加跑道以及一处小房间作为管理处,至1930年下半年工程基本竣工。据民国二十三年(1934年)《广州指南》记载:"广州市公共运动场,均设于越秀山麓,乃市政府拨地建立,三面环山,一面向南,面积华尺一九七四四亩;四边座位约一万五千席,内有煤屎竞走路、足球场、绒球场各一,排、篮场三,沙池凡二,形势天然。"[①]1936年6月,广州工务局计划花10万元将该场加以扩充,但因经费短缺未果。此后,广州市政府曾多次计划扩充完善公共运动场,但都因经费问题,至广州沦陷前,观音山运动场仍没有完全竣工。

观音山足球场一直是广州众多足球友谊赛、锦标赛、联赛的举办地,如:1929年举办的"广州足球银杯赛"、岭南大学与培正中学的友谊赛等,观音山足球场还是民国时期广州中小学举办运动会的地方,民国十五年(1926年)4月,第一届广州市辖学校运动会在观音山足球场举办,有10多所学校1000多名学生参赛,项目有田径、排球、足球、篮球等;同年12月,举办了第二届市辖学校运动会,参赛者是广州市内的中小学生。民国十六年(1927年)11月举办第三届;民国二十年(1931年)5月举办第四届,运动员达3000余人;民国二十二年(1933年)1月,举办第五届。

观音山足球场为广州市校园体育活动的开展提供了重要的物质保障,更为广大市民提供了开展足球活动的场所,丰富了民众的业余生活,发展了足球文化。观音山足球场在新中国成立后扩建为越秀山体育场,更成为广东"南派足球"技术风格的物质化体现,是广东足球精神文化的重要物质形态。但此时的观音山足球场只是一块凹凸不平的泥土场地,场地条件有限,周边的设施十分不足,与近代中国其他城市举办大型运动会的公共体育场相比,存在非常大的差距。

[①] 广州市政府.广州指南[M].上海:商务印书馆,1934:317.

第四章　近代广东各层次足球文化

图4-6　民国时期观音山之鸟瞰①

1—五层楼；2—中山纪念碑；3—公共运动场

（3）梅县公共体育场。梅县公共体育场旧时也称作"东较场"，位于梅州老城区的东北方向，毗邻著名的攀桂坊，周边历史建筑甚多，文化气息浓厚。东较场古时是一处练兵场，清朝的军队比武和练兵，甚至武科考试都在此进行，东较场又是统治者用来处决犯人的刑场，广场的东边设置有一个约40平方米的土墩，当时的人们称其为"杀人墩"。梅县公共体育场是梅州地区足球文化的重要象征，在此上演了多场广受当地百姓关注的足球比赛，以"强民体育会"为代表的梅州地区民间足球组织在此也开展了丰富多彩的足球活动，历经岁月的洗礼，这些足球活动所传递的爱国爱乡、奋发图强等重要的精神最后都凝聚在梅县公共体育场，为梅县地区塑造稳定和富有特色的足球精神文化提供了重要的物质载体。

1934年，独一师驻防于梅县。师长黄任寰对桑梓建设和公益事业颇为关

---

① 刘植炎.建设的广州：观音山之鸟瞰[J].良友，1930(51)：12.

心。他爱好足球运动，所率领的独一师就有几个足球队的组织。代表师部的一队，实力较强，拥有省港球员，如李省官、彭湘元、陈荣光等，与强民队约定每星期六下午作一场练习赛，这对球技的提高起着很大的作用。驻防于蕉岭的第三军，军中也有足球队的组织，如三军大炮连足球队，于1933年参加梅县第一次全县足球锦标赛，比赛共有东中、乐中、省立五中、岭中、强民等13支球队参加，结果强民队荣获冠军。此次比赛，观众踊跃，引起黄任寰的极大兴趣和关注。他认为要发展家乡的足球运动，必须要有一个或几个条件优良的球场。当时只有省立五中、东中、乐中3个学校有足球场，但都是不符合标准的，公共球场一个也没有。他移防梅县后即议将东较场扩阔，并辟建为一座公共体育场。在与彭精一县长商谈后，意见一致，黄任寰即派该师的一个工兵连负责平整土地，工效神速，不久这项平整工程完成，但进一步建设的经费仍没有着落。

体育场的设计虽是从简，但工程费用仍需2万元，地方财政无力拨付。这时适值松口地区回来几位华侨富商，于是由黄任寰设一捐贴并写"序"，请彭精一县长亲自前往劝募。彭则邀请李炳基同往，结果如愿筹足2万元，随即按图施工。1936年，体育场初步建成，命名为"梅县公共体育场"，中间为一大型足球场，运动场直线跑道为250米，另有篮、排球场地几个，场地周围用一米多高的钢筋水泥穿花栏干围住，西面设一"横门"，由曾举直题书，"横门"的命名和意义大概是取自中国古书《礼》："钟声铿，铿以立号，号以立横。""横"，是盛气充满的意象。西面筑一个司令台；北面设一后门；东面与"民众教育馆"相连，那里开一个缺口，方便出入；南面正门，筑造一座红墙绿瓦宫殿式的高昂宽大的门楼，左右设耳房（现一般人称红门）。筑此红门时，恰好拆北门一带城墙，彭精一将全部城砖拨给使用，门楼落成后，正面书写"梅县公共体育场"，背面（即面向体育场内）则写"法天之行"四个大字，均是黄任寰写的。这四个字的意义，是取自《周易·乾》篇里："天行健，君子以自强不息。"意思是说，一个人要自觉努力向上，永远不松懈，就像地球的自转一样，永远不停息。人的健康、人的生命也在于永恒的运动。意义深长的四个大字写在高高的门楼上，对广大的体育运动员和群众有着很好的启示和鼓励作用。可惜日久字迹脱落后，再没有人去修复了。

辟建体育场是从1934年开始，至1936年完成。强民体育会十分欢迎这个体育场的辟建，为更利于推动梅县的体育运动，在此期间，先后举办排、篮、足球"精一杯"的比赛。1935年6月，由梁翰昭接任县长，1936年曾举行过"翰昭杯"的球类比赛。1937年7月，抗日战争爆发后，国共第二次合作期间，强民会得到中共党员的帮助和指导，通过足球运动和会务活动，扩大联系面，除密切与青抗会、学抗会联系外，还与地方国民党军政人员和工商界人士等广交朋友，争取他们的支持。为此，充分利用这个体育场的作用。1939年春，梁国材接任县长时，在此场地举办"国材杯""建宸杯"（商会会长）球赛。此外还多次举行抗日救国足球义赛，将收入捐献慰劳前线战士。1942年，中外驰名的香港南华体育会会长、"球王"李惠堂，以及香港足球名将叶北华、李天生、谭均干、邹文治、李硕友等先后组织"自力队""航建队"来梅县作精彩表演。特别是李惠堂亲自率领五华足球队来此与强民队作友谊赛，吸引了闽、赣边区的观众，创下4万人观看比赛的纪录，真是盛况空前。1949年夏，梅县和平解放，这个公共体育场改名"梅县人民体育场"。自后各种比赛更加活跃，除开展各种体育活动外，还可供广大人民举行各种庆祝会、纪念会、文艺、电影等活动。

梅县公共体育场对梅县地区的足球文化发展起到了非常重要的推动作用，是梅县地区足球活动开展的重要物质保证，也是梅县地区足球精神文化的物质载体，还是梅县地区足球文化传承的关键要素之一。但受当时社会经济、政治、科技等因素的制约，此时梅县公共体育场的场地条件非常有限，地面还只是普通的泥土构造；体育场规模不大，没有观众看台，直到1980年，借着香港愉园足球队访问梅州才兴建简易看台。另外梅县地处广东岭东腹地，政治、经济、文化的影响力有限，所起到的引领作用不强，因此无法整体地带动近代广东的足球文化发展。

二、足球用品

足球用品是指在足球活动中所使用物品的总称，是开展足球活动的基础物质保证之一，我国近代足球用品业主要分两大类，一是体育服饰类，主要包括运动衣、帽、鞋、袜等；二是运动器具类，主要包括足球、护腿板、球门、气筒、角旗杆、裁判用具等器具。足球用品的生产、销售反映了社会经济以及相关产业的发展水平，也是足球活动开展活跃程度的重要体现，是足球文化重要的物质载体之一。

现代足球需要的物品，是我国民族形式运动项目中所没有的，因此在早期除个别自制的运动服外，近代中国的足球体育用品基本都是"舶来品"。开展足

球运动初期我国不仅没有体育用品制造厂,连销售体育用品的商店都没有。个别学校所使用的足球用品,包括足球服、足球、足球鞋等全部都从国外购入。但早期参与足球活动的人数不多,足球用品的消费量不大,外国的传教士、商人、教员等随身带来供给使用就能满足基本需求。随着清政府兴办新式学堂,西方体育活动的开展范围得到扩展,西式体育器材的需求量逐渐增加,在1910年新中国成立之前的首届全运会后,体育用品的需求进一步扩大,上海、天津的洋商开始出现经销外国体育用品的业务,有"汇司""惠罗""福利"等公司,其中就包括足球和足球鞋。1911年7月11日的《申报》介绍了上海汇司公司经销外国的足球用品——"大踢球",球上有"TROJAN MATCH"英文字样,定价五元起,内用软橡皮价格从一元五角起。惠罗公司销售的足球鞋,黑色每双十元五角,黄色每双八元五角;"MCGREGER"牌的足球每个十七元五角、"BULL DOGO"牌足球每个十三元五角、"CLNIKER"牌足球每个十一元五角。1914年第二届全运会后,见代销外国体育用品有利可图,香港、上海的一些中国商人也开设了一些出售外国体育用品的商店,销售的商品就包括足球及足球鞋,但价格甚是昂贵。

  进口足球和足球鞋价格昂贵,一般学校和百姓无力购置,有些学校因陋就简地自制足球器材,大部分中国学生则以普通帆布运动鞋代替,有的就找鞋匠加工改造皮鞋,如北通县的"胡皮匠者"制造的简易球鞋,"方而且硬,结实耐踢"。而参加足球比赛所穿的服装基本都是自己做的,有的是在裁缝店统一制作几套,没有专门的厂家大批或规模性地生产,当时的运动服装更是千差万别,各不相同。即使在1910年新中国成立之前的第一届全运会上东吴与金陵大学的足球比赛中,"两队的运动员还是各穿不同色的自制的布球衣,无号码,穿方头球皮鞋,头上盘着辫子。"①

  随着足球运动的进一步发展,单纯依靠昂贵的进口货物远不能满足民众的需求,同时出于强烈的民族自尊心,上海、华北地区的一些手工作坊在修理的基础上开始尝试自制足球用品。李荣高于1913年在上海创建了中国第一家皮球厂,定名为"李高记皮球厂"②。当时制球时讲究节约,球革是以拷革为球片,球胆采用邓禄普胆(英国进口),1937年抗日战争全面爆发后,将英国邓禄普

---

① 中国体育文史资料编审委员会.体育史料[M].北京:人民体育出版社,1984:78.

② 夏亮.他们让中国运动器材走出国门[J].档案春秋,2009(7):45-47.

球胆换成国产大中华橡胶厂国产球胆。1917年,上海章仲文卖掉两只金戒指创设"协兴运动器具厂",专业生产皮制足、篮、排三大球,独创的"无口暗针"工艺成为皮球制造史上的一项重大改革,接着"无口足球"试制成功,使协兴厂红极一时,名扬海内外,后不断改革工艺,于20世纪30年代创办"火车牌"足球,此商标图案一直到1953年才改用现今的"火车头"标志的商标。1929年9月,郑永昶在上海创办皮球厂,生产篮球、足球、排球等体育用品,商标为"双龙""永昶"牌。与此同时,保定的布云工厂,天津的春合厂、利生厂等都开始制造皮革足球、足球鞋和足球服装等用品,这些民族厂商生产的产品质量逐渐提升,生产的规模逐渐扩大,产供销往往是一体的,产销相互促进的效益显著,不仅满足了国内体育活动的需求,有的产品还远销国外。如创办于1920年的天津春合厂,即"春合体育用品制造厂",初时只能生产篮球、足球和网球拍等20余种产品,1930年赴欧美考察归来后,改进了经营管理及机器设备,生产规模进一步扩大,仅球类一项,年产即达40余万个,工人也增至1000余人,每年营业额约50万元。春合厂根据地理位置、经济发展程度、人流量、体育氛围等因素在全国各地设置了大量专卖店,同时完善全国的邮寄销售服务,产品还输出到东南亚、印度、日本以及英美[①]。上海、华北地区的体育用品厂商蓬勃发展,在"支持国货"的背景下,成功挤占了外国品牌的市场份额,众多外国经销商被迫转让或改行。民族体育用品的崛起,迎合了当时"体育救国、提倡国货"的思潮,增强了民族自尊心、自豪感,对民族体育企业的崛起和国民经济的发展产生了深远影响。

抗日战争爆发时期,中国受到了近代以来最严重的战争冲击,经济发展几乎停滞,社会动荡不安。在这个时期内,体育方面也受到很大的影响,几乎没有体育用品厂家在生产体育器材,原来一些生产厂家也因为战争被迫迁址香港或停产,直到抗日战争后期,一些厂家才开始恢复生产,且很快就基本上达到了抗战前的水平。

近代广东早期的足球也主要是传教士、外国侨民和归国华侨从国外随身带来的,如在1914年,德国巴色会瑞士籍牧师沃特·乔治·恩斯特(万保全)成为梅县乐育中学新一任校长,万保全原是瑞士(也有说德国)国家足球队队员,足球水平甚高,他从国外带进充气的皮球给学生玩,学生都感到新奇,很

---

① 卢益三.天津春合体育用品制造厂发达史[J].勤奋体育月报,1934,1(2):133.

是喜欢。很多没有条件的地方就因地制宜，自制足球，有的利用各种"土"材料自制而成，有的把棉布、棉纱缠成一圆球，或把尚未成熟的柚子摘下来当足球踢。另外，梅州是我国著名的"侨乡"，海外华人数量众多，梅县的华侨或华侨眷属回国，都有这样一种习惯：带一些在海外常用而又便宜且容易购买的外国货，如衣料、手绢、毛巾、香皂等"手信"赠送亲友。"在孩子们的手信中又喜欢带外国出的橡皮球，有的大如碗口，有的小如鸡蛋。"[①]

广州作为广东的省会城市，是广东的政治、经济、文化、体育中心，足球文化也最为活跃。广州自古以来即以商都著称，从民国初年到20世纪30年代初，广州的百货店数量逐年增加，全行业户数由民国九年（1920年）的605户，增至民国十八年（1929年）的767户，民国十九年（1930年）时更达到770余户[②]。广州也是最早出现新式大型百货公司的城市之一，真光公司（1910年创办）、先施公司（1912年创办）、大新公司（1918年创办）等多家大型百货商店先后开业，由于资金雄厚，经营范围甚广，广州市及广东省内各地的土货、江浙地区的苏杭什货，乃至日本以及欧美货无所不包；商品种类丰富，由百数十种进而到成千上万种，成为国内最具规模的百货零售企业，其经营手法灵活多样，产销结合，批零兼营，并引进国外大百货公司的经营管理方法，号称"环球百货"。随着各类学校开展足球活动，足球用品的需求逐渐扩大，大型百货公司甚至出现了运动专柜。

除了以上这几家国内最具规模的大百货公司之外，广州还形成了多个商业中心地区。其中以十八甫百货零售业最为兴盛，集中了众多的百货店，其销售的对象以十八甫西关富豪、仕女为主，四乡水客也不少；高第街百货店则以家庭妇女居多；永汉路、惠爱路百货店以军政、教育界为主，良友体育用品公司等省外分号多集中于此。围绕着先施公司、城外大新公司两大公司，长堤、西堤也形成了广州另一个新兴的商业中心地区。

新以泰由番禺人钟锦泉创建于1861年，原址设在广州城内的惠爱八约（即现在的中山四路），这一带是省市机关单位以及学校的密集地区，因此这附近的文房四宝、线装书籍、古董金石店铺众多，是城内繁华的商业中心之一。新以

---

① 中国人民政治协商会议广东省梅县委员会文史资料研究委员会.梅县文史资料：第5辑：第1册[M].梅县：政协广东省梅县委员会文史资料委员会，1984：4.

② 中国人民政治协商会议广东省广州市委员会文史资料研究委员会.广州文史资料：第20辑[M].广州：广州人民出版社，1980：237.

泰早期经营文化用品，其店史之悠久在广州文化用品商业行业中仅次于"三多轩"。1946年，新以泰在经营上出现了一个重要的转折。当时，新以泰已到了第三代传人钟华手里，他的表叔胡金昌曾在美国留学，两次获得数学金锁匙奖，任中山大学物理系主任，提出"新以泰"与英文"Sunlit"的读音接近，Sunlit意为阳光普照，体育事业是充满阳光和活力的事业，中国人被外国人称为"东亚病夫"，反映了中国体育事业的落后，要发展体育运动，就需要有一个经营体育用品的商业，这是一个很有前途的行业。因此，胡金昌建议新以泰改营体育用品，并亲笔书写了"新以泰体育用品店"蓝底红字的新招牌，与相邻店铺的白底红字招牌相比，别具一格，分外醒目。从此，新以泰开拓了经营体育用品的新道路。当时的体育用品还没普及，主要经营的是各种较小型的体育器材品种，如毽子、跳绳、乒乓球、羽毛球、网球、足球、篮球等。随后新以泰不仅供应体育用品，还积极生产、研制各式体育器材，逐渐发展成一家具有行业影响力的老字号体育用品商店，由于钟华和新以泰推动了广州体育事业的发展，1950年朱光市长主持广州第一届体工会议时特别邀请钟华列席，这是政府对钟华为体育事业所作贡献的肯定和嘉许。

兴旺的百货商业满足了民众对足球用品的消费需求，而足球用品的制造，据《广东省志体育志》中对体育产业的描述，"建国前，广州、佛山等地有一些家庭小作坊生产体育器材、运动服、运动鞋……1947年7月，当时广州还有10多家生产乒乓球拍和小皮球的家庭作坊。"由此可以推断当时广东的体育用品发展状况依然处于家庭作坊的模式，设备陈旧、技术落后，产业化程度低，经济实力弱。近代广东与上海、天津两地具有明显的差距。

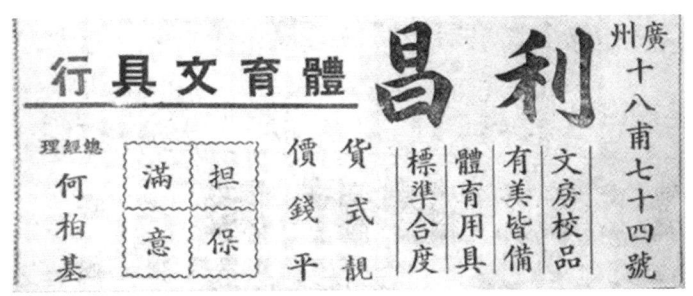

图4-7 《广东体育月刊》刊登的体育文具店广告[1]

---

[1] 广东省国民体育委员会.利昌体育文具行[J].广东体育,1947(6):3.

图4-8　1924年商业气息浓厚的广州惠爱路景象①

近代广州的经济结构是造成这一现象的主要原因。近代广州的工业虽然出现较早，并且在20世纪上半叶获得了一定的发展，但主要是为外贸服务的加工业以及为城市居民服务的地方产业，工厂数量多而规模一般较小，因此城市经济产业化程度不高，呈现"商强工弱"的经济结构特点。据统计，1936年，广州商业户数与工业户数的比例为2.75∶1，商业与工从业人数的比例为1.06∶1，商业与工业产值（营业额）的比例为1.9∶1；1948年，两者的比例分别上升为3.45∶1、1.29∶1和5.9∶1②。可见，"商强工弱"的特点在广州表现得十分突出，城市经济结构仍以商贸为主体。"商强工弱"的经济结构制约了广州足球用品的生产和制造，与既是通商口岸又是近代工业城市的上海、天津两地蓬勃的足球用品生产相比，近代广东足球用品的制造明显处于落后的地位。

三、足球报刊

清末民初中国体育近代化的过程中，足球文化也开始逐渐兴盛起来，与此同时，中国近代大量报刊相继诞生，足球和报刊两者相互影响、相互作用。足球文化的兴盛繁荣为报刊提供了丰富的素材和报道内容，包括对足球赛事、足球组织、足球人物以及相关用品的广告等，足球成为报刊的重要对象。报刊对

---

① 广州市政府.图画:惠爱路之风景[G].广州市政报告汇刊,1924(2):13.
② 赵春晨.晚清民国时期广州城市近代化略论[J].广东社会科学,2004(2):89-96.

足球的广泛报道也让更多的人认识足球,从而传播足球文化,成为足球文化发展的重要推动力。

鸦片战争以后,以休闲娱乐为目的的西方体育活动与西方报业传入中国,最早有关足球相关活动的报道出现在外国侨民创办的报纸中,如1867年,由英国拍卖行商人亨利·奚安门(Henry Shearman)在上海英租界创办的周刊 The North-China Daily News(1864—1951)已经对足球相关内容进行了报道。随着中国人办报热情的高涨,传播体育意识的增强,体育新闻报道在报刊中经常出现,足球相关的报道也随之逐渐增多。19世纪末,香港第一份中文报纸《中外新闻》和稍后创办的《华字日报》对香港的"特别银牌赛"做了报道,这是香港地区乃至国内最早的足球宣传①。

20世纪30年代,近代中国政治环境相对稳定,社会经济快速发展,新闻报刊业也得到高速发展,各地报纸,例如上海的《时事新报》《新闻报》《申报》《时报》,南京的《中国日报》,天津的《大公报》等,都开辟了体育专栏,专门登载体育消息和评论。此后又陆续出版了不少体育类专业报刊,据《中华民国体育年鉴》和《全国中文报刊目录》所作统计,1909—1927年,我国出版发行的体育刊物约11种,到了"黄金十年",根据台湾学者许义雄的《我国近代体育报刊目录索引》中记载,国内发行的体育报刊"大概有七八十种之多",可见我国近代体育报刊在1927—1937年迎来了鼎盛期。足球活动在这一时期也蓬勃发展,举办了众多大型运动会和比赛,中国国家队参加远东运动会和奥运会更提升了民众对足球的关注度,足球成为中国民众普遍关心的话题,1929年李惠堂甚至提出"足球即中国国球"的观点。因此,报刊业繁荣和足球文化普及使此时期足球报道水平发展得更加快速,足球报道的数量在全面抗战前持续增加。据不完全统计,对1927—1937年10年间4000多篇有关足球的报道进行分析,1927年我国报刊中对足球相关内容的报道有120篇,到1936年达到940篇,1937年随着全面抗战的爆发,数量开始急速下降(见表4-2)。

表4-2 1927—1937年"足球"报道数量统计表

年份	1927	1928	1929	1930	1931	1932	1933	1934	1935	1936	1937
篇数	120	125	311	276	277	180	321	555	806	940	378

① 袁伟民. 中国足球大典[M]. 上海:华东师范大学出版社,2002:435.

在这些报刊中，足球报道数量所占比重较大的有：《勤奋体育月报》足球报道数量310篇，《体育评论》108篇，《体育世界》79篇，《体育季刊》49篇，《体育研究与通讯》40篇，《足球世界》265篇，《全国足球名将录》183篇，《世界运动会足球特刊》39篇，《体育周报》31篇，《浙江体育半月刊》31篇，《浙江体育月刊》28篇等①，而出版地主要集中在上海、南京、天津等城市。足球报道数量的增长反映了足球文化的活跃以及受关注程度，这些报道有效地传播了足球文化，报刊成为足球文化发展的重要推动力量。

1937年，卢沟桥事变爆发，我国的各项体育运动，包括足球运动都受到了严重影响，除广西、四川等内陆地区外，中国大部分地区的足球活动基本停止，大多数报刊停刊，此时的足球报道数量骤减。抗战胜利后，足球报道迅速恢复到了战前水平。

上海在19世纪60年代逐渐成为全国的新闻中心，报刊数量众多，对足球相关报道的数量冠绝全国，而《申报》是其中影响力最大的报刊。在1915年以前，上海率先创办了体育专业刊物，引领全国体育报刊之先声。1915年新文化运动后，上海新闻媒体的报道涉及各行各业，抗战前的"黄金十年"，在政府和社会团体的重视下，体育刊物如雨后春笋般在上海出现，体育报刊业迅速达到了近代史上的鼎盛时期，据不完全统计，近代上海体育专业报刊（特刊）的数量达到43种②之多，当中有些体育报刊大量报道足球的相关消息，如《勤奋体育月报》《体育评论》《体育世界》等。随着足球文化的不断发展，民众对足球的关注度持续提高，上海更是发行了足球专业报刊，如《足球世界》《全国足球名将录》《世界运动会足球特刊》等。这些刊物以提倡体育、推广足球运动为宗旨，介绍著名足球运动员，刊载历届远东运动会各国足球选手名录、全国分区运动会、全国运动会、全国著名足球裁判员名录等内容，从一定程度上来说，这些专业足球刊物不仅推动了足球运动在上海地区的开展与传播，也提高了普通民众对于体育赛事的了解和认同。专业类足球刊物的纷纷出版，印证了上海读者群体对于足球类资讯需求量的提升，从另一个侧面体现了现代足球文化在上海地区的蓬勃发展。

近代广东的文化中心在广州，而广州是我国早期对外通商口岸，对外文化

---

① 许世族.我国近代报刊足球报道研究(1927—1937)[D].广州:广州体育学院,2018:15.
② 匡淑平.上海近代体育研究(1843—1949)[D].上海:上海体育学院,2011:126.

交流与输入西洋文化比其他地方早，由于这种历史原因，近代中国报刊的出版开始于广州：1827年，英国商人在广州创办了《广州纪事报》，成为第一份在中国出版的英文报纸；1833年创刊的《东西洋考每月统记传》，是我国境内出版的第一张中文报纸。而这第一张外文报纸与中文报纸都是由外国传教士创办的，在其影响下，华人才起而自办。广州近代报业迅速发展，以报业为首的广州新闻出版事业成为全国的先导。作为对外通商与文化交流的重要口岸，广州也是西方体育最早传入中国的地区之一，随着体育文化的活跃，体育成为报刊报道的重要对象，报刊对体育活动的报道数量也逐渐增加。

清光绪三十一年十二月（1906年1月），《七十二行商报》报道了广东省大运动会（后称广东省第一次运动会）的消息，后来陆续登载体育新闻的综合报纸有《时报》《安雅报》《人报》《共和报》《现象报》《羊城报》《广州民国日报》《广州市民时报》《公评报》《越华报》《大华晚报》《诚报》等，内容多是体育运动竞赛新闻及运动会消息。

其中《广州民国日报》是近代广东最具影响力的报纸之一，该报创刊于1923年6月，社址在广州第七甫100号（今光复中路），社长兼编辑孙仲瑛，营业部主任叶健夫，编辑有吴荣新、甘乃光、汤澄波、黄鸣一。1924年10月28日，由国民政府中央宣传部接办，并正式通告为国民党的机关报。1926年10月，国民政府迁到武汉，该报被国民党广州市特别执行委员会宣传部接管，成为广州市党部机关报。此后，随着国民党内部的派系斗争，该报成为广东当政者的宣传工具，先后为李济深、张发奎、陈济棠等人控制。1936年，陈济棠下野，《广州民国日报》被南京国民党中央宣传部接收，于1936年12月31日停刊，改组为《中山日报》。

《广州民国日报》在创立之初每天发行只有1100余份，1925年5月，每天销数大约3000份；1925年6月中旬至7月底，杨希闵、刘震寰滇桂军叛变，该报著文抨击，深受读者欢迎，销量从3000份增加至7000份；1925年7月起，销量由7000份增至1.2万份，到1930年，每日销量基本维持在1.2份，没有大变动[①]。由于经营得当，《广州民国日报》销量大增，逐渐成为当时广州市发行规模和影响力最大的报纸。

---

① 陈孚木.本报两年之回顾[N].广州民国日报,1926-02-17(1).

本市新聞

馬來華僑足球隊
今晨八時抵省

寓東亞酒店
即日午后三時半　在中大比球

馬來華僑足球隊乘赴滬參加埠際足球比賽之便、來省參觀祖國情形、經誌昨報、現該隊隊員、於昨晚由港搭西濠安夜船上省、今晨八時左右定可抵步、全省體育協進會、省黨部、海外部駐粵辦事處、航空同志會、省教育會等團體、屆時均派代表到碼頭歡迎、預定東亞六樓八間房舍爲該隊隊員住宿地點、自十時起、由該各團體代表、引導遊覽本市名勝及各學校機關、秩序經誌昨報、並定於是晚六時在文園歡宴、經由體育協進會、省黨部等致函各大團體、屆時各派代表參加、以示熱烈歡迎、又聞今日下午三時半、該隊與本市足球隊在中大球塲舉行友誼的比賽、歡迎各界人士參觀、不收入塲劵云云、

又訊、廣州市體育會請教府撥欵招待來省華僑足球隊、經省政府議決、飭令財廳撥欵二百元、交敎育會聯同各團體備用云、（維）

图4-9　1928年《广州民国日报》对马来华侨足球队到访广东省的报道①

萬目睽睽之中外足球比賽
▲結果三與一之比中華勝

又訊云、昨日香港中華足球隊、與本市沙面西人合組、共同參數決賽、一點半、於是鳴笛一聲、雙方開始接觸、西人在東、中華在西、當時觀衆多數揣測、謂今日最後之足球決賽、逆料西人必操勝券、蓋因西人個個都係高長大漢、欵甚英勇、誠恐中華非其敵手、詎有出人意料之外者、轉瞬之間、中華正前鋒黃瑞華將球踢至西人門首、用脚一踢、應聲而入、中華竟先勝一球、當時鼓掌聲與喝彩聲喧成一片、中華隊初次與沙面西人比賽、未審對方之藝術如何、及先勝一〇後、雄心勃強、愈戰愈烈、比賽甚久、雙方均將射入門首機會、卒各能將〇踢出險地、賦半句鐘後、中華右輔自麥國棟、忽於人叢中乘機衝前、在門之角方射入門、又勝一球、而西人方面雖負二球、亦不示弱、詎料再由中央開賽後、不轉瞬間、已見實伯松單人匹馬盤球進攻、對方雖有抵禦、覺被連續衝過射入〇門、再勝一〇、於是上半塲乃以三對零告終、休息十五分鐘、下半塲繼續開賽、雙方均

廣州中西聯隊之球員　本報攝

數觀衆預料當有一塲之劇烈競爭、威引領翹踵待觀、一片喧聲、瀰漫全塲、查中華個隊爲莫慶　、許雪貞爲榮冠英、爾球員爲唐福祥、先由中西兩足〇隊在會塲共攝一影、藉留紀念、影畢、証球員唐福祥看時計已逾四

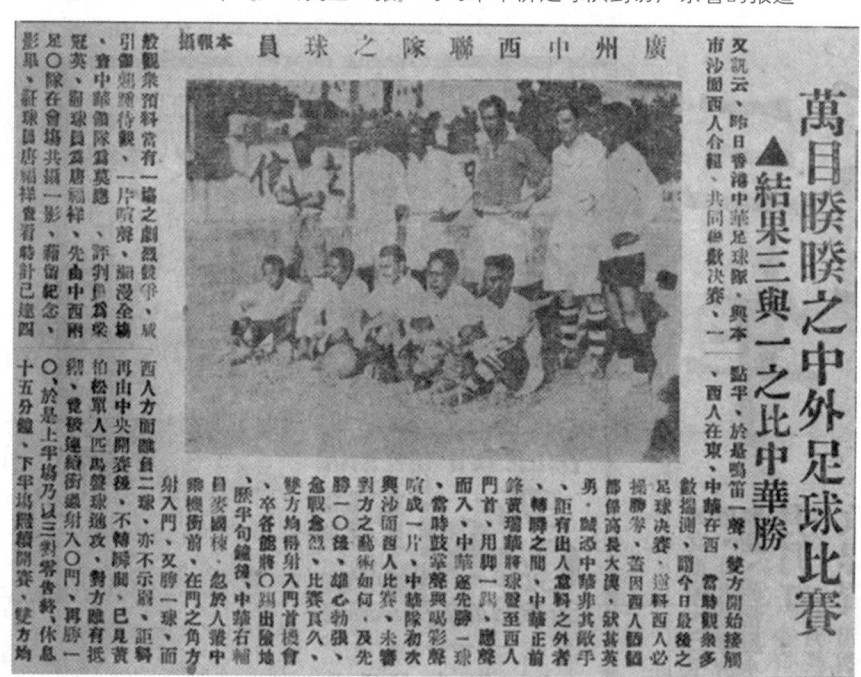

图4-10　1928年《广州民国日报》对广东省运动会足球友谊赛的报道②

① 本市新闻:马来华侨足球队今晨八时抵省[N].广州民国日报,1928-04-05(6).

② 万目睽睽之中外足球比赛[N].广州民国日报,1928-11-07(5).

随着国人对体育运动的重视以及体育文化的普及，《广州民国日报》开始对体育文化进行相关的报道。在民国十四年（1925年），《广州民国日报》发行了"运动专号"，其中除了对第一次广东大运动会进行回顾，对体育运动的积极作用以及第八次广东全省大运动会等进行介绍外，还对取得第二届远东运动会足球比赛冠军的中国足球队进行了详细的报道，对被誉为第一代"远东球王"的广东籍球员唐福祥和第一批留洋体育硕士许民辉等著名球员更是作了详尽的介绍。这些报道宣传了体育文化的价值，增加了广东百姓对足球运动的认识和关注，对足球文化发展起到了积极推动作用。在后来的发行中，《广州民国日报》多个栏目都对足球相

图4-11 《广州体育月刊》创刊号封面（1937年）[1]

关活动进行报道，如民国十七年（1928年），对马来华侨足球队到访广东省，《广州民国日报》在4月5日、7日，5月10日的"本市新闻"和"体育消息"栏目进行了连续的、全方位的跟踪报道和评论；在11月7日发行的第11次广东省大运动会特刊中，介绍了作为压轴项目，由中华体育会与沙面水路军联队对决的足球友谊赛盛况，由于入场券减价，导致座无虚席，观众达"不下十数万"之多（见图4-9和图4-10）。可见，当时的广东足球文化已经相当活跃，广大民众对足球文化已经产生了一定的兴趣，同时也反映了近代广东最具影响力的《广州民国日报》已经将足球相关活动作为重要的内容进行报道，且对足球文化的报道已具有一定规模。

---

[1] 赵辉.广州体育月刊创刊号[J].广州体育月刊,1937(1):1.

近代广东也出版了一定数量的体育类专业刊物，根据现有资料统计，共有12种，如《广东体育专门学校特刊》《民众体育季刊》《广东体育报道》《广州体育周报》《体育之光》《砺行体育杂志》《广东体育》《广州体育月刊》《体育世界周报》等，这些体育类报刊也有对足球文化进行详细的报道和评论的，如：1929年为纪念广东体育专门学校创立一周年出版的《广东体育专门学校特刊》中就有"训练足球之我见"的论著；1937年《广州体育月刊》出版的两期，其中就有对足球规则、国际足球比赛动态、小足球运动等进行介绍；1947年《广东体育》月刊中有对本地足球比赛消息的报道。

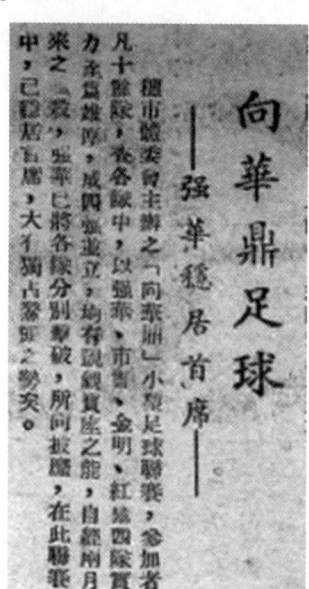

图4-12 《广东体育》对足球比赛的报道①

此外，近代广东各学校的校报以及基督教青年会创办的刊物，如《培正校刊》《私立岭南大学校报》《国立中山大学日报》《南大青年周刊》《培正青年》等，对足球相关活动也进行了大量的报道。《培正青年》是培正中学青年会刊物，主要介绍该校教育、文体活动以及基督教青年会会务、业绩、会员录等情况。在1921年，该报对培正中学与岭南中学、南武中学、岭南大学的足球比赛都进行了较详细的报道，"与南武比赛足球……迎战不利故胜负未分……本校战将多有倦意，只顾招架，不愿还抢"，"与岭南大学比赛足球……所谓棋逢敌

---

① 广东省国民体育委员会.体育广播台[J].广东体育，1947(6):3.

手,将遇良才,真好看一场恶战"①。《私立岭南大学校报》于1927年创刊于广州,由岭南大学秘书处编辑并发行,主要的栏目有纪事、注册、附中消息、日记、校董会、公文、会议记录、琐闻、校务、学生团体等,是近代广东重要的校报之一,其对足球相关的消息报道是近代广东各学校创办刊物中最多的一份,通过全国报刊索引数据库检索,对《私立岭南大学校报》包含"足球"为标题的报道进行检索,相关消息的报道达75篇之多。其中最早的一篇报道是"本校足球员陈光耀参加香港中华足球赛之勋绩"②,这篇报道对岭南大学的陈光耀参加香港的中华足球赛的过程进行了详细报道,并对其在比赛中踢进制胜一球用"勋绩"一词表达了赞赏。《私立岭南大学校报》持续对岭南大学和附中、附小参加足球比赛以及运动员的动态等进行报道,这些报道让更多的年轻学生了解、认识足球文化,对足球文化发展起到了积极的推广作用。

近代广东的报刊发行主要集中在广州,以《广州民国日报》为主的近代综合报刊以及体育类专业报刊对足球文化进行了大量的报道,而以《私立岭南大学校报》为代表的校办报刊也较详细地记载了当时的足球文化,各类报刊对足球文化的报道反映了近代广东繁荣的足球景象,成为近代广东足球物质文化的重要组成部分,这些报道对足球文化的推广和传播起到了积极的作用,近代广东足球报刊得到了较好的发展,处于全国较发达的水平。但由于广东历来对文化建设的意识比较淡薄,同时,也由于当时足球文化并不是非常普及,近代广东并没有出现《足球世界》《全国足球名将录》等专业的足球报刊,体育类专业报刊办报时间普遍不长,类似上海的《勤奋体育月报》《体育世界》那样大量、持续性报道足球的报刊数量也不多。近代广东足球报刊不及处于领先地位的上海,而且差距明显。

第二节 制度文化

足球制度文化是人类通过足球运动改造和完善自身的活动方式及其制度的产物,是调控和规范足球运动中人们各种社会关系的组织机构和规章制度的总称。足球制度文化体现为足球规则的制定、组织机构和竞赛制度等。足球的制

---

① 体育消息[J].培正青年,1921,4(1):3.
② 纪事:本校足球员陈光耀参加香港中华足球赛之勋绩[J].私立岭南大学校报,1929,12(1):6.

度文化是支撑足球发展的基本条件,从某种意义上说,它是贯彻足球文化中思想、精神的法律、法规的保障,同时也在规定和规范足球物质文化的发展。从文化结构的视角出发,制度文化作为表层物质文化和深层精神文化的枢纽,是联结实践和思想理念的中介层次。在制度层次上既可以看到社会现实提出的足球文化需求及满足这些需求所具备的客观条件,也可以看到决策者对足球文化的理解及应对的实际操作。因此,制度文化集中地反映了客观与主观、实践与理念的互动。

一、规章制度

1. 全国性体育行政法规

中国近代体育制度最早是随着洋务派在新式军队建设中开展的洋操训练而初步在军队中得到确立的,自此以后,中国陆续颁布了一系列以实现强国强种、德智体全面发展以及追求体育之真正意义为目的的体育规章制度,这些规章制度或直接或间接地影响到足球文化的发展,成为足球制度文化的一部分。近代广东亦遵照中央相关政策对体育进行了改革,与中国其他地区并没有太多差异。

1895年中日甲午战争的失败使清政府决定改革旧的军事制度,组建新式陆军,并拟定各种规章制度,将德国兵操作为练兵的手段。1896年,张之洞的《选募新军训练洋操折》得到朝廷奏准,体育制度随着军事制度的变革出现了萌芽。光绪三十年(1904年),清政府颁布《奏定学堂章程》,包括《奏定初等小学堂章程》《奏定高等小学堂章程》《奏定中学堂章程》《奏定初级师范学堂章程》《奏定优级师范学堂章程》《奏定高等学堂章程》,史称"癸卯学制"。这一章程由张百熙、张之洞和荣庆等人共同拟定,对办学宗旨、课程设置、教员管理、学校设施等都做了具体的规定,是第一个在全国实行的比较完整的并经法令正式公布的学校体系,且一直沿用到清朝灭亡。《奏定学堂章程》基本是仿照日本学制制定的,体操被列于八科之内,虽未对足球活动在各学校的开展作直接的规定,但其推动了学校体育初步制度化,为以后各级学校开展足球活动奠定了基础。

1898年清政府制定了奖励私人办学的政策,1905年科举制度的废除,推动了私人办学。广东私人兴办的南武中学、私立广东女子体育学校、教忠中学、路德女中、育贤女中等学校都开设了体操课,并在课外广泛开展田径、球类、游泳等体育活动,其中南武中学的足球活动开展得尤为突出。晚清广东新式学堂对体育的重视,加快了现代足球文化在广东的推广普及。

辛亥革命后,古老的封建帝制被废除,南京临时政府正式成立,在1912年12月18日以训令的形式发布《教育部关于各学校应于体操正科外兼作有益运动训令》,要求"各学校应于体操正科外兼作有益运动"。此后不久,学校体育的双轨制逐渐确立,体育课内除开展普通体操和兵式体操课外,仿效教会学校的做法开展近代田径、球类等体育活动的现象一直保持到新学制的颁布。随着《学校系统改革案》的公布,壬戌学制的确立和《中小学课程纲要》草案中的规定,把"体操科"改为"体育科",并提出体育课要以田径、球类、游戏、体操为主要教材,彻底废除了兵操。自此,足球正式进入体育课,在学制中予以确立,为足球文化的发展提供了肥沃的土壤。广东的各式学校在"壬戌学制"颁布后也开设了体育课,足球成为体育课的一项内容,如培正中学在"壬戌学制"颁布后即开设体育课,体育课每周授课两课时,内容就包括足球,学校还规定体育不及格者不得升级。1937年上学期,遵照国民政府的政策,学校实行强迫体育活动,在早晨举行十五分钟的早操,下午三时后举行两个小时的课外运动,学生一律参加。为促进学校体育的发展,培正中学组建了足球队等运动队。为强健学生体魄,学校积极开展体育运动,学校内部年级、班级之间,学校与外校、社会人士之间经常开展体育活动。

1919年4月,国民政府教育部采录第四次全国教育会联合会决议《速办全国联合运动会及省区运动会案》,颁布《教育部关于各省区办运动会咨》。要求"各区对于学校运动会及学校联合运动会函应积极举办"。提案建议全国联合运动会每两年春季举行,省区运动会每年举办一次,所需经费应准按年列入预算。关于比赛项目设置,建议"宜将远东运动会所规定之运动事项,定为前两会之运动必要事项",足球便是其中的一个项目。全国以及省级运动会设足球比赛有了制度化的基础,带动了足球文化的进一步发展。

1929年4月,中国第一部体育法《国民体育法》经审议通过,由国民政府颁布施行,这是中国历史上第一个针对体育而专门制定的行政法规,体育发展第一次有了纲领性的文件。在体育法中,对移风易俗、基层体育场建设、高中及以上学校体育与军事必修、民间体育团体、体育人才培养、体育研究等方面都有所规定。1932年6月,由教育部牵头筹备召开全国体育会议。8月,第一次全国体育会议召开,通过了由吴蕴瑞、袁敦礼、郝更生起草的《国民体育实施方案》。随着《国民体育法》和《国民体育实施方案》这两部体育基本法规的确立和学校体育制度、社会体育制度、体育竞赛制度以及其他体育制度的逐步完善,体育制度体系初步建立起来。1931年4月颁布的《民众业余运动会办法大纲》要求行政院直辖市及各县市民众业余运动会每年须于春季或秋季举行一次或两次,并对运动会举行的项目进行了建议,主要是田径、游泳、球类等西方竞技运动项目。为了推广民众运动、给民众提供"发展体育及从事正当娱乐"的场所和指导。国民政府对公共体育场的建设也较为重视,《各县市公共体育场暂行规定》要求"各县于省城至少设立公共体育场一处,逐渐推至市镇乡"。

这些全国性体育制度的颁布,对近代广东足球文化的发展起到了积极的引领作用,全方位地促进了学校、社会、军队等地方的足球文化的推广,使足球场地、足球竞赛、足球用品、足球组织等足球文化得到更进一步的发展,是足球文化快速发展的重要保障。全国性的体育制度的颁布,也体现了当时国人对包括足球在内的体育文化的认识和重视。

2. 足球规则

足球规则作为足球比赛准则和行为规范,具有规范性、强制性和普适性的基本特征,是保障比赛公平、公正和有序进行的"法律文本"。它是具有领导和组织竞赛权力的特定机构制定和发布的规范性文件,对足球比赛的举行和规则设置相关条件、明确各方职责、赋予相应权力做出详尽规定。它通过明确规定参加比赛人员条件、限制参赛者相关行为,成为足球参赛人员在比赛过程中必须严格遵守的竞赛规定、技术标准以及行为准则,是足球制度文化重要的组成部分。随着现代足球文化在我国的形成,制度文化中的足球规则也应运而生,近代我国足球规则发展大致可分为口传阶段、翻译规则阶段以及全国性体育组织审订规则三个阶段,近代广东足球规则亦基本符合此发展进程。

(1) 口传阶段。现代足球传到中国的时候,首先是在外国侨民中开展,随后教会学校和传教士们开始向中国学生介绍足球运动,组织开展相关的足球竞赛。初期开展的足球活动和比赛并没有明文的规则,主要靠"口传",至于所传授的规则具体内容是什么就更无从考证了。1899—1915年,虽然在大城市所举行的一些联合和全国运动会上出现了英文版规则,但当时只有与外侨有直接或间接关系的少数人见过这些规则,所以在这一阶段,足球比赛完全以英文版规则为根据,外国侨民主宰了当时的中国足球竞赛。

(2) 翻译规则阶段。我国早期的足球规则大部分是由基督教青年会编写的英文规则，从1915年起到1925年止，经过十年的时间，上海基督教青年会书局先后翻译出版了多部中英文对照的《足球规则》，上海商务印书馆也陆续出版了一些足球方面的专著，当中就有足球规则的相关内容，如1916年出版的由国民体育社（美）撰写、麦可乐订正的《足球》下篇就是足球规则，共17章内容。在1924年中华全国体协成立以前，1910年南京虽有过"全国学校区分队第一次体育同盟会"及1922年"中华业余运动会联合会"的组织，但没有翻译过规则。当时在没有全国统一审订规则机构的情况下，基督教青年会协会书局出版的规则成为各地开展足球活动的基本标准，为我国足球文化的发展提供了制度保证。

  广东足球规则在此阶段也得到了较好的发展，产生了全国范围内最早的文字记录之一。1914年，梅县乐育中学迎来第五任校长——瑞士籍牧师沃特·乔治·恩斯特，在这里他还有一个中文名字叫"万保全"。万保全到任后，非常重视足球运动的发展，将校门前的草地辟为足球场，并亲自教学生踢足球。1917年，万保全发起了由乐育中学、梅州中学、东山中学、广益中学等4所中学参加的梅县历史上第一届中学足球联合会，并组织起草制定了《梅县中学足球联合会临时简章》[①]，在梅州乐育中学的校史馆资料室里，如今还珍藏着这份"足球简章"的影印件。该简章是多年前辗转从美国南加州大学档案馆获得的影印件，共九章十八条，明确规定了联合会的宗旨、代表会成员组成、比赛时间地点、公正人（裁判员）、赛场规则、运动员权利等。如第八条对裁判员资格作出明确规定："比赛时设公正人一员，由会长指派但须经代表会及比赛之二球队认可。"第十条明确赛场规则："一校球队之选手经一次确认后须循环为其他四学校之球队比赛，至终不能更动，如遇有意外而必须更动，须于比赛前一星期向代表会声明，经代表会确定理由充分时始得更动。"第十二条则提到了队员的权利与义务："比赛之各选手须服从公正人之命令，如有抗令者，得由公正人指令退出场外，而该队虽减去一人，亦当以十人作战至终，不能因一人之退出而停止比赛。如公正人有不公正之处分，俟比赛终止时可由该队队长抗议于代表会等。"万保全倡导成立的足球联合会及制定的简章，规范了梅县地区的足球运动，带动了各项足球比赛的蓬勃开展，促进了足球运动的普及和提高，对梅县

[①] 校园球赛点燃普及之火,明星辈出无愧足球之乡[EB/OL]. (2019-07-12)[2020-08-01]. https://www.meizhou.gov.cn/zwgk/zfjg/smzzjswj/mzzj/mzzj/content/post_1915940.html.

初期的足球运动起到了极大的推动和示范作用,成为近代广东足球制度文化的重要体现。

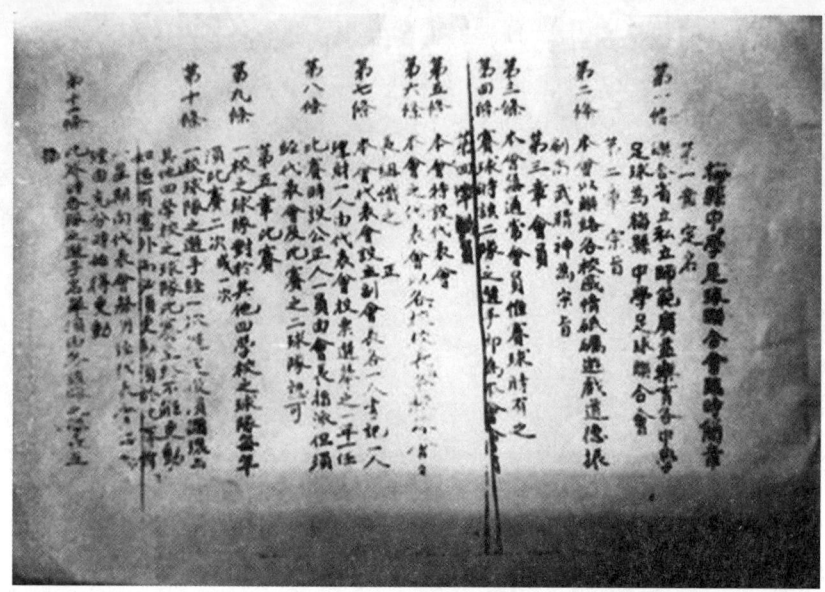

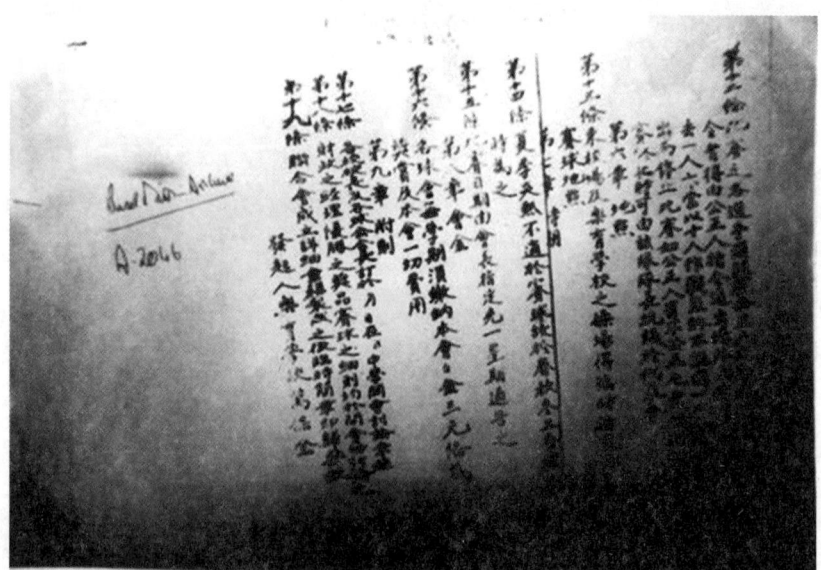

图4–13 《梅县中学足球联合会临时简章》影印件（原件藏于美国南加州大学）[①]

[①] 校园球赛点燃普及之火,明星辈出无愧足球之乡[EB/OL]. (2019-07-12)[2020-08-01]. https://www.meizhou.gov.cn/zwgk/zfjg/smzzjswj/mzzj/mzzj/content/post_1915940.html.

（3）全国性体育组织审定规则阶段。中华全国体育协进会于1924年成立以后，中国开始有了全国性的体育组织机构，它是从1925年以后才开始审定足球规则的，随后教育部体育组以及全国运动会筹备委员会也对足球规则进行了审定。通过《民国时期总书目（1911—1949）教育·体育》对足球规则书籍进行统计，民国时期全国共发行了11部足球规则，为全国范围内统一足球活动的规范，保障比赛公平、有序，奠定了制度上的基础，中国的足球规则进入全国性体育组织审定规则阶段。这些全国性的足球制度文化建设反映了国人对足球运动的认识不断加深，体现了全国范围内足球运动的活跃。

表4-3 《民国时期总书目（1911—1949）教育·体育》足球规则书籍目录[1]

年份	书名	作者	出版、发行者	出版、发行地
1916	足球规则	郭毓彬、高宝寿译	基督教青年会全国协会书报部	上海
1922	足球规则	远东运动会、中华基督教青年会编	青年协会书报部	上海
1931	（最新注释）足球规则	中国体育社编译	三民图书公司	上海
1931	足球规则问答	吴邦伟著	勤奋书局	上海
1933	最新足球规则	中华全国体育协进会审定	勤奋书局	上海
1939	足球规则	教育部体育组审定	正中书局	重庆
1942	足球规则	国际足球协会原订，中华全国体育协进会译订	中华全国体育协进会	重庆
1944	足球规则（修正本）	教育部体育组审定	正中书局	重庆
1948	足球规则	第七届全国运动会筹备委员会公布	正中书局	上海
1948	小型足球规则	第七届全国运动会筹备委员会公布	正中书局	上海

此阶段广东开展的足球活动也按照全国性体育组织审订的足球规则开展，1947年新中国成立之前的第十五届广东省运动会就有"各项锦标比赛规则除国术另有规定外余悉以中华全国体育协进会长近时定者为准，各种球类比赛制度

---

[1] 北京图书馆.民国时期总书目(1911—1949):教育·体育[M].北京:书目文献出版社,1995:697-699.

均采单式淘汰制"①的规定。广东体育协进会以及一些报刊对每年新修订的规则也会进行宣传、介绍,如在1937年体育类专业报刊《广州体育月刊》上就刊登了《本年度修正之足球规则》,当中对包括踢球门球的要求、以任意球恢复比赛的相关要求以及球员的比赛装备等修订都作了详细的介绍②;1941年广东省体育委员会(前身为广东体育协进会)编印了足球、排球、篮球等系列规则。这些宣传、介绍确保了足球规则修订的及时更新,保持了与全国足球规则的一致,体现了近代广东对足球规则的重视,为近代广东地区所开展的足球活动的规范性奠定了基础。

近代广东较早地出现了有文字记录的足球规则,对全国性体育组织审定的足球规则也保持及时更新,足球规则的发展处在全国较先进的水平,但通过分析《民国时期总书目(1911—1949)教育·体育》有关足球规则的书籍,从足球规则的发行者、出版地以及出版的数量来看,近代中国足球规则发展最发达的地区依然是上海。除了全面抗战期间重庆短暂取代上海的位置外,作为近代中国的贸易中心、文化中心,上海一直保持着在足球规则的编译、出版方面全国领先的地位,而近代广东的足球规则的发展落后于上海。

二、足球组织

社会组织是指人们为了达到某种共同目标,将其行为彼此协调与联合起来所形成的社会团体③。体育组织是社会组织的重要类别,也是体育文化的重要表现形式之一,不同的领域对体育组织会有不同的称谓,如"体育社团""体育协会""体育非营利组织""体育自治组织"等。足球组织是体育组织的一种,是为了满足人们足球运动需求而自愿结合起来的社会团体,本书所研究的足球组织包括单项足球组织以及起到促进足球文化发展作用的综合性体育组织。足球组织是足球文化快速、持续、健康发展的中坚力量,是与社会各界联系、沟通的桥梁与纽带,其出现和发展体现了社会对足球文化的需求以及人们应对的实际操作。作为足球制度文化的重要表现形式,足球组织是足球表层物质文化和深层精神文化的枢纽,对整体足球文化的发展起到关键的连接作用。

---

① 广东省国民体育委员会.广东省第十五届运动大会特辑[J].广东体育,1947(6):4-8.

② 赵辉.本年度修正之足球规则[J].广州体育月刊,1937(1):63.

③ 郑杭生.社会学概论新修[M].北京:中国人民大学出版社,2000:252.

1. 近代中国主要的足球组织

随着近代中国足球文化的逐渐发展，足球组织相继建立，近代中国足球组织举办了多项足球比赛，培养了众多足球健将，促进了近代中国足球技战术风格的形成和足球产业的发展，对足球文化的传播起到重要的组织和教育作用。

在香港，1886年，由当时担任香港助理辅政师的骆克爵士在香港中环的一家健身房召开会议，会议通过了成立"香港足球会"的决定。会后即开展筹备工作，并于同年4月正式成立香港足球会，成为全亚洲第一家正式成立、现存历史最悠久的足球组织[1]。

1908年，由莫庆等人发起组织成立了"华人足球会"，成为香港第一家华人足球组织。该足球会经历初期的艰难发展，经两次更名后于1920年定名为"南华体育会"并沿用至今，成为一家以足球为主的综合性民间体育组织。南华体育会为我国培养了大量优秀的足球人才，并多次出征海外，在世界范围内展示了中华民族的精神面貌，增强了民族的体育意识，其"在中国近代足球史乃至中国近代体育史上占有重要的地位"[2]。自此，香港陆续成立了一些华人足球组织，包括中华体育会、九龙华人足球会、东方体育会、杰志体育会等，这些足球组织的成立活跃了香港足球文化，提升了香港华人对足球文化的关注，对足球文化起到了积极的组织和教育作用。

1909年1月28日，参加香港甲组联赛的各支球队召开会议，决定成立"香港足球总会"，以统筹管理联赛，并推选英国人布朗担任主席一职。但新成立的香港足球总会没有申请成为英格兰足总会员，以致缺乏认受性，运作一年便陷入停顿。后经过重组，于1914年正式被英格兰足球总会接纳为会员，成为全香港的足球管理组织。

在上海，1902年成立的"上海足球会"，因早期参与者为外侨，故又被称为上海西人足球会，也称"西联会"，是上海第一个正式的足球组织。外国侨民开展的足球活动对上海当地起到了一定示范引领作用，足球文化逐渐在上海的学校内传播，各学校先后成立足球组织，早期比较活跃的有圣约翰大学和南洋大学等。足球文化随后向社会传播，社会力量开始建立足球组织。1923年，上海地产巨商程贻泽独资组建了"三育足球会"（后更名为优游足球

---

[1] 赖文辉.简明香港足球史[M].香港：三联书店（香港）有限公司，2018：3.
[2] 关文明，楼杭英.香港南华体育会与中国近代体育[J].浙江体育科学，1997(2)：61.

会），成为上海第一家正式的华人业余足球会，标志着社会力量全面进入足球文化领域。自此以后，上海成立了众多在近代中国具有较大影响力的足球组织，包括1924年重新组织的乐群足球会，1926年成立的乐华足球会，1931年成立的东华足球会，20世纪30年代末成立的丽都体育会，1946年成立的青白足球会等。

1924年，在中华全国体育协进会总干事沈嗣良的主持下，正式组建"上海中华足球联合会"，该组织是我国由国人自己创办的第一个地方性足球业务管理机构，也是"体协"成立以后的第一项主要工作。之所以在上海之后冠以"中华"二字，原因是外国侨民已先于华人在上海成立了"上海足球会"，加上"中华"二字实属无奈之举。从名称上可知，"上海中华足球联合会"计划成为全国性足球组织，但由于时局变化等原因，无法在全国范围内组织开展各项足球活动，后来慢慢地演变为一个上海地方性的足球组织。

1943年9月24日，上海足球联合会正式宣告成立（简称足联会），接管了西联会的一切行政系统，负责主办上海全部足球比赛。上海足联会是华人自主的全市性足球管理机构，在沪的外侨球队也接受足联会的管理。

1943年成立了"上海足球裁判会"，该会于1946年二次改组后具有更完善的组织架构，对裁判员的具体执法工作进行了改进，对足球文化的推广和普及提供了有力的支持；抗战胜利后，中华全国体育协进会恢复，董守义为总干事。上海市体育协会接管了上海特别市体育协会，其下设足球委员会，简称足委会，周家骐为足委会主席。近代上海成立了数量众多、专业化程度甚高的足球组织，对足球文化的发展起到了重要的枢纽作用。

在近代天津，体育组织也得到较大的发展，到1931年时已达到十余家，如天津体育协进会、天津体育促进会、朝阳体育会、北宁体育会等，这些体育组织在推动足球文化的发展、普及方面发挥了巨大作用。其中天津北宁铁路局在马一民先生的倡导下，于1930年成立了北宁体育会，该会组建了以陈尔德、蔡庚扬为主力的北宁足球队。1937年3、4月，该队两度东征日本，均打败了日本著名的早稻田大学队、庆应大学队和关西联军队，自此，该会名声享誉全国。

除此之外，近代中国其他足球文化较为活跃的地区也纷纷建立起足球组织，成为本地区开展足球运动的组织管理者，积极推动足球运动的普及和发展，如1925年在延边龙井成立的"间岛体育会"、1929年在大连成立的"大连足球联盟"等。

近代中国还成立了多个区域性和全国性的足球组织。1914年，在上海过往大学友谊赛与校际年赛的基础上，成立了"华东各大学体育联合会"，该组织共举办了足球联赛11届，开创了校际正式体育组织的先河，对华东地区足球文化的普及和发展起到了积极的作用。1926年，五卅惨案发生后，由于圣约翰大学校长卜舫济侮辱国旗的行为，由容启兆、周家骐、蒋湘青、郭任远等筹划、发起，经南洋、复旦、光华三校商议，建立了"江南各大学体育协会"（简称江大体协），取代了原来的"华东体联"。它的成立与发展，具有深刻的历史意义和现实意义，表现了中华民族具有坚强的反帝爱国精神和自主精神。

1924年"中华全国体育协进会"在上海成立，标志着中国体育事务由外国人管理的时代终结，中国人开始成立自己的体育组织并正式管理自己的体育事宜，并于1931年先后被接纳为国际奥委会和国际足球联合会成员，全权代表中国处理奥林匹克和足球事宜。1926年，在中华全国体育协进会的策划支持下，又成立了"中华裁判会"，足球联赛的裁判员从此由这个运动裁判会指派。"中华裁判会"的成立顺应了足球文化发展的需要，为足球活动的开展提供了基础保障，改变了由外国人掌控足球裁判工作的局面，对足球文化的普及起到了推动作用。

通过以上各地区较著名的足球组织来看，近代中国的足球组织无论是数量，还是专业化程度以及对社会带来的影响，都已经具备了一定的规模及水平，甚至在抗日战争全面爆发的时期，依然活跃着一些足球组织，持续性地开展足球活动。但近代中国足球组织的发展依然存在不均衡的情况，内陆城市总体上发展落后于沿海开放城市，香港和上海明显处于领先地位。

2. 近代广东主要的足球组织

广东地处华南沿海地区，历史上一直是我国重要的对外通商口岸，近代出现了众多足球组织。近代广东足球组织同样举办了多项足球比赛，培养了众多足球健将，促进了近代广东足球技战术风格的形成和发展，对足球文化的传播起到了重要的组织和教育作用，是足球表层物质文化和深层精神文化的枢纽，对整体足球文化的发展起到关键的连接作用。

(1)"强、中、岭、海、空、警"。广州基督教青年会于1909年成立，下设的体育部对广州地区教会学校足球文化的发展起到了推动作用；1912年广东军事体育会在惠爱街成立，邓铿担任会长，该会积极开展球类运动；1927年10月，广东全省体育协进会成立，广东有了统领全省体育事业发展的主管机构，其章程中第一章"总则"第二条就是"本会以联合省内各团体、协谋体育进行为宗旨"①，主任干事丘纪祥大力倡导省市成立足球社团，积极推动足球文化的普及和发展；1928年，广州警察足球队、空军足球队、海军足球队先后成立；1929年强华体育会成立，参与者主要为在穗商人；国民体育会又于1930年创立；以足球为主的粤汉铁路体育会于1931年成立；加上原有的岭南大学、中山大学、培正中学、圣心中学等学校内体育会下属的足球队，20世纪30年代广州足球劲旅已发展为10余队，足球文化呈现一派蓬勃景象。广州被日军占领后，大多数球员转向内陆地区活动，广州的足球组织处于停滞阶段，抗战胜利后，足球组织陆续恢复活动，社会人士资助组织球队。1947—1948年，广州市内经常活动的足球组织逾20队，加上大、中学校球队不下数十队之多，实力较强的有市警、红鹰、空军、红白、建国（记者）等队。

近代广州各足球组织中，实力最强、社会影响最大的当属"强、中、岭、海、空、警"，即强华体育会、中山大学足球队、岭南大学足球队、海军足球队、空军足球队以及广州警察足球队。被胡适称为"报界的先锋"的上海报纸《时报》，在1931年12月23日就有一篇名为《羊城点将录》的报道，对这6家足球组织作了评价："如果我们登坛点将、可以举出六枝（支）铁军来、中大和岭南、是先后荣膺马来杯冠军的劲旅、有群英会的强华、有气焰万丈的空军、海军是异军突起、虎视眈眈、而警察则济济多士、为省城百胜将军、这六枝（支）精兵、埋伏了不少香江南华中华的好汉、所以难怪数雄相遇、轰动一时了"②。

这6家足球组织吸收了多名从香港回流广州的华人球员，致使球队实力在短时间内大幅提升，"实则六大列强、各摊老将、如海军之黎郁达、黄瑞华、警察之李天生、冯景祥、岭南陈光耀、强华孙锦顺、中大朱国伦、空军麦国栋、李鸿清、率皆能征惯战、且多出席远东、球艺且属非凡、美哉粤人之眼福也"③。6家强手如云的足球组织短时间内活跃了广州足球文化的氛围，引起了社会各界的关注，媒体进行大量的追踪、报道，大量懂球的、不懂球的民众纷纷进入球场观看比赛，以一睹球星们的风采。"广州球运之隆、一时无两、大佛

---

① 广东省政府.广东全省体育协进会章程[J].广东省政府特刊,1927(2):75-79.
② 吴耀麟.羊城点将录[N].时报,1931-12-23(7).
③ 广州足球炙手可热：六国争雄记[N].时报,1931-12-20(7).

寺球场、每届各队角逐之时、券价昂至一元、观者亦且云集其盛况可想也顾"①。当时普通工人平均月工资也就十多元，连生活在富裕阶层的大学教授月薪也就二百多元至四百元不等，一元的票价充分地反映了在"六强"的引领下，在抗战前的一段时间，广州球市相当兴隆。

　　球队实力的提升还使足球运动成为能与西方殖民者抗争的一个途径，在强烈的民族自尊心的作用下，民众都想亲身感受华人球队战胜外国球队所带来的民族自豪感，因此，每到这6支球队与外国球队比赛时，民众进场观赛的热情就更加高涨，比赛的结果也反过来进一步强化大众关注足球文化的热情。1931年3月20日，《时报》一篇题为《广州警察足球队神气》的报道就提到："省会公安局警察足球队、在市夙著威名、雄师所指、所向披靡……昨日下午四时、与英舰摩夫号水兵足球队会师于大佛寺球场、果然长驱值进、于万众鼓掌欢呼声中、以五对零之比分获胜、从此沙面各球队不敢平时中华、东亚病夫之耻、或能稍稍伸雪矣"②；同年《时报》的报道《广州海军战胜西洋选手》中提到："念七下午五时广州海军与澳门西洋选手在大佛寺国民体育会球场作赈灾足球比赛、由萧佛成行开球礼、结果海军以五对三胜、万人喝彩"③。可见，在被西方殖民者压迫近半个世纪后，中国民众非常渴望有一载体能宣泄自身压抑已久的民族情绪，广州的这6家足球组织正好满足了这一精神需求，成为足球文化体系中的重要枢纽。

　　客居海外的华侨存在同样的民族自尊需求，希望能借足球比赛之机改变客居地人们对华人的看法。1932年，广州岭南大学足球队出访新加坡、马来西亚和越南等地；同年，广州强华体育会由孙锦顺、陈镇和、徐亚辉等名将领衔组成"南游足球队"，出访南洋荷属东印度（今印度尼西亚）等地，与当地球队进行了多场比赛，在当地引起了较大的关注，"各埠球迷观看者、着实不少"④，最终取得15战8胜4平3负的成绩。强华体育会此次出访也引起了国内媒体的关注，《时报》还作了《强华足球队南征》等系列报道（图4-13）。

---

① 富有朝气之广州足球界顿成凋零冷落现象[N].夜报,1933-03-26.
② 广州警察足球队神气[N].时报,1931-03-20(6).
③ 广州海军战胜西洋选手[N].时报,1931-07-29(6).
④ 南华健儿征爪哇:强华足球队同舟偕往[N].时报,1932-07-27(4).

图4-14　1932年广州强华体育会足球队出访南洋合影[①]

以"强、中、岭、海、空、警"为代表的近代广州的足球组织已经具备比较强劲的实力，拥有较高的社会影响力，广受社会民众和媒体的关注，同时也承载了国人"强种强国"的民族精神，成为足球文化的重要引领力量，对足球文化在"粤地大有蓬勃发展之气象"起到了重要作用。

而广州的足球组织能在短时间内"异军突起"，取得优异的战绩，获得广泛关注，除广东军政各界大力提倡足球外，香港著名球员的加盟也是重要原因。受1925年"省港大罢工"及香港足球总会歧视华人球员而制造的"陈曹冤案"的影响，1931年香港中华、南华、东方、怡和、崇正5个华人体育会（五华会）抵制香港足球总会，失去华人球员和社会的参与，香港足球出现萧条景象，从1928年前后开始，不少香港足球名将先后到广州求学、工作或从军，并相继加入警察足球队、海军足球队或空军足球队等足球组织，其中就有："陈曹冤案"的主角之一，中华体育会的陈光耀到广州岭南大学半工半读，受聘该校体育部干事；南华体育会的冯景祥、叶北华、朱国伦等到中山大学读书，随后冯叶二人到广州警察局服务并加入广州警察足球队，与已在警察局供职的李天生、谭江柏组成赫赫有名的广州警察足球队"四骑士"；中华的徐亚辉、暨大的陈镇和进入航空学校学习加入空军足球队等。1931年《时报》对此进行了报

---

① 黄瑞华.广州强华足球队抵吧之摄影[J].足球世界，1935(1)：96.

道:"我国足球健将向以香港为策源地、但近来又风靡乎沪粤、香港好汉且多赴广州、李天生冯景祥加入警察队、海军亦有足球队之组织、加入铁闸黎郁达、及中坚黄瑞华、积极训练、十五日竟以五对鸭蛋大胜沙面英海军联队、为华人吐气、放光芒……"①。广州的足球组织罗致了当时中国一众优秀的足球运动员,短时间内使广州足球组织的实力迅速增强,并在各类比赛中取得优异的战绩,在社会上引起了极大的关注。同时,众多优秀的香港华人球员加盟广州的足球组织,对广州足球的技战术风格带来了积极的影响。20世纪30年代之前,广州足球盛行的战术主要还是盲目模仿外国人的长传、高吊冲门,随着香港华人足球运动员纷纷加盟广州的足球组织,传播了香港华人球队注重技术短传为主、边路进攻的踢法。这种技战术有利于发扬广东人灵活、善于思考的特点,克服个子矮、对抗较差的弱点,逐渐形成独特的"南派足球"风格,从而带动了广东足球文化的发展。

(2) 强民体育会。在粤东地区,梅县的学校普遍较早开展足球运动,1913—1917年,各学校相继已成立足球队,尤其是乐育中学,由沃特·乔治·恩斯特(万保全)担任校长兼教练,奠定了较好的基础,足球组织也随之出现。1917年,万保全发起了由乐育中学、梅州中学、东山中学、广益中学等4所中学参加的梅县中学足球联合会,足球文化在梅县的学校发展并广泛传播,且向社会扩散。

1929年,梅县启新书局少老板张作谱、金石轩刻印工人林立起、印刷工人侯景超、裁缝工人黄雨柏和蓝淦等10余人在原来印刷图章工会足球队的基础上组建强民足球队,1931年印尼归侨温集祥也加入了强民足球队,并被选为队长。同年秋,梅县首次举行全县足球锦标赛,强民队战胜东中、五中、广益、乐育等学校队,白土、松口等乡镇队,华侨子弟组成的南侨队,与城镇的岭东队踢平,以不败的成绩获得冠军。1932年,该队远征汕头,以3:1战胜了英国驻汕头舰队足球队,比赛结果振奋了民族士气,受到当地群众和报纸的好评。1934年春,为了更好地推动梅县足球运动的发展,为社会作出更多、更大的贡献,强民足球队在队长温集祥的倡议下决定将强民足球队扩大为"梅县强民体育会",下设球类(足球、篮球、排球)、文娱和秘书等组。1935年,以强民队员为主体组成的梅县足球队参加了第十三届广东省运动会,获县联赛冠军。两

---

① 华南更形出色! 广州足球独树一帜海军队人才济济港名将多加入[N].时报,1931-03-22(5).

年后,梅县足球队参加第十四届广东省运动会,在决赛中以5∶4击败拥有七八名香港甲组队员的宝安队,蝉联县联赛足球冠军。强民足球队的获胜在当时的梅县、香港和广东省引起了巨大的反响,奠定了梅县足球在广东省的历史地位。

全面抗战初期,强民体育会积极团结社会爱国力量,大力扩展组织,成员发展至600余人。在此期间,强民体育会积极开展抗日宣传活动,出版《正义报》,创办《燎原》文艺月刊,并多次举行义演、义卖、义赛等活动,筹款支援东北抗日联军。

1942年秋,李惠堂携子和几名南华队名将回到他的原籍五华县组织"五华足球队",强民体育会出马迎战,这一消息很快传遍城乡各地,江西、福建边区的群众也都踊跃来梅,以一睹"球王"英姿为快。比赛的当天下午,梅县公共体育场被四五万观众挤得水泄不通,这场盛况空前的球赛对梅县地区足球文化的推广起到了积极的作用。强民体育会此时期还积极组织了街道基层的足球队,参加各类型的比赛,起到了组织和教育的作用。

抗战胜利后,强民体育会一方面继续巩固和提高梅县足球运动水平,发展社会体育事业,另一方面加强与侨胞的联系,取得海内外侨胞的进一步支持。强民体育会是梅县乃至广东重要的足球组织,对足球文化的普及和发展起到了积极的组织和教育作用,其发展更体现了国人"强国强民"的深层次精神需求。

图4-15 强民体育会全体队员赛前合影(1932年)[1]

[1] 图说当年[EB/OL]. (2019-08-15)[2020-08-01]. https://www.meizhou.gov.cn/zwgk/zfjg/styj/ztzl/jnzqzxl-sznqk/content/post_629230.html.

(3) 其他。在汕头市，足球运动最先在美国人创办的礐石中学和英国人创办的华英中学开展。1920年出现了"南雄足球队"和"群学会"等社团足球组织。1921年，南雄队与群学会合并为"汕头体育会"，并设立多项球类队伍。1929年和1934年，汕头体育会足球队先后出征厦门，获得全胜的战绩。

广州湾一带也出现了正式的足球组织，1928年海康县的南强体育会和铁心足球队相继成立，而在海南文昌县成立了由大学生组织的"钟声体育会"，这些足球组织对当地的足球文化起到了积极的组织和教育作用，推动了足球文化的发展。

近代广东在各地市成立了数量众多的足球组织，这些足球组织也取得了一定程度的发展，成为当地足球物质文化和精神文化发展的枢纽，对近代广东足球文化传播也起到了积极的组织和教育作用，总体上处于全国发达水平。但近代广东足球组织成立的时间普遍较香港和上海两地要晚，而且没有出现负责协调、组织、管理本地区足球活动发展的地区足球协会、裁判协会等专业程度较高的足球管理机构组织，因此近代广东足球组织依然落后于处在领先地位的香港和上海两地。

三、足球竞赛

运动竞赛是以运动项目为主要内容，在特定的场地范围内，在裁判员的主持下，依据统一的规则，为争取优胜而专门组织与实施的运动员个体或运动队之间的竞技较量比赛[①]。依据此定义作延伸，足球竞赛就是以足球运动为主要内容，在特定的场地范围内，在裁判员的主持下，依据统一的规则，为争取优胜而专门组织与实施的运动队之间的竞技较量。简而言之就是"有组织的竞争性身体活动"，一般由参赛活动人群、竞赛活动物质条件及竞赛活动组织管理这3个系统构成。根据不同的竞赛目的可有不同的组织形式、竞赛方法和规模与类别。

足球竞赛是足球文化重要的表现形式，作为制度层面的文化，足球竞赛体现了社会思想理念，通过足球竞赛，可以看到决策者对足球文化的理解以及应对的实际操作；同时足球竞赛也能促进相关的足球物质文化发展，包括人员、场地、器材、报刊、足球技战术水平等，是表层物质文化和深层精神文化的枢纽。足球竞赛的种类、规模、组织形式、竞赛方法等竞赛特征可以充分地反映地区和国家足球文化发展的状况，是足球文化发展的重要标志。

---

① 曹冰,回军.运动竞赛学[M].沈阳:东北大学出版社,2012:7.

1. 近代中国主要足球竞赛

在香港，由香港足球会举办的"香港足球挑战杯"于1895年11月5日正式展开角逐，成为全亚洲第一项足球锦标赛①，决赛于1896年3月7日举行，九龙足球会最后夺得冠军。翌年，香港足球会向英国定制了一个特制盾牌，作为比赛的冠军奖品，因此这项比赛便改称为"特别银牌赛"。除了因第二次世界大战被迫停办外，"特别银牌赛"一直举行至今，跨越了3个世纪，成为全亚洲历史最悠久的足球竞赛。1904年，香港多所英文书院共同发起举办第一届学界足球赛，参赛学校包括湾仔书院、育才书院、皇仁书院、拔萃书院等，莫庆是唯一参加比赛的华人学生，并且帮助拔萃书院赢得乙组冠军。该比赛为华人接触足球创造了机会，为以后香港华人足球的发展奠定了基础。随着香港足球的不断发展，举办更多比赛的需求也在增加，1908年12月5日，第一届香港足球联赛在跑马地陆军球场举办了首场比赛。此外，南华体育会出访澳大利亚也引起了很大的反响。随着各式竞赛的举办，球场、装备、足球组织、技术风格等各层次足球文化都在竞赛的促进下取得了较大的发展，使香港成为我国近代足球文化最繁荣的地区之一。

在上海，随着外国侨民足球文化的活跃，足球竞赛的需求不断增加，1902年上海足球会（西联会）成立，著名的"史考托杯足球比赛"由此兴起，开了上海足球正式竞赛的先河。上海足球会先后举办了不少于14项比赛，其中时间较长、影响较大的有史考托杯、甲组联赛、高级杯、国际杯以及埠际赛五种。在学校足球竞赛方面，圣约翰大学、南洋大学自1902年起每年举行一次对抗赛，虽未曾制定比赛规程，但一年一度已成定例，具锦标赛雏形。两校足球比赛持续了20届，开学校足球比赛之先河，上海各学校纷纷效仿，"成为上海（华人）足球比赛的鼻祖"②。在外侨和大学生足球竞赛的影响和推动下，上海华人社会也出现了足球竞赛。1924年，中华足球联合会举办中华足球联赛，该联赛每年在上海举办一次，颇有广泛性、权威性，参加者既有学校，也有社会业余球队。中华足球联赛是上海华人自办足球联赛的开始，标志着上海足球文化在社会全方位的繁荣。1924—1937年中华足球联赛共举办13届，后因抗日战争爆发而停顿。多样的、广泛的、权威的足球竞赛促进了近代上海足球文化的

---

① 赖文辉.简明香港足球史[M].香港：三联书店（香港）有限公司，2018：6.

② 沈文彬.中国的足球摇篮[M].上海：上海文化出版社，1995：34.

全面发展，吸引了全国各地的足球名将汇聚上海，体现了上海作为近代中国足球文化中心的地位。

华北地区足球竞赛也比较丰富，如：1906年，在北京首次举办的足球公开赛，由北京协和书院足球队对阵英国兵足球队，协和书院足球队以2∶0获胜，夺得"九龙杯"，这是中国的足球队与外国球队的第一次角逐，开创了中国足球史的新纪元，比赛轰动一时，振奋人心，国人深受鼓舞，足球氛围更加浓厚；1907年春天，中国第一次举办国际足球比赛，参加本次比赛的共有8支队伍，其中有两支中国足球队：协和书院足球队、汇文书院足球队，6支外国足球队分别来自英国、奥地利、法国、美国、意大利和德国，英国队获得本次比赛的冠军，协和书院、汇文书院分列第二、三名，本次比赛规模较大，吸引了众多国人观看，加之中国两支球队表现上佳，名次靠前，中国人深受鼓舞，对足球的发展有极大的推动作用；1913—1917年，河北通州协和书院队、北京清华学校队和汇文书院队参加的体育联合会，每年定期举行三角对抗赛，其中有四届足球赛；1919—1928年，北京的清华大学和天津的南开大学连续10年举行了校际足球比赛。除学校足球竞赛广泛开展外，外国侨民在天津租界还举办了"万国杯足球赛""爱罗鼎国际杯足球赛"等足球竞赛。

在东北地区，大连、沈阳、延吉等地也开展了丰富多样的足球竞赛，比如：在大连，1923年底举行了"全满洲"足球赛；1926年，大连举行河北、山东和辽宁足球赛；1929年，大连足球联盟制定了章程，规定每年春秋两季各举行一次足球联赛；1936年起，大连足球联盟举行每年一次的"满铁总裁杯"比赛，冠军奖励银杯一座。在沈阳，20世纪20年代初期，沈阳一些学校开展足球运动，学生们经常训练，组织校际比赛；1928年8月，东北大学访问了4个日本城市，并同3个城市的足球队进行了5场比赛。在延边，1926—1935年，由间岛体育会主办了8次足球运动大会，由于参赛队较多，比赛分中学组、小学组，或青年组、少年组等不同组别。另外，在每年的端午节、中秋节，各地区、县城都举行过规模大小不等的足球比赛。1926年6月中旬，龙井东兴中学队应邀参加了在平壤举行的第二届朝鲜足球大会，此后，延边同朝鲜、日本等国足球队经常进行友谊赛。

除各地区广泛开展的足球竞赛外，近代中国还举办和参与了多个全国性或国际性的足球竞赛，这些足球竞赛同样对足球各层次文化的发展起到了积极的促进作用，也是当时国人对足球文化和体育文化认识和理解的一种反映。其中比较著名的有：1910—1948年，新中国成立之前共举行了7届全运会，每届都把足球列为正式比赛项目；1913—1934年，共举办了10届远东运动会，中国足球队夺得了第二届到第十届远东运动会的足球桂冠，获得了"九连冠"的美誉；1914—1925年，"华东六（八）大学体育联合会"先后组织举办了11届校际足球比赛；1926—1935年，"江南各大学体育协会"组织各项大赛，足球仍然是主要项目之一，共举行了10届锦标；新中国成立前我国足球选手参加过1936年的第十一届和1948年的第十四届奥运会足球比赛；中华全国体育协进会成立后，致力于举办全国足球分区赛，每年由各大区轮流举行一次，1926—1934年，全国足球分区赛共举行了7届。

2. 近代广东主要足球竞赛

（1）地市级足球竞赛。在梅州地区，足球运动在清末民初开始逐渐兴起，五华的元坑、锡坑，梅县的松口、西阳、丙村等地，民间足球运动非常活跃，学校间随之出现了足球竞赛，1917年，沃特·乔治·恩斯特（万保全）发起了由乐育中学、梅州中学、东山中学、广益中学等4所中学参加的梅县历史上第一届中学足球联合会，并组织起草制定了《梅县中学足球联合会临时简章》，参赛的有乐育、梅州、东山、广益等校，比赛结果乐育、梅州、广益中学分别获得冠、亚、季军。此后，梅县中学足球友谊比赛频繁举行，梅县地区的足球文化也得到进一步的发展，社会上开始出现足球竞赛。1931年，梅县举办第一届全县足球锦标赛，地点在省立五中球场，参加比赛的球队有东山中学、省立五中、学艺中学、乐育中学、岭东、强民、南侨（归侨组织）、梅西、白土、城东、第三军大炮连、松江等，最后强民队以不败战绩获得冠军。随着足球文化的更进一步活跃，交流性的足球竞赛也开始活跃。1933年，强民足球队访问汕头，以3∶1击败驻汕英国舰队足球队，开创梅县足球队首次与外国球队比赛并获得胜利的纪录。1936年，梅县代表队获得第十四届全省运动会足球赛冠军后，受香港嘉属商会的邀请出访香港，与香港南华体育会作友谊赛，虽然最后由李惠堂率领的南华足球队以7∶2大胜梅县队，但比赛增进了同乡感情，增长了梅县队员的见识，促进了梅县地区足球技术水平的提升。

在抗战时期，梅州地区依然保持有零星的足球比赛，出生于香港、祖籍五华县的李惠堂，先后在五华组织"锡江足球队""五华足球队""航建足球队"（由原香港南华体育会足球队员组成），在五华县内及梅县、兴宁等地巡回表演比赛，其中在1942年香港沦陷后，李惠堂携子和几名南华队名将回到他的原籍五华县组织了"五华足球队",强民体育会出马迎战,这一消息很快传遍城乡各地,江西、福建边区的群众也都踊跃来梅,比赛的当天下午,梅县公共体育场被四五万观众挤得水泄不通,城里商店门可罗雀,人们都来一睹"球王"英姿。比赛结果强民以3:1获胜,第二天的报纸新闻大标题"五华礼让强民",小标题"李惠堂球艺高超""温集祥领导有方"。这场足球比赛盛况空前,名闻海内外,为梅县地区足球文化的推广起到了积极的作用。1946年,梅县举行抗日战争胜利后第一届运动会,共有17支足球队参加比赛,参赛队数充分反映了梅州地区足球文化的繁荣程度,而这些比赛又进一步地促进了梅州地区各层次足球文化的发展,为日后获得"足球之乡"的称号奠定了坚实的基础。

图4-16　1936年,梅县队应邀访问香港与香港南华队比赛,两队赛前合影[1]

在省会广州,足球活动率先在学校内开展,足球竞赛最早也在学校间展开,1900年前后,格致学堂(岭南大学前身)和南武公学(南武学堂前身)已经定期进行校际比赛。随着足球文化的不断发展,足球竞赛制度逐步建立,1924年广州首次举办市足球联赛,有岭南大学、培英中学、广东高等师范学校、南武中学等6支球队参赛,最后岭南大学队获得冠军。1927年10月,广东全省体育协进会成立,丘纪祥任主任干事,在其成立之初,便率先举办足球联赛,"目下先举行足球联赛、每逢星期三六两日、为比赛之期云"[2]。1928年,

---

[1] 图说当年[EB/OL].(2019-08-15)[2020-08-01]. https://www.meizhou.gov.cn/zwgk/zfjg/styj/ztzl/jnzqzxl-szntk/content/post_629230.html.

[2] 广东体育协进会成立[N].广州:民国日报,1927-12-09(12).

广州市足球联赛开始设立甲、乙、丙组分级联赛,同年4月5日,马来西亚华侨足球队到广东观光及与广州足球队于中山大学足球场作友谊赛。这次参观访问活动在广东引起了巨大的关注,比赛当天"戴校长季陶、海军司令陈策、建设厅长吴铁城均莅场摄影"[1],由此可见广东当时军政界对此次马来西亚华侨足球队到访比赛的重视。翌日,马来西亚足球队离粤返马,队长余焯华则去上海与全国体育协进会商谈华侨体育协进会事宜,随后回到广州,"为提倡吾粤足球起见、特赠价值二百余元之大银鼎一座、以为本市足球冠军之奖品、某队须连续获三年冠军、方能永远保存该银鼎云"[2]。于是,广州市足球联赛于1929年改称"马来鼎足球分组赛",随后在1931年、1933年举行了3届"马来鼎足球分组赛",对广州足球文化的发展起到积极的引领作用。此后,广州陆续举办的足球竞赛有:1931年由张惠长捐赠"自治杯"的足球赛,香港汇丰银行陈廉伯捐助的"省港华人埠际赛",1932年十九路军总指挥蒋光鼐资助的"光鼐杯"足球赛,以及外国侨民组队与广州的球队对抗的"万国公开足球赛"等,在抗日战争爆发前的这段时间,广州足球竞赛开展得十分活跃,民间甚至出现"小赛天天有,大赛三六九"的说法。

图4-17 马来华侨足球队莅粤纪念[3]

广州此时期还开展了一些国际交流足球竞赛,如:1932年7—8月,广州岭南大学足球队出访新加坡、马来西亚和越南,取得6战2胜1平3负的战绩;同年广州强华足球队由孙锦顺领军赴越南西贡、印尼访问,战绩为15战8胜4平3

---

[1] 马来足球队与广州足球队比赛纪[N].广州民国日报,1928-04-07(7).

[2] 马来足球队之余闻[N].广州民国日报,1928-05-03(8).

[3] 宝光照相馆.马来华侨足球队莅粤纪念[J].南大与华侨,1928,4(6):5.

负。20世纪30年代广州更破天荒地开展了女子足球竞赛,国立中山大学附属中学作为当时女子足球文化的倡导者,积极开展足球竞赛,包括校内的班级比赛和校际的足球比赛,1934年《勤奋体育月报》便以《破天荒之女子足球比赛》为题进行报道。校际女子足球竞赛的开展,表明当时广东地区的女子足球竞赛开展得相对较好。广州被日军侵占后,大部分足球竞赛被迫停止,抗战胜利后,足球竞赛再次蓬勃发展起来,当时主要有"逸云杯""市长杯""特别银牌足球赛""粤港澳三角足球赛"及规模较大的"向华鼎"小型足球联赛等。

近代粤东的汕头市,粤西的肇庆、湛江、琼崖(海南岛)等地也开展了一些足球竞赛,这些足球竞赛吸引了当地民众的关注,成为引领和推动足球文化发展的重要因素,如:1929年和1934年汕头体育会足球队先后出征厦门,获得全胜的战绩;1933年汕头体育会与停泊在汕头的11艘美国军舰选派的一支足球队进行比赛,引起了当地民众的极大关注,比赛观众逾万,最后汕头体育会连胜9球;1933年,广东琼崖警卫旅旅长陈汉光,因琼崖体育落后,特送出银杯十余座,发起球类比赛,参加球队60余队,比赛150余场,为琼崖空前未有之壮举,球类比赛当中就包括足球竞赛,最后由琼海队获得冠军。

图4-18 1933年广东琼崖"汉光杯"球类比赛足球冠军琼海队[1]

(2)省级足球竞赛。在省级足球竞赛方面,广东省运动会从1917年第六届开始设足球竞赛,当时有4支球队参赛,分别是岭南学校(翌年改称"岭南大

---

[1] 若天.体育:广东琼崖汉光杯球类比赛会:(3)足球冠军琼海队[J].文华,1933(34):27.

学")队、培英中学队、广东高等师范学校队(中山大学前身)、香港南华体育会(简称"南华会")足球队。本届锦标由南华会夺得。两年后第七届省运会足球赛,南华会蝉联冠军。1921年4月举行第八届省运会,第一次出现社会人士组队参加足球赛,殷商刘有显以个人名义组织的刘有显足球队和广州基督教青年会组织的足球队参加,这标志着广东足球文化从学校向社会拓展。这届省运会在1921年4月16日举行,岭南大学队和香港南华会队会师足球决赛,孙中山莅临北较场观战,并向蝉联冠军的南华会队队长梁玉堂颁发了由大新公司捐赠的冠军奖杯。1925年第九届省运会,岭南大学队战胜老牌冠军香港南华会队,登上了足球赛榜首。从1928年第十一届省运会开始设省运会和县联赛两部分,对全省范围的足球文化发展起到了积极的引领作用。

(3) 全国足球竞赛。除省内举办的各式足球竞赛外,广东也派出代表队参加了全国性足球竞赛。1930年第四届全国运动会,广东足球队以岭南大学为基

图4-19　1935年第六届全国运动会足球季军广东队合影[①]

础,加上中山大学、强华体育会的5名队员,半决赛时负于上海,最后获得季军。1933年第五届全国运动会,决赛时广东足球队负于上海,屈居亚军。1935年第六届全国运动会,广东足球队列第三名。1948年第七届全国运动会,广东足球运动员组成广东队和警察队参加足球比赛。广东队于第二轮遭

---

① 上海勤奋书局编辑所. 全国足球名将录[M]. 上海:勤奋书局,1936:2.

淘汰；警察队进入四强后，参加单循环赛，结果与陆军队、香港队积分相同，并列冠军。广东队在全国性的足球竞赛中取得的不俗战绩引起了广东民众和媒体对足球的关注，鼓舞了广东人民，对广东足球文化的传播和发展起到了积极的促进作用。

（4）国际足球竞赛。近代广东籍球员亦多次代表中国参加国际性足球竞赛，1913年2月，第一届远东运动会在菲律宾马尼拉举行。鉴于香港、广东开展足球运动较早，南部代表队又是全国冠军，教育部决定在广东、香港两地遴选中国足球队队员。广东有广州南武公学学生许文辉和丘纪祥入选。结果中国足球队以1:2败给菲律宾队。1915年，第二届远东运动会在上海举行，由唐福祥任队长、粤港选手组成的中国足球队夺得冠军。这是中国足球队在国际正式比赛中取得的第一枚金牌。从第二届到第十届远东运动会的足球锦标，均由中国足球队蝉联。前5届的队员基本选自香港南华体育会，第八届选自香港中华体育会，除个别队员外，均为广东籍。第九届选自香港7人（全部广东籍）、上海7人（其中3人是广东籍）、广州3人。第十届广东有6人，其余均选自香港。其中唐福祥、梁玉堂、李惠堂先后被当时的媒体誉为"远东球王"。

1936年和1948年，中国派遣足球队分别参加了在德国柏林和英国伦敦举行的第十一届和第十四届奥运会足球赛。两届奥运会足球赛中国代表队都有广东籍球员入选，这两次征战奥运会对中国足球文化起到了积极的推动作用。特别是1936年首次参加奥运会足球赛，在近代中国引起巨大关注，国人对其也抱有很大的希望。中华全国体育协进会通过反复筛选，最后选定22名运动员组成中国足球队。广东入选的有黄纪良、李天生、谭江柏、麦绍汉、徐亚辉、冯景祥、叶北华、杨水益。1936年5月，中国足球队启程，沿途在东南亚和南亚地区进行热身赛及筹措经费，历时两个月，比赛27场，除4场平局外，全部获胜，共射入113球，只失27球，赢得侨胞和当地球迷的口碑。8月6日，中国足球队首战英格兰队，终场前20分钟，中国队队员因体力不支，连失两球，被淘汰出局，但中国队的表现还是赢得了欧洲人的赞许，赛后更获邀在欧洲多个国家开展巡回交流竞赛。在欧洲进行的足球竞赛展示了中国人的球艺和精神面貌，引起了人们对足球文化的关注，推动了足球文化的发展。

（5）粤港澳足球交流竞赛。1907年12月25日，香港皇仁书院粤籍学生郭宝根等组织足球队，利用圣诞假期，挥师广州，与岭南学堂队作赛于康乐园，开创省港两地足球交往竞赛的先河。随后陆续有香港和澳门的球队到访广东，如拔萃书院、圣保罗书院、华英书院、中华足球队、东方体育会足球队和香港南华体育会足球队、澳门南华体育会足球队、澳门西洋足球队等。从1928年中山县翠微乡（今属珠海市）足球队赴澳门参加足球公开赛起，广东先后有广州警察足球队、广州岭南大学足球队、海军足球队、强华足球队等出访港澳。由于地理位置上广东毗邻港澳，而且三地人民语言相同、文化相近，加之固有的亲缘关系，粤港澳的人员往来十分密切。除因广州沦陷，足球交流中断外，近代时期，广东、香港、澳门的埠际足球交流竞赛十分频繁。

以粤港澳埠际交流竞赛最频繁的1931年为例，港澳到访广东的足球竞赛有：4月7日，香港圣保罗书院足球队访穗，与岭南大学、航空学校作友谊赛。4月20日，香港与沙面联队进行足球义赛，为广州孤儿院筹款。7月13日，香港远东中学足球队访穗。7月23日，香港到广州参加三江水灾义赛。8月31日，香港南华足球队访穗，首战广州市联队，以3∶0获胜；再战英国"摩轩号"舰足球队，又获大胜。9月28日，澳门西洋足球队到广州，先后与海军队、警察队比赛。12月24日，香港足球联队到广州参加义赛，胜警察队。广东各球队出访港澳的交流竞赛有：1931年5月21日，广州警察足球队访问澳门，战胜西洋协和足球队；6月，广州岭南大学足球队访问澳门，与当地以外籍球员为主的足球队进行比赛，岭南大学队以4∶1获胜；7月7日，岭南大学足球队再次出征澳门，与全澳门混合足球队比赛；7月13日，广州市足球冠军海军队访港，与英国海军联队比赛，以1∶0获胜。

除粤港澳交流赛外，广东和香港更举办了"元老杯"省港埠际足球赛。1931年5月18日，首届省港"元老杯"足球赛在香港举行，香港队胜；第二届于1932年11月在广州举行，香港元老队再次夺杯；第三届于1934年2月28日在香港举行，广东省队夺杯；第四届于同年12月23日在广州举行，广东省队再次夺杯；第五届于1936年1月4日在香港举行，香港队第三次夺杯；同年12月26日，第六届省港"元老杯"埠际赛在广州举行，广东省队胜。

粤港澳频繁的足球交流竞赛成为近代广东足球文化中极具特色的部分，这些交流竞赛加强了相互的了解，维系着港澳华人对家乡的感情，同时也提高了彼此的足球竞技水平，促进了三地足球文化的交流，既对广东足球文化的发展起到了积极促进作用，又对近代广东足球文化发展起到了重要的推动作用。正如1931年上海著名的体育刊物《体育周刊》中所言："广州足球之发达，其最大之原因，厥为邀请香港中华南华两队赴省作友谊比赛，藉以切磋球艺，引起民众之注意,果然事半功倍,得有一日千里之势,良非偶然。"①

近代广东开展和参与了种类多样、组织形式丰富、社会影响较大的足球竞赛,举办和参与这些足球竞赛促进了足球场地、服装、报刊以及技术风格等各层次足球文化的发展,体现了近代广东人民通过足球竞赛实现"强种强国""御侮脱辱"的精神追求,在整个足球文化体系中起到了关键的枢纽作用。从近代中国整体的角度评价,近代广东足球竞赛的发展是十分发达的,特别是频繁的港澳交流赛极具特色。但与香港、上海两地的足球竞赛相比,近代广东足球亦存在"锦标主义"浓重、足球竞赛举办时间不长、缺乏延续性等问题。

第三节 精神文化

足球精神文化是指足球运动主体在开展相关活动的过程中,认识、改造、适应、控制社会环境所取得的成果,是以思想和精神因素占主导地位的文化。在足球文化中传承的社会心理、道德规范、科学理论、战术谋略、哲学、宗教信仰、审美评价和文学艺术等思想意识形态领域的反映,都属于足球精神文化。

足球精神文化是整个足球文化体系中的核心和灵魂,决定着足球文化的性质和方向,影响和规范着足球的制度文化和物质文化,起到导向的作用。同时,足球精神文化处于足球文化整体结构中内部深层的位置,是不易改变的,具有较强的稳定性。

近代中国个别地区也形成了一些足球精神文化,但最繁荣的依然是上海。作为我国近代的贸易中心和文化中心,上海形成的足球精神文化内容丰富、形式多种,包括创作足球歌曲、拍摄足球电影、出版足球专项书籍、创作足球主题的漫画和绘画作品以及极具中国特色的足球书法作品等。近代广东足球精神文化虽没有上海的丰富多样,但在足球文化的发展过程中也形成了一些极具地域特色的精神文化,其中的"南派足球风格"更是广东足球文化的重要标志,并在以后的历史中得到不断深化发展。

一、"御侮脱辱"的社会心理

近代的中国国势日衰,经济贫困、民不聊生,西方殖民者利用坚船利炮打

---

① 粤人.运动评话:异军突起之广州足球[J].体育周刊,1931(4):2.

开了中国的大门,逼迫清政府签订了一系列的不平等条约,西方殖民者以各种方式羞辱中国人,"东西各国骂吾为病夫……四万万人中有三万万七千五百万为病夫矣"①。在足球领域,西方社会对中国更是赤裸裸地进行嘲讽,1923年,香港南华足球队出访澳大利亚,当地一家报纸以漫画形式把南华队员描绘成面容憔悴、骨瘦嶙峋,拖着长辫子的鸦片烟鬼形象,标题是"明天中国足球队登场之前瞻";1948年伦敦奥运会期间,当地《镜报》刊登一幅漫画,一个骨瘦如柴的中国人伸着脖子看着:1932年一个鸡蛋、1936年一个鸭蛋、1948年一个鹅蛋,并写着:"这是中国人的成绩"……耻辱的"东亚病夫"徽号深深地刺痛中国人的民族自尊心。

面对如此屈辱的现实环境,近代中国各地区的人们形成了强烈的"强种强国""御侮脱辱"的社会心理,而足球运动是其中一条实现此社会心理的途径。近代中国足球便形成了"御侮脱辱"的精神文化,而近代中国各层次足球文化也在此社会心理导向下得到发展,如香港"南华体育会"的成立、"上海中华足球联赛"的举办、天津"利生""春合"体育用品厂的建立等。

1840年,鸦片战争率先在广东沿海爆发,广东受到的影响是最直接的,损失也是最大的。鸦片战争后,广东的香港和澳门成为西方列强的殖民地,广州的沙面和湛江的广州湾成为租界,广东比其他省区更全面更深刻地沦为半殖民地半封建社会,特别是珠江三角洲流域,逐渐沦为西方帝国主义国家军事侵略和经济掠夺的重点地区,面对如此现实的环境,广东人民"强种强国""御侮脱辱"的社会心理就更加强烈,除进行了众多直接的、激烈的斗争外,近代广东人民还通过足球运动实现这一社会心理,"御侮脱辱"成为近代广东足球重要的精神文化。1929年广东体育专门学校发行了纪念该校成立一周年的特刊,该校的体育教员林战存在《训练足球之我见》中对开展足球运动的原因进行了详细论述,"我国何以称老大?无非精神之不兴也,同胞何以称病夫?无非衰弱所致也,基此原因,琉球献,朝鲜割,台湾沼,越南亡……我们处此积弱之境地,外受强权多方的压迫,内受种种不良嗜好的侵耗,真有不得不令我们要锐意提倡体育,以雪病夫之耻……站于体育立场,而严密的加以训练,以广大其民族主义思想不可,故体育之种类甚繁,就中择其最饶兴趣而又足资体格上之发展者,舍足球之运动莫属,莘莘学子,济济青年,作业之余,习斯不懈,谓非以

---

① 代论:京师大学堂运动会记三[N].大公报(天津),1906-05-06(2).

其能收强健效于无形，足以振挽颓唐，匡斯弱种，洗刷病夫之徽号，湔除老大之恶名耶……"①林战存的论述充分反映了在帝国主义和封建主义双重压迫的现实环境驱使下，"御侮脱辱"的社会心理是近代广东人民开展足球活动重要的目的之一，这一社会心理也成为近代广东足球内在的、核心的思想要素。

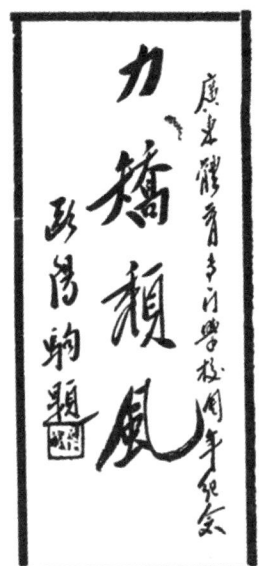

图4-20　1929年，广东军政要员题词纪念广东体育专门学校成立一周年②

在"御侮脱辱"精神文化的导向下，近代广东各层次足球文化也得到了较快的发展，包括足球场地、足球组织、足球比赛等物质和制度层次的足球文化，如1929年广州市政会议《工务局提议发起市长杯足球比赛意见案》中提到："为提议事：窃维我国古代，重文轻武，运动一事，素不讲求，国民积弱不振，体魄颓唐，致贻外人以东方病夫之诮。迄乎近世，科学渐昌，体育一科，始为国人所重视。然运动场所，寥寥无几，设备既嫌太简，地点又欠适中。本市粤秀山自辟为公园后，市民游乐是间者，肩摩踵接。惟该山麓运动场，规模虽属宏伟，建筑尚付阙如，亟应筹集的款，促进完成。现拟发起市长杯足球比赛，将售票所得现款，拨作建筑该运动场观众座位台及更衣室等费用。盖球类

---

① 林战存.训练足球之我见[J].广东体育专门学校成立一周年纪念暨学生自治会成立特刊,1929:15-17.

② 张惠长,欧阳驹,许崇清.题词[J].广东体育专门学校成立一周年纪念暨学生自治会成立特刊,1929:17-19.

比赛,最足发扬民族之伟大精神,奖品尊崇,尤能引起健儿之特殊兴趣,似此筹欵较易,建筑可期。……"广州市长杯足球赛自此开始举办并成为广州市重要的传统足球赛事;粤秀山(越秀山)体育场经过不断的建设完善也成为广东足球文化的重要物质载体,这些具有一定历史底蕴的足球文化符号正是在"御侮脱辱"的精神文化导向下发展而来的,充分体现了精神文化在整个广东足球文化中的核心地位。

二、"南派足球"风格

足球风格是指一支球队相较固定、区别于其他球队的技术特点、战术打法、精神作风等综合表现。足球风格的形成本质上受到地理环境、社会环境、文化背景、历史传承等多重因素的影响,同时,足球风格也是民族性格、社会心理、种族特征、足球思维、足球价值观等文化特征的抽象概括,在足球文化系统中属于精神层次的文化。世界各国、各民族结合自身的特点,逐渐形成了风格鲜明的足球风格,如德国足球的善思与均衡、英格兰足球的刚强与勇猛、意大利足球的纪律与防守、巴西足球的狂野与奔放等。

随着足球文化的深入发展,近代我国各地人民结合各自的条件,逐渐形成了一些具有地方烙印的足球风格,如:延边朝鲜族人民由于离开朝鲜半岛母体文化,在中国土地上本土化、异质化的过程中,形成了具有鲜明的朝鲜半岛特质的、表现为具有强烈反抗性的、顽强的足球比赛风格;大连人民依托高大的身材、强健的体魄以及在恶劣环境中从事拓垦所形成的坚韧、勇毅、拼搏的移民精神,逐渐形成了近代中国足球善于奔跑、作风顽强的"长、快、勇"为主要特征的"北派足球"风格等。近代广东人民为克服自身相对薄弱的身体条件,以自身灵巧、善于思考的特点,结合开放兼容、创新实用的传统文化,在与香港人员交流和比赛的过程中,逐渐形成了后来被誉为中国足坛"南派足球"的风格。

现代足球传入香港初期,香港的华人球员的技战术打法以模仿洋人为主,基本上是以简单地向前直传、靠前锋冲击球门的战术打法为主。香港的华人足球队从诞生之日起,就和英国人的球队对抗,20世纪初,有超过90%的香港华人为广东人,面对身体高大、体力充沛、抢截凶猛的英国对手,香港华人深切体会到自身身高、力量都不如欧洲人,比赛对抗中屡屡落败。因此,香港华人扬长避短,决定从踢"小足球"开始,练好技术,练好基本功。小型足球的好处是不受场地、时间、人数的限制，不必购买昂贵的标准皮革足球，易于在青少年中推广，另外参加者触球密度大，始终在紧逼情况下处理球，练就技术的同时，也促进了身体素质的提高，而且攻守转换快，交叉换位和射门机会多，有利于培养战术意识和增强射门意识。同时，香港的华人球员在实战中逐渐形成了一套边路进攻的战术。起初，他们借鉴了英舰队的沉底传中的打法，正面避开国外球队身材魁梧的后卫，拉开对方防区，令防守者处在背对来球的不利地位，达到避实击虚的效果。后来，又发展为双翼齐飞，边锋斜切，中路扯边，前后卫套边等多种边线进攻的打法。随着香港华人球员注重技术、主打边路进攻技战术风格的初步确立，华人球队的实力大大提高，并在与国外球队的比赛中不落下风。华人球队香港南华体育会于1924年首次赢得甲组联赛冠军，打破了洋人球队垄断甲组联赛锦标的局面，开华人球队在甲组联赛夺冠的先河[①]。

受1925年"省港大罢工"及香港足球总会歧视华人球员而制造的"陈曹冤案"的影响，1931年香港中华、南华、东方、怡和、崇正5个华人体育会（五华会）抵制香港足球总会，失去华人球员和社会的参与，香港足球出现萧条景象。与此同时，粤港两地的足球文化交流频繁，两地球队互访比赛数量增多。通过人员和比赛的交往，近代广东的球队学习了香港华人球队注重技术短传为主、边线进攻的技战术风格。后经过近代广东球队的不断完善，逐步形成了"技术细腻，短传推进，边线进攻"的"南派足球"风格。

"南派足球"风格是近代广东人民地域人群性格、社会心理、身体特征、足球思维、足球价值观等文化特征的综合抽象概括，是广东人实践能力和方式的一种综合表达，属于精神层次的足球文化，对足球文化的发展起到了重要的导向作用，成为广东足球文化的重要标志。

---

① 赖文辉.简明香港足球史[M].香港:三联书店(香港)有限公司,2018:12.

第五章　近代广东足球历史人物

近代广东足球文化的发展是由无数个人的活动造就的，其发展历史的结果总是从许多单个意志的相互冲突中产生出来。所有个人都在一定程度上，在一定范围内参与了近代广东足球文化的发展，但个人在历史上的作用、性质却存在着差别，按照个人对历史影响的大小，可以区分为普通个人和历史人物。近代广东足球历史人物就是指对近代广东足球发展起过重大作用的个人。

近代广东足球历史人物都是特定的历史条件的产物，必然带有时代的特征和历史的局限性，其产生本身就体现着特定的历史必然性。这些历史人物亦不可避免地要受到特定阶级关系的制约，必然反映或代表一定阶级的利益和愿望。对近代广东足球历史人物作出评价，要从特定的历史背景出发，根据当时的历史条件，对历史人物的是非功过进行具体的、全面的考察。无视历史人物的历史局限性，夸大、过分美化或拔高前人是不对的；脱离具体的历史条件，用现代人的标准苛求前人，也是不可取的。

第一节　"第一个踢足球的中国人"

莫庆，广东香山（今珠海市）人，居香港，中国近代著名英资洋行"太古洋行"第二代买办莫藻泉的侄子，在香港被誉为"第一个踢足球的中国人"。他是我国第一个华人体育组织"南华体育会"的主要创办人之一，为我国足球文化初期的发展作出过卓越的贡献。

第五章　近代广东足球历史人物

一、华人足球文化的开拓者之一

香港开埠初期，足球运动只有洋人参加，主要是英国在港的官员、军人、洋行职员及其家眷。而香港华人参与现代足球运动，则始于港英当局或者教会开办的英文书院的华人学生。这些学校初期主要的目的是培养传教人才或训练传译文员，如圣保罗书院、拔萃书院、圣约瑟书院、湾仔英文及中央（后改称皇仁书院）等书院，到19世纪80—90年代改为一般性英文书院后，中国学生逐渐增多，课程增设体操一科，由英国教师教书院的学生踢足球。

1904年，香港的皇仁、拔萃、圣约瑟、湾仔、圣保罗五所英文书院共同发起举办第一届"全港学界足球联赛"，分

图5-1　南华体育会创办人之一莫庆[①]

甲、乙两组，并在大坑村附近开辟了一块"学界足球场"。参加这次比赛的基本都是英籍或者外籍学生，太古洋行买办莫藻泉的侄子莫庆是唯一获得参加比赛资格的华人学生。他身材魁伟，球技出众，为拔萃书院夺得全港学界足球乙组联赛冠军立下战功。拔萃书院便用英文书写的《足球队公告》把莫庆说成"第一个踢球的中国人"，香港传媒就以此误传莫庆为第一个踢足球的中国人了[②]。但根据叶贵松《中国足球书》记载，"1903年终，与水师军器局文人约在跑马地作友谊比赛，时皇仁书院队与西人决赛，实为香港各校滥觞，华人之参与者，亦以此为首屈一指"[③]。而众多华人学童在此比赛前也早已有过踢球经历。

[①] 良友图书印刷有限公司.莫庆君小史[J].体育世界,1927(1):27.
[②] 袁伟民.中国足球大典[M].上海:华东师范大学出版社,2002:421.
[③] 叶贵松.中国足球书[M].香港:香港永发印务公司,1926:23.

二、"只知有莫,不知有英"

莫庆虽不是真正意义上我国第一个踢足球的人,但他能进入当时著名的英文书院就读,并在当时以洋人为主的第一届"全港学界足球联赛"上登场亮相,很重要的一个原因就是他的莫氏家族身份。

由葡萄牙语转化而来的"买办"指的是在政府主导下的中西方经济贸易的居间人,不过当时他们的地位并不显赫。1842年签订《南京条约》后,清政府取消了广州十三行的对外贸易垄断,外国商人可以"自由贸易、随意雇觅跟随、买办及延请通事"。但欧美的商人远道而来,不通汉语,也不了解中国,想要与华人做生意,没有一个华人为中介,就无法拓展业务,也难以取得华商信任。正是从此时起,买办真正变成了中外贸易间的一个重要角色。

早期的买办大多是旧日洋商行的人,熟悉与洋人交往的方式。由于广州十三行的这层历史渊源,粤籍买办占了早期买办的大多数,至于粤籍买办之中,又以香山人为多,这里既近广州又近香港,也是中国早期国际贸易中心之一——澳门的所在地,故香山被称为"买办的故乡"。广东香山金鼎镇会同村(今属珠海市会同乡)人莫仕扬便是其中一位,莫氏家族自莫仕扬于1870年出任香港太古洋行远东总行首任买办开始,至20世纪30年代香港太古总行取消买办制度止,中间经莫藻泉、莫干生,三代相继担任香港太古洋行买办60余年。在此漫长岁月里,太古洋行的糖厂、船坞、保险、航运、漆厂、外贸等业务继续得到发展,太古洋行的势力也由此超越了资历最深的怡和洋行,跃居各洋行之首,这里面当然有莫家的功劳。

莫氏家族既成了太古洋行的支柱,亲朋好友自然趋之若鹜。莫家的故乡香山县会同村的族中子弟,甚至形成了这样一种风气:凡是有心进入太古洋行工作的照例都先由乡间前往香港莫家居住,学习英文一段时期后才开始工作。真正急于谋生的,亦在进入太古洋行后边工作边补习英文。太古洋行的业务扩大一些,莫氏族人进入太古洋行工作的人数就增加一些。后来,会同村的族人,凡能工作的,几乎都抛弃了农业,由莫家接引到太古洋行或其他洋人办的企业工厂工作了。百年之间,莫氏家族及其亲朋好友在太古洋行工作的累计达千人,而这一点,也是为外商方面默许甚至赞成的。在1856年时,一位外国商人就认为:"买办感到了他的责任,我们可以放心的是,他雇来为我们服务的中国人总是正派的,不是属于他自己的家庭,就是属于他的宗族,或是他的同乡——

这些人他完全了解。"莫氏家族透过官场与洋行安排族人，形成了一个较为庞大的以粤港澳为中心的政治、经济网络，确立了其买办家族的稳固地位。在当时员工中流传了一句让英国人听起来格外刺耳的话："只知有莫，不知有英"①，这也为日后莫氏家族的失势埋下隐患。

买办是近代中国与西方贸易交流的中介人，是东西方交流的桥梁与纽带，在促进双方贸易交流的同时，对近代中国经济发展、社会变革、文化移植都起到了重要的引领作用，是近代中国特殊历史条件的产物。广东的买办家族对近代中国早期足球文化的发展同样起到积极的作用。由于出身买办家族，莫庆像大多数香港华人买办子弟一样进入拔萃书院这类英文书院就读，并在学校里接触学习到源于西方的足球文化，继而以华人身份参加了第一届"全港学界足球联赛"，成为"第一个踢足球的中国人"。在香港，由"亦中亦西"的买办家族完成这一历史事件，是特定历史条件的产物，是特定群体的必然反映，具有历史必然性。

三、创办"南华体育会"

虽然绝大部分的华人学生当时并没有机会直接参加足球比赛，但现代足球的魅力还是深深地吸引着香港的华人学生，课余时间，他们常常在空地或马路旁尝试自己踢球，人们戏称这些学生为"马路足球队"。1908年秋，在莫庆的组织下，几位英文书院的学生成立了中国近代史上第一个华人体育组织——"华人足球会"，最早的成员有莫庆、唐福祥、郭宝根、莫庆翘、莫庆锵、郭兆仁、孙宪炳、叶坤、叶森、冯平、纪佐之、余文俊、郑祥福、林金才等共20人。在莫庆的建议下，得到上环育才书社学监刘铸伯的支持，华人足球会借用书社作为临时会址，刘铸伯出任会长，足球练习则借用大坑学界足球场。莫庆在回忆文章中提到："余在本港拔萃书院求学中，常与各同学驰骋于绿茵场上，而志同道合者，复有圣士提反书院、育才书社、湾仔书馆各校友……其时吾人相约练习，乃在大坑学界足球场。"②

---

① 郭晔旻. "只知有莫，不知有英"：一个香山买办的家族传奇[J]. 同舟共进，2019(7)：74-77.

② 第一个华人足球会和"足球王国"[EB/OL]. (2007-04-29)[2020-08-01]. http://www.lifeweek.com.cn/2007/0429/18512.shtml?o06q9.

图 5-2　香港首支华人足球队的阵容①

在莫庆的带动下,华人足球会队员潜心观摩,刻苦磨炼,球艺日进,好几位会员相继成为书院足球队的主力队员。1909 年,郭宝根在皇仁书院参加校队,赢得学界足球乙组联赛冠军。翌年,郭宝根、唐福祥、张荣汉、彭甲友、梁诚信转入圣约瑟书院学习,使该校足球队实力骤增。1910 年,在莫庆的倡议下,华人足球球会改称"南华",取香港岛位于祖国南疆之意,其宗旨是"以锻炼体魄,振起雄风,一洗'东亚病夫'耻辱为目的"。

莫庆办事精干,热心会务,无论事务大小,均亲力亲为,贡献特多,人称"莫老庆"。其时南华足球队刚刚组建,常与外籍海陆军球队作赛,莫庆发现球队的球服简陋难看,便慷慨解囊为全队添置颜色新颖、美观大方、合体适穿的运动服,以壮队威。南华足球会会员梁早曾在回忆那段球队初建的时光时说:"时青年学子,热爱足球,故团体活动,亦仅限于足球,初未为侨胞所重视,及与驻港海陆空军作友谊赛,迭显雄风,遂另眼相看。"1911 年,南华球员代表华南地区参加在南京举办的新中国成立之前的第一届全国运动大会足球赛,并且赢得冠军。

1912—1913 年,南华足球会因缺乏经济来源,会务难于推动,被迫停办。

---

① 赖文辉.简明香港足球史[M].香港:三联书店(香港)有限公司,2018:16.

1913年第一届远东运动会在菲律宾举行，当时南华足球队会务虽停顿，但我国仍主要以南华足球会球员为主力派队出征比赛，除广州南武学生许民辉、丘纪祥和清华学堂的关颂声外，其余都是南华足球会队员，由莫庆担任领队。回到香港后，莫庆曾尝试重组南华，可惜最终仍然失败。同年南华足球会原队员分两批加入孔圣会或琳琅社，在各自所在团体的资助下继续保持活动。1915年，有感寄人篱下并不是长远之计，后卫张汉荣邀得郭晏波的资助，这两个团体又合并，更名为"南华游乐会"。1920年12月5日，"南华游乐会"召开会员大会，一致通过正名为"南华体育会"，并沿用至今。大会还选出李自重为会长、莫庆为副会长。自此，南华体育会会员增多，会务蒸蒸日上，各项运动技术水平日益提高。

1921年，莫庆又被选为干事部主席（后改为执行委员），是体育会的实际负责人。同年，为了物色新的足球人才，进一步推动华人足球文化的发展，南华体育会创办了全港夏令营分区足球赛，共有11支球队参加。比赛最后由李惠堂领衔的大坑队获得冠军，因在比赛中表现出色，17岁的李惠堂得到南华高层郭晏波和创始人莫庆的赏识，获邀加入南华体育会足球队。刚加入南华会乙组足球队时，由于自身经验欠缺，加上与队友配合生疏，李惠堂经常出现盘带过多的问题，赛季过半，场上表现并无过人之处，他甚至开始自我怀疑，以为"那便是我止境的地方"。但以莫庆为主的南华体育会高层，眼光锐利，认定李惠堂是难得的足球奇才，给予其充分的信任和表现机会，赛季末，将李惠堂提拔进入甲组队。而得到信任和悉心栽培的李惠堂表现越来越出色，在比赛中屡屡建功。正是莫庆等人独到的眼光和耐心，最终成就了李惠堂一代"球王"的光辉足球生涯。

1923年，由莫庆率领南华体育会足球队赴澳大利亚进行为期6个月的远征，首场比赛以3∶3战平全澳冠军新南威尔士队，军威大震。在澳比赛24场，成绩为8胜7平9负。这次澳大利亚之旅，不但向世界展现了中国球员的良好风貌和技战术水平，扬威异域，西方人士亦刮目相看，振奋了我民族精神，开我国足球队南游之先河，还为翌年南华队首次夺得香港甲组联赛冠军积累了经验。

南华体育会是我国第一个华人足球组织，开华人参与足球文化之先河，对毗邻香港的广东乃至全中国都起到重要的先锋示范作用。同时，南华体育会不但培养了一大批足球人才，其多年来在海内外赛场上取得的成绩还增强了中华民族的体育意识，提升了民族志气，加强了华侨同胞的爱国情感，推动了香港和全中国足球文化的发展。作为主要创办人,莫庆一直致力其发展壮大,"现在本港南华体育会之饱获鼎鼎大名,莫君之力不少也"①。莫庆还于20世纪20年代负责校对《本会初期奋斗史》和《南华体育会演进之忆述》,为香港足球文化乃至近代中国足球文化早期的发展留下了珍贵的历史资料。

图5-3　1923年,赴澳南华体育会球员合影(后排左一为莫庆)②

1960年,莫庆首次担任香港足总主席,虽在1964年败选未能连任,但1965年他再次当选香港足总主席,直至20世纪70年代退休。1974年5月12日,南华体育会执委会为表彰莫庆对会务的巨大贡献,议决赠以殊勋奖章。1980年6月他被选为第六十届名誉会长。同年出版的《南华体育会七十周年纪念特刊》,高度评价了莫庆为创办南华体育会所作出的贡献。1985年莫庆逝世,终年96岁。

第二节　广东足球第一代"国脚"

菲律宾于1898年成为美国的殖民地后,当地政府大力提倡发展体育运动,于每年2月举行"嘉年华会",庆典期间会举行一次盛大的运动会,中日两国都曾派运动员参加。1911年9月,担任菲律宾体育协会会长的美国人布朗访问中国和日本,提议参照世界运动会的成例,由中、日、菲三国发起组织运动会,每隔一年在东亚的各大都市择地开会,以促进三国的交流和国民的体育。在中

---

① 良友图书印刷有限公司.莫庆君小史[J].体育世界,1927(1):27.
② 名苑.赴澳之中国足球队[J].体育世界,1927(1):41.

日两国有关人士的支持下,远东体育协会便宣告成立,并定于1913年2月在马尼拉举办第一届远东运动会。远东体育协会是近代亚洲第一个国际性体育组织,1920年国际奥林匹克委员会予以承认。

1913年2月1日,第一届远东运动会在菲律宾的马尼拉举行,大会共设田径、游泳、足球、篮球、排球、网球、棒球、脚踏车等8个项目,当时成立不久的国民政府选派了40名运动员参加除网球、棒球和脚踏车外的其他项目,这是中国第一次派团参加国际体育比赛。考虑到当时香港是全国足球水平最高的城市,加上南华体育会代表华南地区获得了于1911年举行的全国运动大会足球比赛冠军,因此11名中国足球队队员中,除来自广州南武公学的许民辉和丘纪祥以及清华学校的关颂声外,其余均来自香港南华体育会。许民辉和丘纪祥也就成为广东足球历史上第一代"国脚"(国家队队员)。

一、许民辉

许民辉,广东开平人,1890年出生于广州河南(今海珠区),从小酷爱体育活动,童年时期入私塾,后进入南武学堂就读,擅长田径和足球。1910年,许民辉代表华南地区参加了在南京举行的第一届全国运动会220码走和1英里接力跑比赛,初步展示了自己的体育天赋。1913年,代表中国参加了在菲律宾举行的第一届远东运动会并获得440码走第三名、1英里接续走(接力跑)第二名,同时还参加了足球赛和临时加插的排球表演赛,成为我国足球运动和排球运动的元老。

从马尼拉回国后,他应邀到广州市基督教青年会工作,协助美国人钟氏和胡理波开展体育活动。由于他工作认真,才华横溢,深受钟氏的赏识,后选派其进入上海基督教青年会体育干事训练班学习。毕业后回广州基督教青年会担任体育干事,主办各体育运

图5-4 中国体育泰斗许民辉[1]

---

[1] 体育三杰[EB/OL]. (2015-04-05)[2020-08-01]. 广州市南武中学: http://www.gznanwu.com/News/Show_1156.html.

动训练班，组织体育竞赛，并到各教会学校指导体育运动的开展，同时还担任广东高等师范学校（中山大学前身）球类、田径、体操等课程教师，培养了一批体育师资人才，促进了当时广东体育事业的发展。1920年，许民辉发明了低网排球，由广州市基督教青年会协助编成《低网排球规则》，后于1933年写成《排球讲义》一书，为中国排球运动理论研究奠定了基础。

图5-5　最初赴美学习体育专科之三华人，从左至右为广州许民辉、香港高锡威、天津董守义[①]

　　1923年，许民辉由广州基督教青年会公费保送赴美国留学，起初在芝加哥大学学习，后转入美国麻省春田大学攻读体育专业，获体育硕士学位，是我国最先获得体育硕士学位的留学生之一。学成归国后，任广州基督教青年会体育主任，负责体育培训、竞赛等工作，"当时广州体育界在得君之助，因之而呈活跃"[②]。1925年初，许民辉负责主持广东省第九次运动大会筹组工作并担任评判部部长。同年秋，许民辉应苏州东吴大学之聘，就任该校体育专修科主任之职，在许民辉的悉心经营下，东吴大学体育人才辈出，成为华东各体育专门学校中的佼佼者。

　　虽然许民辉此时期的工作重心已放在培养体育人才上，但他对中国足球的发展依然保持关注，并从理论层面为中国足球的发展提供帮助。1930年，第九届远东运动会足球赛在东京举行，中国足球队由前队长唐福祥担任领队。本届比赛中日本足球队的实力大幅提升，首场比赛以7:2战胜菲律宾队，中国队以5:

[①] 高锡威.最初赴美学习体育专科之华人[J].体育世界，1927(1):9.

[②] 邵汝干，等.体育家与运动家（六）:许民辉[J].勤奋体育月报，1935,7(2):484.

0战胜菲律宾队后，中日之间的对决成为最后的冠军之争，结果中日两队打成3:3平，按例理应加时再赛，但东道主日本表示比赛已经结束，宣布中日两队为双冠军。赛后，比赛结果引起国内体育界的强烈反响，许民辉作为足球界的前辈和体育界的权威之一，对未能击败日本队进行了分析，认为中日之战打平的主要问题在于人员不整、全队配合生疏、队员互相指责、个人状态不佳以及裁判执法不公等。

图5-6 许民辉对第九届远东运动会中国足球队未能取胜原因的分析①

1931年，许民辉到了北平，出任师大、清华大学等校体育教授，积极推动西方体育运动在中国的发展。1933年初，许民辉回粤任广东省教育厅体育督学，主管全省体育教育工作，制定了《广东省中小学校体育实施方案》，使广东省各级学校的体育教育工作逐步走上正轨。同时兼任广东民众体育实验区主任，期间大力开展群众性体育工作，创办试验区的刊物《民众体育季刊》，宣传体育的重要性，强调"体育救国"的必要性，激励广大民众积极参加体育活动。许民辉本人也在《民众体育季刊》中发表多篇重要文章，如《本区的使命》《改进广东全省体育计划书》《参加全国运动会报告书》等，具体地指导广东体育工作的发展。在担任民众体育实验区主任期间，许民辉主持举办了三期广东省中小学体育教员暑期体育训练班，敦请国内著名体育专家董守义、陆礼华、程登科、王复旦等到广州授课，其中足球教学业务由与许民辉同赴美国留学的高锡威负责。三期暑期体育训练班取得了积极的效果，从对体育目标的认识、体育教师的道德品质，再到具体的业务技能等，全面地提升了全省中小学

---

① 许民辉.足球:远东会中华足球失败原因[J].第九届远东运动会特刊,1930:35.

体育教师的业务水平，对广东体育的发展起到了极大的促进作用。

为满足社会和学校对体育师资的要求，在暑期体育训练班取得有效成果后，1935年，广东省教育厅在省立体育场内创办了广东省立体育专科学校（又称省体专），经省政府核准，委任许民辉为该校的校长和省立体育场场长。省体专针对不同的人群开设不同的课程，设2年制的专科班、3年制的师范班、1年制的训练班，学校罗致省内外学识丰富的体育专家任教，甚至还聘请了2名外国教师。在许民辉的领导下，省体专培养了大批既具备理论又有技能的体育师资人才和优秀运动员，为近代广东体育事业的发展奠定了人才基础。同时期，许民辉还积极开展体育理论研究工作，在《勤奋体育月报》《体育》等近代中国著名的体育刊物上发表《体育的目的》《理想的体育领袖》《体育教授法大纲》等文章，对宣传开展体育运动的深刻意义，完善规范体育教学的具体实施等都作了有益探索，丰富了近代我国体育运动和体育教学的理论研究。

图5-7　第二届广东省中小学体育教员暑期体育训练班活动情形[①]

① 广东省民众体育实验区.第二届暑体班活动之二[J].民众体育季刊,1933,1(1):5.

1937年抗日战争爆发，广州沦陷后，许民辉带领广东省体专师生先后搬迁到云浮、中山，后被迫迁往澳门。1940年，他赴重庆担任教育部体育督学兼教育部体育行政人员讲习所教导主任，并被选为教育部国民体育委员会常务委员和中华全国体育协进会委员。1945年抗战胜利后，他重返广州主持修复广东省立体育场工作，并复办省体专。1948年，第十四届奥运会在英国伦敦举行，他出任中国体育代表团游泳队教练兼领队。归途中，留在香港任基督教青年会牧师，并于1961年逝世，终年71岁。

许民辉一生致力于中国体育事业和体育教育事业，在体育理论、体育教育、运动训练、体育场馆建设等方面均有重大建树，为我国培养了大量优秀的体育师资人才，被誉为"体育泰斗"。其在体育界的威望与北京的马约翰平齐，素有"北马南许"之说。许民辉也是我国足球和排球运动的开拓者之一，为体育文化的推广和发展作出了杰出贡献。

二、丘纪祥

丘纪祥，广东惠阳县人，1891年出生于一个清贫的家庭，9岁随父母迁到广州，初进私塾就读，后于1905年入南武学堂。当时的南武学堂在校长何剑吴的带领下非常重视体育运动，学堂也逐步开辟出开阔的运动场地。自小爱好体育活动的丘纪祥进入南武学堂后经常利用课余时间进行足球、跳高、跳远等体育活动。他虽然个子较小，但身手敏捷、反应迅速，参加学校举行的各项短跑比赛总是名列前茅。1908年入选南武学堂的足球、田径代表队。1909年，在第三届广东省运动会上，获得100码跑、接力跑和持杆跳高三项比赛的第二名。1910年，代表华南区参加第一届全国运动会，获220码跑第三名。

1913年，丘纪祥入选我国国家足球队参加在菲律宾马尼拉举行的第一届远东运动会，成为广东足球历史上第一代国家队队员。此外他还入选田径队，最终获得220码跑第三名、1英里接力跑

图5-8 广东近代体育开拓者之一丘纪祥

第二名，并被推选参加了一场临时增加的与菲律宾进行的排球表演赛，自此丘纪祥对排球运动产生了浓厚的兴趣[①]。

丘纪祥归国后继续钻研排球技术，开展排球训练，组织成立排球社团。1915年，在广州基督教青年会的支持下，丘纪祥与许民辉等人发起并组织"广州排球协会"，举办座谈会，积极开展排球竞赛，对排球运动在广东的发展起到了积极的推动作用。同年5月，在上海举行的第二届远东运动会正式增设排球项目，丘纪祥入选中国队并担任主力队员。中国排球队击败菲律宾队获得当届远东运动会排球比赛冠军。1917年，第三届远东运动会上丘纪祥继续担任中国排球队主力，中国队先后击败了菲律宾队和东道主日本队，成功卫冕。丘纪祥在这两次比赛中都表现出色，起到了关键的主导作用。随后他连续以教练或领队的身份参加第四届至第十届远东运动会排球比赛，为我国五次夺取远东运动会排球冠军立下汗马功劳，成为我国排球运动的开拓者之一。

在开展排球运动的同时，丘纪祥先后在南武中学、广州高等师范学校、省立三中、广东大学、广州师范大学、省立体专等学校担任教员，从事体育教学工作。他在教学上要求严格、认真耐心，为广东培养了一批体育人才。1924年，丘纪祥在广州市立师范学校发行的校刊《市师》上发表了《专科体育课程标准》，其中详细介绍了专科体育课程的目的是培养健全灵敏的体格，培养小学的体育教员；该课程学制为两年，第一年上学期每周六小时，下学期每周四小时；第二年上下学期均是每周六小时；课程分为基本体操、柔软体操、器械体操、舞蹈游戏、竞技游戏、普通运动、体育原理及体育教学法八大类，为近代广东体育师资人才的培养提供了理论基础。

另外，在体育救国思想的影响下，丘纪祥热心体育事业，积极倡导和开展社会体育活动。1919年，他发起组织"中国南部体育会"，这是一个以研究体育问题为主的体育组织，同时主办了大量体育活动，深受社会各界的赞赏，丘纪祥也积累了大量体育组织管理经验。1927年，应中华全国体育协进会的要求，在广东省政府、教育厅以及海军司令陈策等人的支持下，"广东全省体育协进会"成立，丘纪祥作为体育方面的专才被推举为主任干事，负责主持竞赛、训练、宣传、群体等日常事务。1932年，广东省政府为进一步发展体育事业，奉国民政府教育部之令，推行国民体育实施方案，将属于民间体育组织的"广

---

① 陈本.校董丘纪祥[J].广东体育专门学校成立一周年纪念暨学生自治会成立特刊,1929:14.

东全省体育协进会"改组为广东省政府教育厅下设的"广东省体育委员会",丘纪祥任主任干事,继续负责全省的体育事务。丘纪祥负责主持广东体育事务期间,积极倡导成立体育社团,开展各类单项体育比赛,加强与省外各地的联络交流,使广东体育事业得到广泛的开展,包括足球文化在内的各单项体育文化获得了空前的繁荣。1928年广州的华侨刊物《南大与华侨》就对丘纪祥开展体育工作有过报道:"广东全省体育协进会主任丘纪祥热心体育,对于各种球类之设施,不遗余力,并积极提倡改善,以广州方面,球类已大有进步,思欲联络港地各体育健将能手,举行埠际排足篮网等球比赛,藉资借鉴……"[①]

1937年抗日战争爆发后,广州沦陷,丘纪祥奔赴粤北参军,任第十二集团军军官补给团体育主任教官,投身军队体育训练工作。1945年抗战胜利后,回穗任广州大学体育主任,同时主持省体育协进会复会工作。1947年负责筹办第十五届广东省运动会。

新中国成立后,丘纪祥于1952年入华南农学院,历任副教授、教授、体育教研室主任,兼任广东省排球协会和网球协会主席。虽已年近花甲,但依然积极投身体育事业,多次担任全国、省、市各类比赛的裁判工作,是我国首批国家级裁判员之一。1980年1月2日,丘纪祥于广州病逝,终年89岁。

丘纪祥终身致力于体育事业,作为运动员、教练员和领队均取得过优异的比赛成绩,为中国争得了荣誉;后积极参与体育师资人才培养,为近代广东培养了一批体育人才;其作为"广东全省体育协进会"主任干事期间积极地倡导成立体育组织、开展各类体育竞赛、完善省内体育设施、加强与省外各地的交流,推动了广东体育事业的全方位发展,为广东体育事业在近代处于我国较先进的地位作出了卓越的贡献,为广东日后的体育事业发展打下了较好的基础,是广东近代体育事业的开拓者之一。

三、"浅尝辄止"的第一代国脚

许民辉和丘纪祥入选中国足球队参加第一届远东运动会,成为广东足球历史上第一代国家队队员,他们同时也参加了田径比赛,以及临时增加的排球表演赛,表现出全面的体育才能。在随后的时间里,作为广东足球第一代国脚,虽然他们也对广东足球文化的发展作出了一定的贡献,但客观评价,他们主要

[①] 体育消息[J]. 南大与华侨,1928,4(6):22-23.

的工作重心并没有放在广东足球文化上,而是从事更宽广的体育工作。许民辉的工作重点集中在体育理论研究和体育师资培养等领域,丘纪祥则更多地是利用广东体育协进会在全省推进体育运动的普及和发展。

两位日后取得极高名望的体育翘楚在广东足球文化领域"浅尝辄止",没有深耕细作,对广东足球文化的发展是一种损失和遗憾。从历史发展的眼光来看,这一情况的出现是受时代条件所制约的,具有历史必然性。

一方面,当时体育运动的发展还没有进入专业化时代,大部分运动员对体育运动只是业余爱好,因此往往会涉足多个体育项目,如代表中国队出战过远东运动会的"国门"徐亨,排球、游泳、足球三项体育运动水平俱佳;毕业于中山大学,曾入选1936年中国国家队出战柏林奥运会的名将黄纪良,"为一全能运动员,举凡排球、篮球、足球、游泳,无一不能;而尤以篮球,足球为最佳"[1];就连我国著名的"球王"李惠堂,也活跃于网球运动,曾代表香港网球队参加"沪港埠际网球赛"等比赛。许民辉和丘纪祥也是如此,他们对足球、田径、排球、游泳等体育项目都有涉足,这是体育运动发展以业余原则为主导的时代特征所决定的。

另一方面,足球运动在20世纪初的广东还不是十分盛行,参与足球运动的人群还主要集中在学校,足球领域整体的发展空间十分有限。而在经历了近半个世纪西方殖民主义者的压迫后,特别是五四运动的爆发,国人的体育主权意识日渐觉醒,从外国人手里"收回体育主权"的呼声日益高涨,由中国人独立自主地发展本国体育事业成为十分迫切的需求,包括体育组织的管理、体育赛事的组织、体育理论的研究、体育师资人才的培养等工作急需中国人承担。而一些经历过国内外重大比赛锻炼、接受过专业体育教育、具备一定体育赛事经验且熟悉体育管理事务的中国体育专业人才,正好可以满足这一迫切的时代需求。正是在这样的时代需求下,许民辉和丘纪祥各自投身到体育理论研究、体育师资培养和体育组织管理等领域,从更宽广的层面为包括足球在内的体育事业作出贡献。

第三节 广州警察足球队"四骑士"

20世纪二三十年代,中国进入政局相对稳定的时期,此时的广东在陈济棠

---

[1] 我国世运出席足球代表介绍[N].大公报(天津),1936-04-29(8).

的主政下，社会相对稳定，经济、教育、体育等领域均得到一定程度的发展，足球文化也从学校逐渐扩散到社会，足球组织纷纷成立，足球竞赛逐渐增多，足球场地不断完善，足球文化也随之整体繁荣起来。而此时的香港足球界，受1925年"省港大罢工"以及香港足球总会歧视华人球员而制造的"陈曹冤案"等事件的影响，本已矛盾重重的"华洋冲突"愈演愈烈，到了1931年9月，香港中华、南华、东方、怡和、崇正5个华人球会（五华会）决定一同退出香港足球总会，另起炉灶举办华人足球联赛。失去华人球员的参与，香港足球总会举办的比赛入场观众数量大幅下跌，对香港足球总会和其他球队以及其他行业都带来极大的影响，香港足球出现萧条景象。

在粤港两地足球环境"此消彼长"的情况下，广东各学校、军警机构纷纷利用移民政策，从香港南华、中华等体育组织罗致足球运动员，从1928年前后开始，不少香港足球名将先后到广州求学、工作或从军，并相继加入警察足球队、海军足球队或空军足球队等足球组织。其中"陈曹冤案"的主角之一，中华体育会的陈光耀到广州岭南大学半工半读，受聘该校体育部干事，他的加入使本就具备一定基础的岭南大学足球队实力得到进一步的提升；为抗衡岭南大学，中山大学罗致南华体育会的冯景祥、叶北华、朱国伦、黄纪良等名将，中山大学的足球实力短时间内也得到了大幅提升。

当时的广州警察局督察长袁熙圻、警察长韦汝聪两人都十分热衷足球，为进一步提升广州警察足球队的实力，便将中山大学的冯景祥和叶北华招入广州公安局（后改为警察局）工作，他们与已在警察局供职的李天生、谭江柏组成了赫赫有名的广州警察足球队"四骑士"。在20世纪30年代，体育界还非常重视业余原则，运动员不能直接受薪，广州警察局便委任冯景祥、李天生、谭江柏、叶北华为交通督察员，负责在市区各马路巡逻执勤，为此广州警察局还给他们每人配备了一辆摩托车。摩托车在当时数量还很少，属稀罕物，早上，他们穿着全套的警服、骑着摩托车在市区各主要干线巡逻，可谓威风凛凛，相当引人注目。巡逻执勤只是工作的一部分，他们更重要的任务还是踢球，到了下午，他们又骑着摩托车到东较场或大佛寺球场练球。广州警察足球队在得到冯景祥、李天生、谭江柏、叶北华四人的加盟后，实力大幅提升，"这四位骑士效力于警察队里，正如虎添翼，所以每出比赛，多操胜利而名重一时"[①]，广州警

[①] 亦津.温故知新录（十）：粤足球开始发扬[N].大公报（香港），1940-03-19(7).

察"四骑士"由此便声名远播。

图5-9 1931年《大公报》关于广州警察对强华足球友谊赛的报道[1]

图5-10 1936年柏林奥运会足球赛中国队赛前合影，广州警察"四骑士"均为首发队员
（第一排左二为冯景祥、右一为叶北华，第三排左一为李天生、右一为谭江柏）[2]

---

[1] 足球将星云集粤垣[N].大公报,1931-10-29(8).
[2] 良友图书印刷有限公司.第十一届世界运动会:球赛与游泳[J].良友,1936(119):10.

第五章　近代广东足球历史人物

"豹子头"冯景祥

"铁闸"李天生

"铜头"谭江柏

"穿花蝴蝶"叶北华

图5-11　广州警察"四骑士"[①]

一、冯景祥

冯景祥生于1909年，广东恩平县人，童年随父移居香港。他聪慧好动，身手敏捷，反应迅速，特别喜爱足球运动。童年时进入南华体育会童子军足球

[①] 中华全国体育协进会.出席第十一届世界运动大会足球代表[J].体育季刊,1936,2(2):3-4.

队，得唐福祥、梁玉堂等香港足球老前辈的悉心指导，逐渐练就出一身足球本领，特别是"精攻门术，富于战略"。他的射门技术独具一格，射门前的假动作十分逼真，似射似传，让防守人无法轻易识破；与队友的配合也相当默契，给队友的传球无论时间、速度、角度以至高度、弧度等都恰到好处，用现代流行的词汇形容便是"手术刀"般精准的传球。其与球王李惠堂的配合，更令人看得眼花缭乱，令对方防守队员难于捉摸，防不胜防，是当时我国第一流的球员，号称"四骑士"之首，绰号"豹子头"。在南华体育会效力时，"凡该会一遇强敌，冯如不到，必致阵线不振，而遭失败。其孚众望，由此可知"[1]，冯景祥对球队的贡献和重要性可见一斑。

冯景祥为人缄默豪爽，有"关云长之风"，曾多次入选中国国家足球队，参加过第十届远东运动会足球赛和第十一届奥运会足球赛，并以队长身份参加第十四届奥运会足球赛。

二、李天生

李天生出生于1908年，广东五华人，幼年移居香港，后进入机器行业，成为一名工人。近代我国体育人才大多出自学校，体育运动尚未普及于农工商群体，很多富有天赋的体育人才，往往会被时世淹没，而李天生是其中为数不多的由工人出身的足球名将。

李天生特别喜欢体育运动，经常因观看球赛而废寝忘食，在闲暇时间常常会与工友在草地上进行"小足球"活动。他身手敏捷，动作迅速，与"球王"李惠堂是邻居，时常有机会一起踢球，相互切磋技艺。李惠堂见李天生对足球如此痴迷，便邀请他加入南华体育会。初入南华体育会时，李天生充当左翼之职，但此时并没有表现出过人之处，后南华体育会发生"联爱团事件"，黎郁达、黄瑞华等众多球员出走，另组中华体育会，李天生便获得更多表现的机会，场上位置也从边翼调任后卫，李天生终于找到"才任相称"的场上位置，没过多久，其足球技艺大幅提升，心理状态愈加稳定，"遇悍将而不怯、排强敌而不慄"[2]，令南华体育会众人刮目相看，便赐以"铁闸"美名。自此，李天生更加刻苦练习，足球技艺也日益长进。

---

[1] 上海勤奋书局编辑所.全国足球名将录[M].上海：勤奋书局，1936：6.
[2] 介绍一位刻苦练习的运动家[N].大公报，1931-08-02(8).

李天生防守固若金汤，脚头强劲，球踢得远，而且防守策略高明，是当时我国足球界著名的后卫球员，曾多次入选中国国家队，参加过第九、十届远东运动会并且以先发队员的身份参加1936年柏林奥运会足球赛。

三、谭江柏

谭江柏，广东新会县人，1911年生于广州，童年曾在广州上学，后随亲属移居香港。生性好动的他，在港学业欠佳，曾回广州进入粤秀英文补习学校。谭江柏16岁入选香港南华体育会乙组（青年）足球队，17岁以替补身份进入甲组足球队。

谭江柏有傻气，有孩子气，但踢起球来就会认真到底、强硬到底，成年后身高约1.78米，体重约73公斤，这一身形在当时华人中十分难得，身高体壮的谭江柏体力充沛，技术全面，能守擅攻，"攻则如利刃，守则如金汤"，且"精攻门术，尤擅头顶，有独到功夫"[1]，获"铜头"之美誉。初在南华效力时，与李天生搭档后卫，他们配合默契，防守坚固，为球队形成一道严密的防线。谭江柏也时常出任前锋，并利用其头球技术优势屡屡建功。谭江柏凭借全面的技术、独到的头球功夫入选中国国家队，参加过第十届远东运动会以及1936年柏林第十一届奥运会足球赛，并在比赛中发挥出色，屡建奇功。

1937年抗战爆发后，谭江柏脱离广州警察局公职前往昆明担任政府运输工作，后调升运输人员训练所任教官，在闲暇时间对足球运动"未尝稍懈"，"每代表星光队出战，无往不胜，视若队中之灵魂，以故谭铜头之盛誉尤炽，且得当地（昆明）各界人士及报界之好评，每场比赛，各报章莫不以'谭铜头'大字为标题。"[2]

抗战胜利后，谭江柏回到香港，曾加盟香港星岛体育会足球队，但随着年龄增大、体重增加，竞技水平逐渐下滑。谭江柏有过两段婚姻，现香港著名歌唱明星谭咏麟便是其第二任妻子所生。2006年，谭江柏于香港逝世，享年95岁。

---

[1] 上海勤奋书局编辑所. 全国足球名将录[M]. 上海：勤奋书局，1936：3.
[2] 谭江柏在滇享盛誉[N]. 大公报（香港），1939-02-28（7）.

四、叶北华

叶北华,广东惠阳县人,1909年生于香港大坑村。与李惠堂、李天生是左邻右里,香港"大坑学界足球场"便在此处。由于从小耳濡目染以及邻居的影响,叶北华童年时便喜欢上了足球。1924年在李惠堂的引荐下,14岁的叶北华参加了香港南华体育会童子军足球队,球技开始突飞猛进,18岁便破格进入南华体育会甲组足球队。进入甲组后的叶北华训练更加刻苦用功,除了基本的技能训练外,还进行全面的身体素质训练。叶北华成年后的身高只有1.63米,但100码速度却有11秒3左右,这一成绩与当时欧美足球强国运动员的百码速度并无太大差距,在当时的中国实属难得。凭借自身良好的速度、灵活的穿插跑位,再加上精湛的盘带技术,叶北华常有快速突破后下底传中的好戏上演,获"穿花蝴蝶"这一雅号。

叶北华多次入选中国国家队,参加了第九、十届远东运动会足球赛以及1936年第十一届柏林奥运会足球赛。特别在第九届远东运动会足球赛中发挥出色,最后时刻力挽狂澜,香港媒体称其"勇敢、坚毅、舍己忘身,堪称无畏将军"。

抗战时期,叶北华与李惠堂等人组织"建航"足球队,辗转于广东、广西、云南等后方各地举行足球义赛,宣传抗日救国,将门票所得购买飞机、汽车、弹药等支援抗战。抗战胜利后,叶北华重返广州,开始从事教练工作,先后执教多支广州球队。新中国成立后,担任中南军区、武汉体育学院足球教练,1957年出任广州越秀山体育场青少年业余体校总教练,培养出了杨子璇、廖德营、黄福孝等大批优秀的足球人才,为广东足球运动的发展倾注了大量心血。1959年调任广东工学院体育教师,1973年被选为广东省足球协会副主席。1987年广东足球队获得全运会冠军当晚,叶北华突发心肌梗死,经抢救无效后逝世,享年78岁。

五、游走粤港两地的"四骑士"

"四骑士"是当时中国足球界特点鲜明且实力出众的战将,冯景祥射门技术了得且善于配合,李天生脚头强劲且防守策略高明,谭江柏能攻善守且尤擅头球,叶北华奔跑快速且盘带娴熟。"四骑士"的加盟使广州警察足球队的实力大幅提升,由此也获得了优异的比赛战绩,媒体也增加了对广州警察足球队比赛的报道,报道使用标题《广州警察足球队神气:名将身手果然不凡》《勇哉警察!》等,多夸张用语,足见当时媒体对广州警察足球队的敬佩之情。大量懂球的、不懂球的民众为目睹球星们的风采以及体验击败外国对手的民族自豪感,纷纷走进球场观赛,在他们的带动下,"广州球市之隆,一时无两","四骑士"的加盟对广东足球文化的发展起到了积极的引领作用。但"四骑士"的加盟带有浓重的"选手主义"色彩,是当时广东军政要员为提升比赛成绩所采取的直接有效的手段,也是广东实用主义传统文化的一个极端体现。他们短暂的加盟虽引起了一时的社会效应,但并没有在具体的制度和精神建设上给近代广东足球文化带来更深远和可持续的帮助,这是"选手主义"的固有缺陷之一。

"四骑士"除叶北华外,其余三人都最终回到香港,没有选择在广东长期扎根,这对近代广东足球文化的发展是重大损失。粤港两地山水相连、人缘相亲,两地人民有着相同的语言、风俗习惯和传统文化,自香港开埠以来,因政局的动荡等原因,两地人口流动非常频繁:第一次鸦片战争后,广东陷入频繁的战争和动乱中,使大量广东居民和富商逃往香港;第一次世界大战期间,因担心战火波及香港,许多港人返回广东内地;抗战初期,广东难民纷纷逃到香港;香港沦陷后,有大批香港居民和难民涌入广东;抗战结束后,逃亡内地的香港居民又返回香港;解放战争爆发后,又有上百万人逃入香港。人口的频繁流动加快了粤港之间的社会文化交往。选择更安稳的环境生活是人们的生存需求,时局的变化导致整体生活环境的改变,促使人们自然地流向更安稳的地区,"四骑士"游走在粤港两地是时局变化的产物,是特定历史条件下人们的自然选择,具有明显的时代特征。

第四节 "亚洲球王"李惠堂

20世纪30年代,"提起李惠堂,那个不知,谁个不晓,球迷们更是对他崇拜得五体投地,上海人有句话,叫'看戏要看梅兰芳,看球要看李惠堂',足见李惠堂之在足球界的风头"[1]。李惠堂是20世纪二三十年代中国最知名的足球运动员,他不仅带领中国足球队称霸远东,还多次率队出征海外,取得令人瞩

---

[1] 球怪李惠堂:人怕出名猪怕壮[N].讯报,1939-05-27(2).

目的成绩,从而提振了民族士气,改变了傲慢的西方人对国人的认识,使足球运动成为当时最受关注的运动项目。李惠堂退役后依然活跃于足球圈,不但出任教练员、裁判员、足球评述员、亚足联首任秘书长、国际足联副主席等职,还出版多部有深远影响的著作,为近代中国足球文化的发展作出了杰出的贡献,是近代中国足球最重要的历史人物之一。

一、天生的"嗜好",家人的羁绊

李惠堂,字光梁,别署鲁卫,又名万年青,广东五华县人,1905生于香港大坑村。李惠堂的父亲叫李浩如,是张之洞替他起的,因小时候家境贫寒,未上学读书,从小便跟师傅学打石,由于自身聪明勤奋,很快就习得一门技艺。香港开埠后,李浩如便赴港谋生,初期从事建筑业,业有所成,随后成立了"联生营造公司",承办香港、广州各大建筑工程,包括承办粤汉铁路英德至曲江路段等,成为20世纪初香港建筑业巨商,名噪一时,在穗港两地都颇有声望。李浩如先后娶有二十四房妻室,子女32名(一说60多名),李惠堂在家中排行第三,实为长子,上有两位姐姐,是李浩如的三妾陈氏所出,陈氏则是广东中山县的望族①。

图5-12 球王李惠堂

李惠堂自幼喜欢足球,当家人为他摆弥月筵席时,众亲友将所有礼物摆放在一张桌上让他自己去拿,眼睛才刚会睁开的李惠堂竟抱了一个红绿相间的皮球,这种天生的"嗜好"简直让人难以置信,"就是在襁褓的时候,也有非皮球不欢的特性"②。

1910年,5岁的李惠堂被父亲带回广东五华县老家,6岁入读秀才张双招开

---

① 中华全国体育协进会.出席第十一届世界运动大会足球代表[J].体育季刊,1936,2(2):3-4.
② 李惠堂.离了娘胎至现在[M]//徐悲鸿,邝富灼,伍连德,等.成功之路:现代名人自述.上海:良友图书印刷公司,1931:86.

办的私塾。在开学的第一天跪拜孔圣像时，李惠堂口袋里还装着一只小皮球，在那段时间，除了书包，皮球便成了他唯一的伙伴，闲时在自家后院，还常常拿柚子当球对着狗洞踢。

1913年，8岁的李惠堂返回香港，李浩如聘请家乡秀才李柳湾先生来港为李惠堂授课，教以古经，加上之前在家乡五华读私塾的经历，李惠堂积累了丰富的中国传统国学基础及思想理论。由于家境富裕以及父母过度溺爱，没等天气变冷，家人就给体弱多病的李惠堂穿上棉衣，邻居小孩就给他起了个绰号叫"小辣椒"。但李惠堂不以体弱自弃，还是与皮球为伍，那时他最大的嗜好便是看球和踢球，足球成为他"第二生命"，家人也多购皮球以博其欢心。

1919年，14岁的李惠堂进入具有浓厚足球氛围的皇仁书院就读，加上当时香港华人足球亦有相当程度的发展，李惠堂对足球就更加痴迷了。每遇有球赛的时候，放学后他便夹着书包赶去跑马场观看下半场，有时观众多，他就钻进人堆，挤占有利位置观看球赛，为此还曾遭受其他观众的打骂，但为了看球，他并不在意。观看球赛对李惠堂的足球技艺有很大的帮助，后来他总结自己的足球成就时也说："多读多作，自能挥写如意，这便是作文的原理，足球也是一样，我今日有这种的成绩，真有一半是归功于当时的看球癖"[①]。在没有球赛的时候，便是李惠堂自己踢球的机会，他与同村的小伙伴常常在自家门前草地作赛。如遇无人相伴时，李惠堂就对着墙练习，缓急高低，头脚并用，务使球控制得随心所欲，这为他的足球技术打下了良好的基础。到了15岁左右，李惠堂的足球技艺已经有了一定水平，左右不失，传运自如，虽因矮小体弱，从未有机会代表学校参加比赛，学校的同学们还是给了他一个"小球王"的徽号。

随着年龄的增长，家人对李惠堂的管教愈加严格。李惠堂身处思想观念陈旧的传统华人家庭，其父李浩如认为孩子们只可以专心攻读，别的游戏无益身心，不许他们做。李惠堂因踢球时常遭受家长的打骂，有时从球场回来太晚误了饭点，就只能吃剩饭剩菜甚至整夜饿着肚子，但就算在这样一个思想守旧、顽固的家庭环境下，李惠堂还是抱着心坚石穿的信念，坚持自己的爱好，希望

---

① 李惠堂.离了娘胎至现在[M]//徐悲鸿,邝富灼,伍连德,等.成功之路:现代名人自述.上海:良友图书印刷公司,1931:87.

有朝一日家庭观念能够改变。叛逆的李惠堂敢与陈旧的家庭观念作抗争，在学业上，他仍是勤勤恳恳，没有半点马虎应付。在学生时代，李惠堂从未逃过课，也从未有过这一念头，加上自身聪颖过人，中、英各科成绩都相当优异，因而积累了丰富的文化知识，这也是其日后提出"读书不忘体育，体育不忘读书"思想的真实体现。

学业优秀、聪颖过人的李惠堂在皇仁书院用两年的时间便完成了四年的学业。其父由于生意繁忙，需要帮手，便命李惠堂休学协助料理公司业务，15岁的李惠堂只能忍痛离开他心爱的校园，从前游学的梦想也随之破灭。参加工作初期，由于业务繁忙，加上其父常常责之以大义，劝他放弃足球这一嗜好，李惠堂也就专心工作业务了。但没过多久，可谓根性难改，李惠堂便故态萌发，一有空就又往球场跑，任其父亲施以"痛刑"，母亲为之洒泪，李惠堂的球兴却与日俱增，球技也随之进步不少。在李惠堂的坚持下，渐渐地，顽固的李浩如也软化下来，接受了李惠堂的这一"嗜好"。

二、初出茅庐，崭露头角

李惠堂的身体日长月壮，身高已经足有1.8米，足球技艺也愈发成熟，但过往的足球经验主要在小足球上，至于标准的大足球比赛，他并没有太多接触。转机出现在1921年夏天，为了物色新的足球人才，进一步推动华人足球文化的发展，南华体育会创办了全港夏令营分区足球赛，参赛球队以区域为单位组建，共11支球队参加。李惠堂居住的大坑村，由于紧靠香港"学界足球场"，在耳濡目染下，村里的人十有八九都对足球特别痴迷，得知有这样一个展示身手的机会，大坑村的足球爱好者组队参赛，李惠堂自然也在其列。起初李惠堂的父母并不同意他参赛，但在村民以全村集体荣誉为理由的再三劝说下，李父勉强同意了。由于比赛场地就在大坑村的入口处，每场比赛都会吸引村里的男女老幼到场观看，李惠堂的父母也被惊动而加入看球行列，慢慢地，李惠堂父母竟然也喜欢上观看足球比赛，这给李惠堂带来极大的鼓励，后来还将其称为"余所认为最大之成功"。最后大坑队不负众望，成功取得这次全港夏令营分区足球赛的冠军，把冠军银盘带回了大坑村，每名队员也都获赠了一枚真金的奖章，这也进一步勉励了李惠堂刻苦练习。

凭借此次比赛优异的表现，李惠堂得到南华会高层郭晏波和创始人莫庆的赏识。1922年，李惠堂获邀加入南华体育会，出战各类球赛，正式开始球员生涯。进入南华体育会初期，由于自身经验缺乏，李惠堂在南华乙组球队的表现并不突出，但南华的前辈们眼光锐利，认定李惠堂是难得的足球人才，并给予他足够的信任和大量表现机会，到了赛季末，更直接提拔他进入甲组球队参加比赛。随着自身经验的增加，李惠堂的发挥越发自如，在比赛场上屡屡建功，开始在球场上崭露头角。

1923年第六届远东运动会在日本大阪举行，在南华会甲组球队屡屡建功的李惠堂首次获得代表国家队参加比赛的机会。在南华会高层和要员的轮番劝说下，对李惠堂踢球已渐渐接受的李家父母，最终允许李惠堂出国参赛。得知能代表国家队远征日本，一向喜欢出游的李惠堂欣喜若狂。到了大阪，中国队首战以3∶0战胜菲律宾队，随后以5∶1战胜日本，蝉联远东运动会足球赛冠军。此次比赛李惠堂表现出色，打进了一些进球，但最大的收获却是在与菲律宾队的比赛时，适应了对方粗野的动作、蛮横的球风，除去了自身胆怯的毛病，李惠堂的技战术以及心理素质更趋成熟完善。

第六届远东运动会归来后，澳大利亚足球会的一位代表见南华体育会足球队实力不凡，便立意邀请南华会访问澳大利亚，南华会欣然接受邀请，火速筹备必要经费以及出征人选。此时的李惠堂已经是南华会不可或缺的队员，南华会高层便再次与李惠堂父亲进行周旋，李父认为澳大利亚之行，非半年时间不可，而家族生意需有人协助，宁愿捐助两三千元费用，也不许李惠堂前往。南华会高层表示费用已经有着落，但人才难觅，恳请李父放行，经过多次劝说，最终在出发前三天，李父抵不过说客，同意李惠堂随队出征。李惠堂得知此事后兴高采烈，食不知味，夜不能寐。1923年，由莫庆率领的南华体育会足球队开始了为期6个月（3个月在澳，3个月往返船程）的远征。顾不得舟车劳顿，首场比赛，南华队便以3∶3战平全澳冠军新南威尔士队，军威大震，李惠堂在这场比赛中连入3球，赛后获"表现最佳的金奖章"。在澳3个月的时间里，南华队共踢了24场比赛，成绩为8胜7平9负，全队合计打入63球，而李惠堂个人便射入31球，表现极其出色，远征结束后获"善射将军"美誉。香港报刊以特大的标题称他为"球王"，随队记者曾婧侯亦赋诗"万人声里叫球王，碧眼紫髯也颂扬"。自此次远征澳大利亚，李惠堂便有了"球王"的美誉。

经过第六届远东运动会足球赛和远征澳大利亚的磨炼，李惠堂以及南华体育会一众队员的足球技艺更趋成熟。1924年，南华会获得香港甲组足球联赛冠军，打破了外国球队垄断香港甲组联赛锦标的局面，李惠堂发挥出色，成为队中的支柱人物。1925年第七届远东运动会，李惠堂再次入选国家队并出征菲律宾，以2:0和5:1分别战胜日本队和菲律宾队，再次蝉联冠军。此时的李惠堂已在香港足球圈闯出了名堂，获得各界赞誉，家庭对其踢球的束缚也有所放松，李惠堂获得梦寐以求的"踢球自由"。

三、转战上海，成就威名

当年的香港铜锣湾大坑村是客家人的聚居地，村民们依然保留着传统的封建观念和风俗，婚姻嫁娶之事，还是由父母之命、媒妁之言决定。1925年，李惠堂的父亲在五华老家为其定下了一门亲事，并强迫他回老家完婚。而李惠堂与同村近邻廖月英两人是青梅竹马，两小无猜，早已立下山盟海誓，定要天荒地老。李惠堂得知父亲已安排婚事，与廖月英商量，认为自己的人生应由自己决定，他们完全可以靠自己的双手成家立业，加之李惠堂的弟弟们也已长大，可以帮助其父亲料理生意。随后两人便决定一起离开香港，到上海组建小家庭。1925年9月初的一个早晨，他们搭乘轮船从水路直达上海，到达上海后便登报声明正式结婚。

初到上海的李惠堂，经亲友介绍，在中华人寿保险公司任职，并没有同上海足球界的朋友打交道，然而李惠堂的生活不能没有足球，1925年10月11日，李惠堂偕妻子廖月英到天文台路中华棒球场观看球赛，赛后李惠堂夫妇刚要离开球场，被乐群队的队长哈元贞认出，两人谈论起有关上海足球之事，后经同为广东人的余衡之介绍，乐群队全体队员一致邀请李惠堂加入，视足球为第二生命的李惠堂欣然接受。1925年10月19日，乐群队与高丽队举行比赛，李惠堂代表乐群队披挂上阵，最终，乐群队以3:0战胜高丽队，李惠堂独中三元。消息很快在上海传开，震动了上海各界。

但当时上海的观众和球员对足球的认识还很"幼稚"，球员喜欢盘带，施展浑身解数，卖弄技巧取悦观众，有时将球大力踢到半空，以此博取观众的掌声；而观众遇到类似的卖弄，常常手舞足蹈，拍掌、狂跳，甚至高声怪叫"好！好！好！"，十足戏台下的喝彩。李惠堂深感"这里的足球需改进处尚多，关于足球的真义，尚未十分了解"[①]。因此，在哈元贞和余衡之的支持下，李惠

---

① 李惠堂.离了娘胎至现在[M]//徐悲鸿,邝富灼,伍连德,等.成功之路：现代名人自述.上海：良友图书印刷公司,1931：100.

堂着手改变华人球员好卖弄、球风松散的毛病,致力整顿球队的组织和作风。通过李惠堂的以身作则、言传身教,不断向球员和观众传递正确的足球认识,上海华人足球的风气有了很大的改进,李惠堂则被称为改造上海足球的功臣。在整顿球队作风的同时,乐群队再次参加第二届上海中华足球联赛,虽队中多名在校学生球员回归母校,但李惠堂的加盟使球队实力大幅提升,加上球队的组织作风有了一定程度的提高,此次联赛,乐群队最后以9战7胜2平的不败战绩蝉联冠军。

李惠堂表现出的精湛球技以及高尚的体育道德,再加上他聪慧敏捷的演说口才,吸引了上海各界高度的关注。其中,复旦大学就派专人到李家,聘请他担任复旦大学足球教员,后来李惠堂被提拔为该校的体育系主任。而在上海的广东俱乐部对同为广东人的李惠堂更是"求贤若渴",十分希望李惠堂加盟。鸦片战争后,由于贸易中心的转移,大量广东人移居上海谋生,当时在上海的广东俱乐部主任霍守华有感俱乐部下设的岭南足球队实力平平,与同乡谭竹馨、卢炜昌等商议后,想在上海组织一支纯广东籍球员的广东足球队以称霸上海足坛。他们看到乐群队的实力强劲,对李惠堂的表现更是倍加赞赏,于是便与乐群队的李惠堂、余衡之、哈元贞等商议此事。李、余、哈等都认为此举不妥,认为此举容易产生地方观念,造成运动员之间的隔阂,会在上海球坛遭人反对而陷于孤立,而成立一支称霸上海的球队倒符合双方意愿,最后双方同意将广东俱乐部的财力与乐群队的人力相结合,成立一支新球队,新成立的球队就是后来赫赫有名的"乐华体育会"。1926年秋,乐华体育会正式成立,队名既有乐群之"乐"的传统,"华"更有振兴中华民族的含义。乐华体育会由霍守华、李惠堂、谭竹馨、卢炜昌、哈元贞5人为董事,余衡之担任管理兼教练,李惠堂为队长,会务基金由广东俱乐部热心人士捐助,乐华队一时经济充裕。

乐华队在队长李惠堂的带领下,广集各路精兵强将,在上海掀起了近代华人足球的一个高潮,在各项比赛中取得非常优异的成绩。如:1926—1927赛季,乐华队首次参加史考托杯,以4:1战胜9冠劲旅、号称"无敌队"的腊克斯队,震惊中外足坛;1927—1928赛季,乐华力挫中西各路强队,获得西联会甲组联赛、首届高级杯双料冠军,同时还夺得第四届中华联赛冠军,被誉为"中西冠军",打破外国人垄断西联会甲组联赛冠军的局面,彻底改变西方人藐视华人的心理;此外乐华队还曾4次出访澳大利亚、菲律宾、新加坡、越南、泰国

图5-13 1929年，乐华队访问南洋照片（右上图中间者为李惠堂）[1]

等地，战绩均胜多负少。国内媒体大量报道乐华队和李惠堂的消息，对李惠堂更是冠以"球王""球大王""球怪"等威名，香港报纸则用大字标题称李惠堂为"东方亚力詹士"，即东方球王之义；烟、酒、摩托车等各类商家纷纷利用李惠堂的肖像和所穿的9号球衣作为商标推销产品；李惠堂比赛中的精彩镜头还被编入《上海三女子》《同居之爱》《2:1》三部上海电影，一时间，从球场到商场，从报纸到电影，李惠堂的消息"铺天盖地"，球王的形象深入人心。

但好景不长，乐华体育会受退出上海西联会以及香港足球总会制造了"陈曹冤案"等事件的打击，军心开始涣散，球员纷纷离队，李惠堂对球队的境况也深感无能为力及心灰意冷，于1930年11月携妻儿返回香港，乐华队最终于1932年解散。李惠堂的离去对上海足球是一个极大的损失，"无人不说句可惜"，上海足坛对李惠堂及其带领的乐华队则给予高度评价，"海上足球，莫不

---

[1] 陈达兴.乐华足球队在南洋[J].良友,1929(41):21.

第五章　近代广东足球历史人物

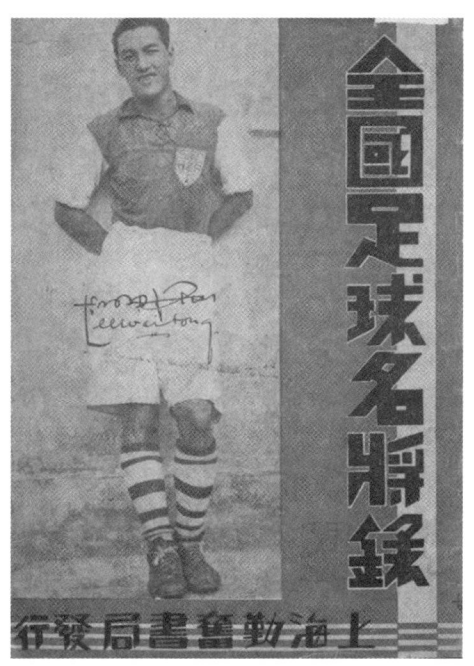

图5-14　李惠堂为《全国足球名将录》封面人物[1]

图5-15　李惠堂踢球成为上海人难忘的记忆之一[2]

我乐华，乐华足球会乃余衡之等所组织。知乐华者，又莫不知李惠堂，李惠堂为中国球王的第三世（唐福祥为中国球王的第一世，梁玉堂为第二世）。上海足球运动的兴起，实始自李惠堂抵沪以后。"[3]李惠堂不但带动了上海足球运动的发展，改变了上海足球的风气，提升了华人球员和观众对足球的认识，电影、报刊、书籍、绘画、书法、诗词作品等上海足球文化也因李惠堂的影响得到全面的繁荣。

四、出征奥运，拒绝职业合同

李惠堂返回香港后，继续为母队南华体育会效力。1931年，应印尼华侨会的邀请，出访雅加达、万隆等地，共赛24场，21胜3平，战绩十分优异。同年

---

[1] 上海勤奋书局编辑所.全国足球名将录[M].上海：勤奋书局，1936：封面.

[2] 朱锦缕.上海人不灭的印象：李惠堂踢球，杨秀琼游泳，梅兰芳赈灾，胡蝶结婚[J].中国漫画，1935（4）：25.

[3] 沈文彬.中国的足球摇篮：上海足球运动半世纪（1896—1949）[M].上海：上海文化出版社，1995：347.

秋，李惠堂携妻儿侨居印尼雅加达，至1934年才返回香港。在此期间，原上海乐华队队友戴麟经也来到雅加达，两人便再次联手为当地华人球队群力队效力，并夺得当地的甲组联赛冠军，大振当地华侨民族自豪感。1934年返回香港后，5月12日李惠堂入选中国国家队并担任队长，参加在菲律宾举行的第十届远东运动会，顺利获得冠军，这是中国国家队在远东运动会的9连冠，也是中国参加的最后一届。1935年10月，李惠堂首次代表香港队参加在上海举行的第六届全国运动会，最后决赛对阵广东队，李惠堂独中三元，香港队以3:0战胜广东队获得冠军。

1936年，李惠堂入选中国国家队并作为队长参加在德国柏林举行的第十一届奥林匹克运动会足球赛。1936年5月2日，中国国家队便由上海启程，搭乘游轮前往德国。为了筹集经费，同时加强队伍磨合和保持球员的状态，中国国家队沿途进行了27场比赛，24胜3平，一场不败。每到一处，当地侨胞看到祖国球队来访，都特别高兴和自豪。特别是最后一场对缅甸国家队，中国队以4:0获胜，李惠堂一人独揽四球，侨胞欣喜若狂，赛后抬着李惠堂绕场一周，认为中国足球队为他们带来极大的荣耀，一扫平时承受的歧视屈辱。缅甸足球协会会长更将一“银碗”赠予李惠堂，对他表示由衷的佩服。

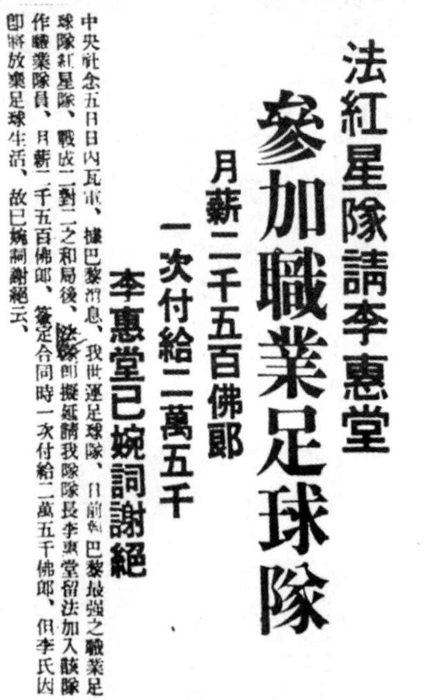
法紅星隊請李惠堂
參加職業足球隊
月薪二千五百佛郎
一次付給二萬五千
李惠堂已婉詞謝絕

中央社念五日日內瓦電、據巴黎消息、我世運足球隊、日前與巴黎最強之職業足球隊紅星隊、戰成二對二之和局後、該隊即擬延請我隊隊長李惠堂留法加入該隊作職業隊員、月薪二千五百佛郎、簽定合同時一次付給二萬五千佛郎、但李氏因即將放棄足球生活、故已婉詞謝絕云、

图5-16　红星队邀请李惠堂的报道[①]

当时奥运会的赛制是直接进行淘汰赛，经过抽签，中国队首轮的对手是现代足球的“鼻祖”英国队。1936年8月6日，中国队经过顽强比拼，最终以0：2落败，就此结束了中国足球队历史上的首次奥运征程。比赛过程中，中国足球队脚下技术、相互间的配合等表现还是可圈可点，无奈体能欠佳，下半场终场前20分钟被英国队连进两球。“吾队表演之优异、乃深

① 法红星队请李惠堂参加职业足球队[N]. 时报，1936-08-26(5).

印外人脑海、获得各国足球界之佳评"①，因此多个国家向中国队发出邀请，中国队便开始了欧洲巡回比赛。中国队沿途访问了德国、奥地利、法国、荷兰、英国等地，共赛9场，1胜1平7负。尽管战绩上不甚理想，但中国队面对的是欧洲强队，队员们的体力和斗志也在漫长的旅程中消耗殆尽，中国队在场上表现出的足球技艺、体育道德，还是得到了欧洲各国舆论和足球界的高度赞颂，而李惠堂的个人球技更得到普遍认可，多支球队都向他发出邀请，其中在法国巴黎，面对法国最强的职业足球队红星队以2：2打平后，红星队老板当即许以高薪想留住李惠堂，但李惠堂此时已作退役决定而婉言谢绝。

五、断腿之痛，可贵的民族气节

柏林奥运会以及欧洲巡回比赛结束后，李惠堂便返回香港。1937年8月，李惠堂随香港南华队出征南洋各地，在印尼与当地球队三宝垄队作赛时，被对方一名声名狼藉的球员故意踢断左腿胫骨，被迫在爪哇养伤长达两月之久。就在他受伤入院后的第二天，当地警察派员探问，欲对球场施暴者绳之以法，但李惠堂却表示对方不是故意伤人的，不想追究此事。那位施暴的球员得知自己获得宽恕后，愧疚不已，拿着鲜花来到医院在李惠堂面前谢罪，泣不成声。李惠堂生平第一次受如此重大的伤病，但博爱、宽仁的他依然践行高尚的体育道德，正如其所言：足球为剧烈之戏，触撞自属难免，吾人应视有意为无意，庶几化大事为小事，不致掀起波澜，若以眼还眼，以牙还牙，则冤冤相报，何日得了？

在印尼爪哇养伤两个月后，李惠堂返回香港继续休养。本已作出退役决定的他，为了救助中国内地受日本侵华战争影响的灾民，参加了1938年9月12日在香港举行的慈善足球赛，经过一年有余的休养，李惠堂场上表现依旧出色。1939年随南华队再次出访南洋各地，在与英军足球队的比赛中，李惠堂在比赛最后十分钟连进三球，最后一个进球射门力度势大力沉，众人惊叹，称其为"李铁腿"。

1941年12月7日，日军偷袭珍珠港，太平洋战争爆发，随后香港沦陷。南京汪精卫伪政府成立的联谊足球队，大肆搜罗各地足球名将，妄图通过足球比赛来宣传伪政府，1942年春，他们派要员乘专机来香港，唯一的目标就是以高

---

① 李惠堂.伦敦一战话前尘[N].时报，1938-03-03(6).

官厚禄引诱球王李惠堂加入他们的集团。李惠堂拒绝为汪精卫伪政府效力，闻讯后立即放弃在香港经营的生意，在朋友的帮助下经由澳门，辗转桂林、曲江等地再次回到家乡广东五华县锡坑乡。那年春节，他在自家门前贴上"认认真真抗战，随随便便过年"的对联，对于李惠堂表现出的民族气节，当时的记者曾靖侯曾赞叹："嗟乎！疾风知劲草，岁寒柏后凋，出处大节，以一介球人，能惜毛羽如此，先天下士夫又将如何？"

回到家乡的李惠堂先后组织五华足球队和航建足球队，在梅县、兴宁、韶关等地作巡回比赛，积极推动了梅州地区的足球文化发展。1943年李惠堂率航建队到柳州、桂林、成都、重庆等地，参加了一百多场足球义赛，赈济受战乱和天灾影响的百姓，积极支援抗日救国事业。1944年，李惠堂率广东队到桂林参加"元首杯"足球赛。1945年日本宣布无条件投降，李惠堂重回五华，携家人返回香港，继承其父事业，任惠明建筑公司董事长，同时还担任成大银行副经理。

六、一代球王，融贯中西

1947年，"港沪埠际赛"在香港举行，李惠堂担任香港队队长，香港队5:1获胜，赛后李惠堂正式"挂靴"，结束运动员生涯。其后李惠堂继续以多种不同的方式参与足球事业，1948年第十四届奥运会在伦敦举行，李惠堂以教练身份第二次参加奥运会足球赛，比赛对手为土耳其队，在细雨霏霏、地滑球重的情况下，中国队以0:4败北，结束了第二次奥运征程；赛后李惠堂留在了英国选修足球教练及裁判课程，考试及格后成为伦敦足球裁判协会会员，返港后成立香港华人足球裁判会并担任主席；1952年，担任"美国之音"电台体育评论员，同时长期出任"丽的呼声"顾问；1954年后，以教练员身份带领中国台北队参加亚运会、第十七届奥运会和马来西亚"麦的卡杯"足球赛等；1954年亚足联成立，李惠堂担任亚足联首任秘书长兼司库，后担任亚足联副主席；1966年当选国际足联副主席，成为第一位获此荣衔的中国人；1976年，联邦德国足球杂志《环球足球》将李惠堂与巴西的贝利、德国的贝肯鲍尔、西班牙的斯蒂法诺、匈牙利的普斯卡什并称为"世界五大球王"。1979年7月4日，球王李惠堂于香港逝世，终年75岁。

李惠堂终身贡献足球事业，在足球场上战功彪炳，先后荣获澳大利亚最佳球员金质奖章、法国部长特别奖章、英女王加冕奖章等百余个，银杯120余个。论足球技艺,其基本技术全面,动作娴熟合理,射门技巧多样,还自创极具迷惑性的"卧射"技术,在比赛中屡屡破门,其运动员生涯进球总数近两千个,足球造诣可谓登峰造极;论学识,其国学基础深厚、英文晓畅流利、文笔流畅、书法劲丽有致、口才伶俐、演讲娓娓动听,在各大杂志报纸发表文章近千篇,在各校及体育团体演讲不下200次,并著有《足球经》《球圃菜根集》《香港足球五十年》《杂果盘》等,论著颇丰;论气节,其立场坚定,能抵受各种诱惑,始终为国家、南华和乐华效力,表现出富贵不能淫、威武不能屈的可贵精神。

图5-17 李惠堂与其所获奖品合影[①]

李惠堂是广东五华县锡坑乡人,原生家庭保留着浓重的中国传统封建思想,自幼便接受中国传统的私塾教育,中国传统的哲学思想成为他底层的思想构成,深刻地影响着他对待足球文化的认识和态度;李惠堂出生于香港大坑村,少时入读以西式教育为主的皇仁书院,精通英语的他酷爱游历,足迹踏遍亚、欧、澳三大洲,对西方文化的理解和向往成为他思想体系中又一重要的组成部分,对足球事业的终生追求便是其表现。回顾李惠堂辉煌的球王人生,研究其带有显著中国传统哲学思想的足球论著,感受其高尚的体育道德和忠贞不

[①] 王开.体育界:足球健将近影及其历年参与比赛所获之奖品[J].良友,1928(32):25.

渝的气节，他对足球文化的理解和实践无不深刻地反映出中西文化交汇的时代潮流，其辉煌的足球人生本身就是中国传统文化和西方文化相互结合、相互作用的极致表现，是中西文化交汇之树结出的灿烂花朵。

图5-18　李惠堂用毛笔书写[①]　　图5-19　李惠堂劲丽有致的毛笔书法[②]

[①] 陈梦因.球王李惠堂的私生活[J].时代,1936,8(9):8.
[②] 陈哀乐.远东球王李惠堂君夫妇近影及题赠本刊之书法[J].足球世界,1935(2):1.

第六章 近代广东足球文化发展的动力和制约因素

第一节 近代广东足球文化发展的根本动力

矛盾是事物内部诸要素之间、事物与事物之间既互相依赖又互相排斥的关系，即对立统一。任何事物都包含有矛盾，没有矛盾就没有世界。认识世界，就是分析事物的矛盾；改造世界，就是解决矛盾。事物的发展，就其动力而言，是对立而统一的。事物由旧质到新质、由简单到复杂、由低级到高级地向前发展，实质在于事物内部存在着新与旧两个矛盾方面的对立和统一，当新的方面战胜旧的方面，事物就从一种质态变为另一种质态。只有把握了对立统一规律，才能揭示事物发展的源泉和动力，才能把握事物发展的实在内容。

近代广东足球文化的产生，从无到有，其后发展由小到大，由简单到复杂，发展的动力和源泉就是广东足球文化自身的内部矛盾。只有把握广东足球文化内部本质的对立统一，才能清楚其发展的实质内容。在广东足球文化发展的过程中，外部矛盾起到了推动的作用。内因和外因在事物发展中同时存在，缺一不可。外因是变化的条件，内因是变化的根据，外因通过内因起作用。

内因是事物的内部矛盾性，是事物发展变化的根据。内因是一事物存在和发展的基础，是一事物和其他事物相互区别的根据，是事物发展变化的源泉，并决定事物发展变化的性质和方向。因此，内因是事物发展变化的根本的、第一位的原因，但不是唯一原因。事物内部本质矛盾的斗争和统一的过程就成了事物发展的根本动力。中国文化和西方文化的对立和统一是近代广东足球文化发展的本质矛盾，这两方面斗争和统一的过程是近代广东足球文化发展的根本动力。

近代广东足球文化发展历史研究

现代足球文化源于西方世界,是西方社会经过文艺复兴、宗教改革、资产阶级革命和工业革命等一系列改革发展的成果,同时也是西方世界政治、经济、社会、文化高度发展的现实反映。足球文化的核心特质是竞争性,同时还体现出具有明确的规则、公平的竞争、准确的评价等文化特征,它是以工业生产和市场竞争为基础的一种体育文化,具有较强的娱乐功能和教育功能,后期更是衍生了经济功能、社会功能、外交功能等,具有鲜明的西方文化特质,随着西方国家的资本主义扩张和殖民主义侵略,现代足球文化逐渐传播到世界各地。

"广东"地处遥远的东方世界——中国,人们经过上千年的社会实践和历史沉淀,形成了特色鲜明且与西方风格迥异的文化。虽然近代广东文化在开放性、兼容性、重商性等方面与中国其他地区略有区别,但从整体来看,近代广东文化还是中国文化中的一部分,依赖于中国文化,受中国文化的主导,所形成的体育文化在形态、价值观念、遵从的道德性、科学支撑、规则制度、命名、处理人与自然的关系以及处理人体整体与局部的关系等方面均具有显著的中国文化特质。

在近代特定的历史条件下,现代足球文化这一全新的文化形式被西方侨民带到广东,由此形成近代广东足球文化这一全新的事物,近代广东的中国文化属性与现代足球的西方文化属性发生直接的联系,并在随后的发展中,根据不同的现实条件,朝着各自相反的方向转化,从而构成了东方文化和西方文化的统一性。但由于各自产生和依存的社会环境、思想基础、价值观等的不同,中西文化存在着显著的差异,其表现出来的文化特质也截然不同,主要的差异体现在以下几个方面。

西方文化崇尚求真,讲究"学以致知",对事物真相的探求是其终极追求;而中国人崇尚务实,讲究"学以致用",终极追求在于解决实际问题。西方文化重分别,认为人与自然、精神与物质、主体与客体、凡与神等均应该一分为二,界限分明,强调二元的并存与对立;而中国文化视"和""合"为最高境界,追求人与自然、人与人、身与心之间的和谐统一,崇尚和谐的价值观和整体思维。西方文化崇尚"方",讲究为人要棱角分明,原则性强,处事要遵从规则,按部就班;中国文化则崇尚"圆",做事讲究变通,善于随机应变,为人要圆觉融通,谦虚低调,内敛矜持。西方文化注重个体,崇尚个性解放,突出个体的自由,尊重个人的权利,仰慕"英雄主义"式的成功;中国文化则重整体，具有群体利益高于个体利益的道德准绳，遵循"牺牲小我成就大我"的价值取向。西方文化注重制度建设，重视制度的完善和利用，法制意识远高于情义和伦理道德；中国文化则重伦理道德，通过以"仁""义""礼"为中心思想的儒学思想来规范各阶层的权利和义务，确定各自不同的身份地位，达到全社会的和谐共处。西方文化注重定量，分析问题信赖事实和数据，处事强调目标的细化、量化和节点化；中国文化更倾向从事物的性质上加以把握和判断，注重"定调"和弘扬主旋律，把定性放在首要和优先的地位。西方文化崇尚"动"，提倡在公平竞争的基础上，超越对手或自我，整个过程表现出极强的动感；中国文化崇尚"静"，专注于人的道德修养，注重"以静为主""动静结合"，追求人的内在气质、品格和精神修养。

当具有中国文化特质的近代广东文化和具有典型西方文化特质的现代足球文化发生直接联系后，两种截然不同的文化必然会出现相互对立、相互排斥、相互否定。1896年李鸿章访英期间，受主人的邀请去观看一场足球赛。李鸿章看了半场比赛以后觉得有点匪夷所思，便询问一旁看得饶有兴致的英国贵族们："那些汉子，把一只球踢来踢去，什么意思？"英国贵族回答道："这是比赛，而且他们不是汉子，他们是绅士，是贵族。"李鸿章听后摇摇头并说道："这种天气（阴雨潮湿的伦敦二月，寒意甚重），为什么不雇些佣人去踢？为什么要自己来，跑得满头大汗？回头内热外感，伤风感冒可就不妥了。谬矣哉，谬矣哉！"用现在的眼光看来，李鸿章如此看待足球运动无疑是极其荒谬且可笑的，但这却真实反映了当时中西方文化对足球运动截然不同的理解。积极倡导洋务运动，在晚清政府中最具世界眼光的"头等钦差大臣"尚且如此，现代足球传入中国初期，普通中国百姓将其视为"奇巧淫技""大逆不道"也就不足为奇了。中西文化在直接接触后必然会出现高度的对立、否定和排斥。

1926年出版的《中国足球书》当中也有描述这两种文化直接联系后出现的斗争性，"凡国人与外人交者，每不惜以刀锯斧钺待之，风声所播，举国骚然，乃北省毒方张，而南方竟有少年数辈，恣习足球，恬不以为怪者，在彼时足球，固已视同外化，且与华人性质大相径庭，格格有不相入之势"[①]。可见，现代足球文化与近代广东文化发生直接联系之时，相互间是高度对立、否定和排斥的。

---

① 叶贵松.中国足球书[M].香港：香港永发印务公司，1926：20.

近代广东足球文化内在的中国文化属性和西方文化属性是对立和统一的联系，它们互相结合、互相依存，同时还互相对立、互相否定、互相排斥，在斗争和统一的过程中相互转化，相互吸收，最终形成新的性质的事物，是近代广东足球文化发展的根本动力和源泉。在近代中国"西风东渐"的时代背景下，近代广东以其开放兼容的传统文化，以更快的步伐改变着中国传统文化特质，人们的衣食住行、社会制度、思想观念、价值取向等方面都在逐渐地向西方文化特质转变，在不断的量变积累下，形成一个具有部分西方文化特质的地域文化。人们对足球文化的接受度在提升，能以更平常的心态对待足球文化，从过去的排斥、否定到接受，再到后来的大受欢迎，足球场地、足球用品、足球报刊、足球组织、足球赛事、足球精神等足球文化要素也发生了从无到有、从简单到复杂的改变，近代广东足球文化便在近代广东逐渐西方化的过程中得到了发展。同时，现代足球文化也受到近代广东文化的影响，在统一和斗争的过程中向着中国文化特质方向转化，如因地制宜创造出的"小足球"运动，根据广东人固有的身体形态和性格特点而形成了"南派足球风格"，足球诗词、书法作品等具有中国文化特质的艺术表达形式等，都是现代足球吸收中国文化元素而形成的足球文化形式，这种本土化的转化有利于现代足球文化的普及和推广，使更多的近代广东人接受足球文化。近代广东足球文化在此过程中也得到了发展，并为全球足球文化注入了中国文化元素，从而丰富了现代足球文化的内涵。

第二节 近代广东足球文化发展的推动力

外因是事物之间的相互联系，即事物外部矛盾，是事物存在、发展变化的必要条件，即第二位原因。外因对事物发展有重大影响，有时会影响事物的性质和发展状态，但外因必须通过内因才能起作用。需求是人的本性之一，是人们行动的内在动力。现实条件是客观存在的，它影响、制约着人们的需求。需求和现实是矛盾的两个方面，是斗争和统一的。近代广东社会各群体和组织对足球文化的需求和现实条件之间存在着矛盾，矛盾的双方相互依赖又相互否定，这两方面斗争和统一的结果成为近代广东足球文化发展的重要推动力量之一。

一、沙面租界的外国侨民

鸦片战争前后,西方列强的军人、商人、银行家、工人等外国人来到广东。据统计,在1845年广州十三行地区居留经营的外侨有256人,到1850年,广州十三行地区有常驻外国侨民362人[1],形成了一定数量的外国侨民群体。东方世界的自然环境和人文环境与他们熟悉的西方世界相去甚远。虽然相隔万里,但他们保持原有西式生活方式的需求还是很强烈的。在这样的现实和需求矛盾下,他们将原来的生活方式大量移植到广东,给广东社会带来了各种新奇的景象:宽敞的马路、明亮的橱窗、电灯电话、煤气自来水、自行车汽车、花园洋房、体育设施等种种物化的西方文明,除此之外,他们还展示了西方人的精神风貌、审美情趣,开展了多姿多彩、趣味十足的西方娱乐消遣活动:西方体育、西洋音乐、西洋舞蹈等。其中西方体育活动是外国侨民重要的娱乐项目。

1861年,广州的沙面成为英、法两国的租界。英、法租界当局除兴建洋楼馆舍外,还陆续兴建电力厂、自来水厂、水塔、邮政局、电报局、医院,设立消防班、清洁队等公共设施机构,沙面被建设成"欧洲化"的小岛。为了满足外国侨民的娱乐所需,广州沙面租界内的文化娱乐设施亦较齐全,在这小小的沙面租界内,先后建有沿江公园(英、法租界各一个)、羽毛球场、游泳池、足球场、网球场、露天音乐台、影剧院等娱乐设施。1887年,沙面英租界的外国人利用沙面河滩兴建天然游泳场,作为健身休闲的场所。英国驻广州领事向沙面所有外商提议,共同组织一个广州俱乐部(Canton Club),"广州俱乐部"是英国在中国租界中最早的俱乐部之一,同时亦被誉为沙面租界最有特色的社交场所。现代足球作为当时欧洲新兴的一项体育活动,深受外国侨民喜爱,他们在沙面建设了相当完善的球场。从1864年至1881年的十多年间,"广州公园基金"负责沙面早期的绿化管理工作。为了有更多的经费用于绿化,他们在公园的土地上开办网球场、足球场等娱乐设施。1906年,沙面理事会对英国女王公园进行改建,公园内铺上了道路花床,建了凉亭、网球场、槌球场、足球场等[2]。外国侨民在沙面球场开展了丰富多彩的足球活动,包括举办足球联赛。他

---

[1] 中国人民政治协商会议广州市委员会文史资料研究委员会.广州文史资料:第44辑[M].广州:广东人民出版社,1992:195.

[2] 钟俊鸣.沙面:近一个世纪的神秘面纱[M].广州:广东人民出版社,1999:97.

们在进行足球活动时所踢的足球、比赛时所穿的服装、活动时相互间的呼喊等物质和行为,给当时的广东华人带来巨大的冲击和影响。外国侨民在广东移植了西方的生活方式,其中修建的球场以及开展的足球活动向当时的广东华人展示了现代足球的魅力,起到了一定的示范作用,传播了足球文化,成为近代广东足球文化形成的直接推动因素之一。

外国侨民在租界建设球场和开展足球活动的根本目的是满足自身消遣娱乐、社会交往的需要,并不是为了在中国传播现代足球文化。早期租界内的场地和设施一般不准中国人使用,对待华人更是带着严重的歧视,这是外国侨民固有的局限性。殖民侵略者早期在上海等租界实行的"华洋分居"的政策,沙面租界成为游离于广州城的一座孤岛,这一政策在近代广州沙面租界一直保持,广东华人无法进入沙面租界居住,限制了广东人对足球文化的进一步参与和了解。上海的虹口公园作为当时上海租界一个规模不小的运动场,那里歧视华人的规定更令人气愤,1907年公布的虹口公园使用规定中就有一条:"中国人不得入内,但伺奉外国人的佣人例外。"[1]外国侨民在租界地开展的足球赛事和成立的足球组织,早期都拒绝华人的参与和加入。1902年英国人在上海发起组织的"西人足球会",自成立以后20多年不许中国球队加入,直到1926年,上海的中国球队才被准许加入,参与各项比赛。广州沙面租界的女王公园包括珠江白鹅潭畔的堤岸边,只供居住在租界内的纳税人和外国居民玩乐、使用,一般中国人不得入内,这一规定直至1924年洋务工人罢工胜利之后才被取消[2]。由此可见,外国侨民自身的局限性阻碍了他们进一步推动广东足球文化的发展。

从第一次鸦片战争开始,广东人民由于旧秩序被打破而产生的心理失衡比中国其他地方的人民更加强烈,近代广东人民对殖民侵略极度仇视并开展了长期激烈的斗争。"帝国政府在强力胁迫之下签订一项合约曾经感到欣幸,但是在这失利方面,更加感到欣幸的,乃是广州的人民。他们仍然是抱着不可调和的仇视态度,这种仇视态度,表现在把外国商人继续限制在旧商馆中这件事上,比在任何别的事情上都更为明显。……广州人已决心不让外国人得到更多的有

---

[1] 蔡扬武.上海的租界体育[J].体育文史,1995(2):7-11.

[2] 钟俊鸣.沙面:近一个世纪的神秘面纱[M].广州:广东人民出版社,1999:98.

形的特权，要他们必须安于他们得到的贸易上的便利。"①第二次鸦片战争后，英法两国强占沙面，建立租界，广州人民对此更是恨之入骨，甚至多次进入租界，焚烧外国人的房屋。由于广州人民开展长期而激烈的斗争，帝国主义列强扩大沙面租界面积的图谋一直没有得逞，沙面租界的面积一直维持在330亩（约0.3平方千米）的大小，只属"弹丸之地"。较小的租界面积在根本上限制了外国侨民的人数、活动范围和生活方式；在足球文化方面，沙面租界的足球场长度只有80码，并没有像上海、天津等租界一样，修建大量标准的足球场，而且也没有成立不同类型的足球组织，举办大规模的足球竞赛，他们所起到的示范和引领作用因此也十分有限。

图6-1　1929年，沙面联赛冠军合影②

二、教会学校的传教士

基督教是一神教论的宗教，这种宗教观决定了它必然要把世界的统一（同一）作为一种目标，必然要为此而进行外向扩张。鸦片战争后，清政府被迫签订一连串不平等条约，由于这些不平等条约都有传教士的参与和策划，因此容许在中国传教的所谓"传教宽容条款"就全都塞了进来。传教士凭借不平等条约，依仗外国政府的武装和领事裁判权，便在中国开始大规模的传教活动。

19世纪中叶以后，大量西方传教士进入中国，但由于中国原有的传统文化思想根深蒂固，来华传教初期，入教者寥寥无几，"从《南京条约》之后，他们

---

① 马士.中华帝国对外关系史：第1卷：1834—1860年冲突时期[M].张汇文，等译.北京：生活·读书·新知三联书店，1957：415.

② Shameen football league winners[N]. The Shanghai Sunday Times，1929-05-05.

在中国沿海传教二十年,教徒仅一千人。从《天津条约》之后他们虽已进入内地活动,但直到70年代初,教徒人数也未突破一万关"①。

在西方传教士希望通过宗教征服中国和中国入教者寥寥无几的现实之间出现巨大矛盾下,西方传教士调整了其在华的传教策略,他们开始深入研究中国传统文化,将基督教教义与中国传统儒家文化思想中有利于教会发展的内容相结合,此外,为了吸引更多当地的群众接受基督教,他们也会建立一些教育、医疗和慈善机构,包括一批教会学校,免费招收穷苦人家的孩子,"为传播福音开辟门路"。传教士在中国创办教会学校的最初目的是希望通过建立学校,笼络一批固定的听众,扩大基督教在中国的影响,进而培养一批聪明的中国教徒,训练一批能干的中国助手,提高基督教在中国的地位,广泛传播基督的福音,从而为基督教征服中国创造条件。上海圣约翰大学校长卜舫济将这一传教策略说得再清楚不过,"我们的学校和大学就是设在中国的西点军校……当被问到美国军队的力量来自何处时,我们不单单指出我们有少量的常规军,而是提到西点军校,在那里训练着我们未来的军官和军人,准备一旦需要就可担任领袖,对别人进行教育和训练。当被问到在中国的传教事业的力量来源从何处可最清楚看到时,让我们不单单指出在中国只有一小队英勇的本地的和外国的福音传道人,而且还要指出我们的教育机关正在训练着未来的领袖和司令官,他们在将来要对中国同胞施加最巨大和最有力的影响。"②1840—1860年,西方教会在中国开办的学校共约50所,学生约一千人;1861—1875年,在中国的教会学校约有800所,学生约两万人;1876—1899年,中国的西方教会学校增加到约两万所,学生人数达四万以上;1900—1920年,教会学校在中国得到了快速发展,据《全国基督教会学生理念增进表》显示,1920年中国教会学校在校学生超过24万人,传教士在中国开办的学校不仅势力大,而且大有取代中国传统士大夫教育的趋势。

教会学校在传播西方宗教、西方科学、西方文化的同时,"将西方现代学校的办学模式带到中国,从课程、方法乃至规章制度,都对中国社会及教育界产生了深刻的影响。"③教会学校便成为中国学生最早接受西方体育的场所。19世

---

① 顾长声.传教士与近代中国[M].3版.上海:上海人民出版社,2004:178.

② 同①:219.

③ 王建军.中国教育史新编[M].广州:广东高等教育出版社,2014:176.

纪末，广东的一些教会学校开始将足球设置为学校的课程，以增强学生的身体素质，或者在课余安排足球活动，用于休息和娱乐。教会学校成为近代广东早期开展足球运动的主要场所，其中比较著名的教会学校有：由德国基督教新教会巴色会传教士毕安筹办的五华县元坑中学，当时称"中书馆"，嘉应州（现梅州）城内的务本学堂和乐育中西学堂；广州的培英书院、培正书院和由美国长老会传教士哈巴于创建的格致书院（先后改名为岭南学堂、岭南学校、岭南大学）；汕头的礐石小学和华英学校等。

在现有的文字记载中，五华县元坑中书馆是广东开展足球活动最早的地方。1873年，元坑中学由德国巴色会传教士毕安筹办，当时称"中书馆"。作为东江、梅江两江地区第一所西式中学，它与旧式学馆、书院、私塾不同，实行班级制，人文、自然、体育同时并举，德智体全面发展。据记载，当时课程开设文学、科学、哲学、神学、体育、音乐六科。其中最为独特的是，为了增加中国学生对传教士的好感，巴色会把精通体育技艺，特别善于踢足球的边得志也派遣到元坑，与毕安一起丰富元坑中学的教学课程。当时元坑中学的教室、校舍等欧式建筑错落有致地分布在山上和半山腰；在无法开辟平整运动场的情况下，该校根据山坡陡峭的地势，从校园左侧起修建了一条3米宽400米长的环山跑道；在山脚的山坳里，有三面环山的草坪操场，是该校当时上体育课之地。在操场两端用木料搭成球门，由边得志教学生踢足球。有记载："有时下课钟声方歇，球场上已腾起一片打球争夺喧闹之声，故足球技术水准，一般都造诣甚高，而体格强健，则是普遍现象。"[①]正是由于把足球运动引入中学教育之中，元坑中学顿时声名鹊起，不仅五华本县学子蜂拥而至，东、梅两江各县和东莞、惠阳、宝安等基督教教徒的子女，也纷纷前来求学，使得元坑中书院的学生数量大增。

1904年，德国牧师凌高超等人在梅州城内创办乐育中西学堂，1912年改称为乐育中学，该校第五任校长为瑞士籍牧师沃特·乔治·恩斯特（万保全）。万保全曾入选过德国国家足球队（一说瑞士队），足球的技术、理论水平都相当高。他到任乐育中学校长后，非常重视足球运动的发展，将校门前的草地辟作足球场，并亲自教导学生足球技术和足球规则。1917年，万保全发起了由乐育中学、梅州中学、东山中学、广益中学等4所中学参加的梅县历史上第一届中

---

① 陈伟胜,张喆,李斌.恒之有道:广东足球的史经子集[M].广州:暨南大学出版社,2016:20.

学足球联合会，并组织起草制定了《梅县中学足球联合会临时简章》，在相对较早的时间就发展了足球制度文化。本次比赛过后，梅州各学校间足球比赛频繁举行，足球运动也由县城学校发展到农村学校，进而从学校传到社会，从城市传到农村，推动了足球文化在近代梅州地区的发展。

近代广东众多教会学校中，足球文化发展最为发达的要数格致书院。格致书院于1888年由美国基督教教会在广州创办，在创办初期，格致书院就十分重视体育活动的开展，据广州体育志记载，在光绪二十四年（1898年），格致书院就有教习

图6-2　沃特·乔治·恩斯特[①]

（教师）辅导"蹴球（足球）"活动。1903年格致书院改称岭南学堂，1904年，岭南学堂由澳门迁回广州，在广州河南康乐村购下30多英亩（约12万平方米）的土地，成为日后岭南大学的校园。在新购的土地上，岭南学堂的校园规划从一开始就十分重视足球活动，所建设的足球场地也比较标准、现代，为近代广东和岭南大学足球文化的发展提供了坚实的物质基础。"因为这里有广阔的平原，新鲜的空气，足球场有数个，任便学生来练习。岭南既有了这样的好环境，自建校康乐至今，足球成为球队中一种最趋时，最有兴趣的运动。"[②]1912年，岭南学堂的中文名称改为"岭南学校"，1918年升格为岭南大学。岭南大学在体育师资、锻炼方法、体育器材等方面都按照美国学校的标准设立，学校十分重视体育活动的开展，而足球是其中最受欢迎的一项运动。岭南大学校内有颇为完备的足球组织，各校（大学、中学、小学、华侨）、各班都设立有体育会，足球队便附属于这些体育会里。各校、各班利用课余时间或作校际，或作班际足球比赛，足球竞赛十分活跃。1931起，更由空军总司令张惠长捐赠大银鼎一座，设立"惠长杯"足球赛。此外，全校体育会每年都组织全校代表队，

[①] 卞修跃.西方的中国影像(1793—1949):山本讃七郎　南怀谦　沃特·乔治·恩斯特卷[M].合肥:黄山书社,2016:143.

[②] 龙学蕃.广州岭南大学足球谈[J].中国学生,1931,8(3):42-43.

分甲、乙、丙三队，代表岭南大学出战各类比赛，包括广东省运会、广州市运会、广州市足球联赛以及各类交流、出访、迎访足球比赛，且取得了十分辉煌的成绩，如：1925年，广东省第九届运动会足球赛，岭南大学战胜香港南华体育会夺得冠军；1929年，战胜中山大学夺得"广州足球银杯赛甲组"锦标等。岭南大学活跃的足球活动促进了足球报刊的发展，《私立岭南大学校报》《南大青年周刊》等学校报刊对足球文化进行了大量的报道。活跃的足球活动也培养和吸引了众多足球人才，如：被誉为"中国第一代远东球王"的唐福祥大概于1917—1918年考入岭南大学，在1923年留学美国，归国后仍在岭南大学服务；香港中华体育会足球名将陈光耀受香港足球总会制造的"陈曹冤案"的影响，在1928年前后回到岭南大学就读，期间兼任岭南大学足球教练，使岭南大学的足球竞技水平更上一层楼；代表中国队出战第十届远东运动会足球赛的"国门"徐亨，于1918年进入岭南大学附属小学，后进入岭南大学附中就读，从小在岭南大学浓厚的体育氛围熏陶下，身高1.9米的徐亨成为一名足、篮、排、游泳全能型的体育健将，抗日战争期间曾独力营救落水的海军司令陈策，更成就了其传奇的一生。

教会学校是近代广东足球文化开展最早和最主要的场所。教会学校建造了一批较先进的足球设施，包括足球场以及各种运动器械，保障了足球活动的开展，促进了广东足球物质文化的发展。教会学校组织足球队伍，积极开展足球活动，既娱乐了学生的身心，又锻炼了身体和意志，增强了学生的体魄，活跃了学校的办学氛围，使当时的学生直接体验到与中国传统体育不一样的现代足球的魅力和价值。教会学校出版了多种报刊，当中有大量关于足球文化的报道，这些足球报刊宣传和推广了足球文化，这一开风气之先河的教育实践，取得了较好的效果，其他各式学校纷纷效仿，为社会注入了新的生机和活力。教会学校还引进了足球规则和竞赛制度，培养了众多足球人才，为广东足球文化发展奠定了制度和人才基础。基督教为了实现自身扩张的需要，在广东创办了众多教会学校，当中一些教会学校充分地利用足球文化的娱乐功能和教育功能，实现了教会发展扩张的需要，同时成为近代广东足球文化发展的推动力量。

应该认识到，西方教会学校是在殖民主义的坚船利炮和不平等条约的掩护下才得以快速发展的，带有浓重的殖民色彩，虽然对广东足球文化发展起到推动作用，但其根本目的是配合西方列强对中国实施殖民侵略和经济掠夺，以实现自身的宗教扩张。文化侵略本质是教会学校固有的、本质的属性。随着外国侵略者对中国经济掠夺的迅速增强以及它们控制中国经济命脉的要求,需要大批熟习西方习惯、懂得外语和近代工商业基本知识的人才,多数教会学校已不再免费招收穷苦孩子入学,而是尽力吸收新兴的买办资产阶级子弟或其他富家子弟入学,而且收取较高的学费。美国传教士林乐知提出的理由是:"为什么我们教会在中国要不断地为乞丐开办义务学校呢?倘若让富有的和聪明的中国人先得到上帝之道,再由他们去广泛地宣传福音,我们岂不是可以少花人力物力,而在中国人当中无止境地发挥力量和影响吗?"①岭南学堂当时就被称为"一间所谓贵族学校"②。教会学校招生对象的改变使其所传播的足球文化受到了很大的限制,广大贫苦百姓没办法直接感受现代足球的魅力,从而制约了其对广东足球文化发展的推动作用。

三、私立学堂的有识之士

在第一次鸦片战争之后,帝国主义列强先后发动了第二次鸦片战争、中日甲午战争、八国联军侵华战争等,清政府被迫签订大量丧权辱国的不平等条约。广东是鸦片战争中受害最深的地区。战争中清政府从广东征调的兵力、粮饷最多,受调军频繁和溃散兵勇的骚扰也最多,巨大的军费和赔款使人们的赋税加重。仅1841年前后的一年多,广东支出军费就达白银4496979两,相当于全省一年实征地丁银的3倍。战后的赔款,广东负担最多,共1082.5万两,占赔款总数的69.95%,还不包括战争期间被勒索的赎城费500万元和赔偿英商馆等66万元③。广东地方当局用捐输、派捐、包捐等名目,向人民搜刮,出自商人、地主捐输的战费、赔款,又通过加重地租、高利贷等方式转嫁给城乡的劳动人民。贫苦农民被迫倾家荡产、卖儿卖女、自杀逃亡。战后,广东裁减和解散的大量兵勇流落社会,无以为生。上海等五口通商,商路改变,使原来从江西、湖南进入广东的商路沿线约有10万名搬运挑夫失业,与此有关的百万人生活无着落。由于帝国主义列强的殖民侵略以及清政府的腐败,造成民生凋敝、水利失修,再加上天灾频繁,瘟疫流行,使广东贫苦农民陷入更加苦难的深渊。

---

① 顾长声.传教士与近代中国[M].3版.上海:上海人民出版社,2004:216.
② 罗进.广州文史:第52辑:羊城杏坛忆旧[M].广州:广东人民出版社,1998:127.
③ 蒋祖缘,方志钦.简明广东史[M].广州:广东人民出版社,1987:419.

面对如此残酷的现实,"救亡图存"成了当时广东人的基本生存需求,广东各派有识之士在不同时期提出了不同的应对策略并付诸实践。19世纪末,随着民族资产阶级的成长,产生了康有为、梁启超的维新运动。维新派很重视教育,把教育看作国家富强的根本,认为教育决定着一个国家的强弱。而在教育理念中,他们明确地提出了"德、智、体"三育并重的新观点,体育教育开始在学校教育中占有一定的地位。广东是维新运动的策源地,在维新思想的推动下,广东的有识之士创办了一些私立新式学堂,如南武、教忠、时敏、广才、宏英、坤维女中、公益女中等,这些学堂有的较早便建有体育场并开展体育活动,其中南武学堂的体育成绩尤为突出。

私立南武学堂由谢英伯、李蕴石等人于1905年在广州创办,1906年,由热爱教育同时又重视体育的何剑吴担任该校校长。在何剑吴校长的带领下,学校把"观音殿"后边的沙荒地辟为操场。1912年,南武学堂正式改名为南武中学,并增设小学,何剑吴并不满足于初始的规模,继续由南武公学会募捐得款开掘乌龙岗为球场,又因海幢寺西侧的"放生池"积水不合卫生,呈报当局核准将该地填平为西操场。同时,动员南武名誉董事黄鸿逵先生捐赠学田32亩,扩建成为有跑道环绕的足球场,这些体育场地为南武学堂活跃的体育活动创造了条件,现代足球运动当时已经成为学生课外的主要活动。

南武学堂开展全校性的体育教育,体育成绩不仅誉满华南,还威震全国,名扬东亚。在1915年清华大学出版的《清华周报》《清华成绩面面观》一文中提到:"本校体育素称发达,年来在外比赛屡占优胜……,我国设立之学校,其为中国人自办而足与之争衡者,在南方则推南武中学,中部则推南洋公学(上海交通大学前身),本校北方之位置年来蒸蒸日上几有凌驾诸校之势……"①能与北方的清华、中部的南洋公学并驾齐驱,足见南武学堂体育成绩之优异。南武学堂还培养了许多优秀的体育健儿,被誉为"南武三杰"的许民辉、丘纪祥、陈彦就是当中的代表。"南武三杰"都酷爱体育活动,擅长田径、足球等体育项目,经常在南武学堂的运动场参加足球运动。其中许民辉和丘纪祥代表中国国家足球队参加了1913年在菲律宾马尼拉举行的第一届远东运动会,除他们和清华学校的关颂声外,其他队员都来自香港南华体育会。陈彦参加的是跳远比赛,获得中国历史上第一枚国际体育赛事的金牌,回国后,在代表南武学堂

---

① 记录:清华成绩面面观[J].清华周刊,1915(1):10-19.

与岭南学堂进行足球友谊赛时，陈彦不慎受伤，导致骨折，不得不退出田坛，终结运动员生涯。"南武三杰"毕生致力于体育事业，参与广东体育的管理工作、组织竞赛、训练运动员、开展群体活动，推广了体育运动，培养了一大批体育专门人才，为广东体育事业作出了杰出的贡献。

为了"救亡图存"，近代广东私立新式学堂的有识之士大力提倡体育运动，在此过程中私立新式学堂开辟了足球场，举办了足球竞赛，培养了足球人才，点燃了足球文化发展的"星星之火"，成为近代广东足球文化发展的推动力量。但受当时国人整体的思想认识以及社会发展水平的制约，此类学堂自身的经济来源较少，办校的规模较小，办学的方针理念不统一，学生人数不多，开展足球活动的物质条件不足，对整个社会产生的影响力相当有限。

四、松口体育会的革命党

1901年《辛丑条约》的签订，标志着中国沦为半殖民地半封建社会，中国的社会危机进一步加深，清政府为了挽救摇摇欲坠的专制统治，开始推行"新政"，在政治、经济、军事、文教上进行改革。可是"新政"的目的是讨好帝国主义和消弭国内矛盾，其效果只会适得其反，新政增加税收，加重了人民的负担，阶级矛盾不仅没有缓和，反而更加尖锐。此时的广东战乱频仍，社会风雨飘摇，人民生活处于极度的贫困之中，社会各派别掀起了推翻清政府的革命浪潮，广东成为近代资产阶级革命的策源地。

1907年春，梅县地区由同盟会员直接领导、联合当地会党发起的"饶平、黄冈"两次起义相继失败后，革命党人深刻认识到："一个革命党，要彻底推翻封建帝制和清朝政府，最终取得革命的成功，必须有一批训练有素、组织纪律性强的军事领导人才。"[①]此时，创办军事学堂成为解决革命党人需求的重要手段。清政府于1903年颁布了"癸卯学制"，规定"体操（体育）科目为各级各类学校的必修科目"。这一时期，由于体育师资严重缺乏，培养新学体育师资成了当时的必然要求。由日本归来的同盟会会员谢逸桥、温靖侯、许良牧等就以"体育会"的名义进行办学，名为培训新学所需体育师资，实则培养革命军事人才。1907年6月中旬，松口体育会正式上课，以传授军事知识和技能为主课。在进行体质训练时，教员古植指导学员踢足球，学员在训练时直接体验到了足

---

① 赖绍祥,房学嘉.客籍志士与辛亥革命[M].广州:广东人民出版社,1992:27.

球运动的乐趣以及积极意义。

松口体育会是进步的革命组织,因此广受当地百姓欢迎。首期培养体育师资120多人,加上外围吸收会员60多人,共180多人[①]。学员毕业后很多在教育岗位上工作,或直接从事体育工作,或在学校领导岗位上,同样非常重视体育工作。松口体育会为广东梅县培养了大量熟悉足球的体育人才。据调查,后来由松口体育会员创办或参与筹办的当地中小学校,普遍具有较好的体育场地和教学设施,特别是在足球运动项目上,普遍都开展得较好。自松口体育会开办后不久,梅州地区相继开办的学校纷纷效仿松口体育会的做法,在教学中加入体育课程,虽然条件简陋,但不仅学校的学生,且很多城镇的儿童都开始踢足球,松口体育会对梅州地区足球文化起到了一定的推动作用。

松口体育会只办了一期,维持了短短半年时间,1908年4月,松口体育学堂被清政府当局勒令停办。由于松口体育会的革命性质,其根本目的是推翻清王朝的统治,清政府当局也就必定会限制其发展,松口体育会开办的时间较短有其必然性。开办时间较短也就成为松口体育会的局限性,制约了其对广东足球文化发展的推动作用。

五、陈济棠治粤时期的军政要员

1911年爆发的辛亥革命和后来的北伐战争,推翻了中国长达两千多年的封建统治,成立了中华民国。但是,辛亥革命的胜利果实因为袁世凯的倒行逆施而被彻底毁坏,来之不易的和平局面很快消失,中国大地又陷入了各地军阀混战的局面。从辛亥革命到20世纪30年代初,军阀在广东"轮流坐庄",先后有龙济光、陆荣廷、莫荣新、陈炯明、李济深等军阀控制广东。此时期的广东政局十分动荡,为了应付庞大的军费开支,各军阀开征各类苛捐杂税,人民生活苦不堪言,社会发展缓慢。南京国民政府成立后,广东军阀陈济棠逐步登上中国政治舞台,在粤地建立以广州为基地的半独立封建军事政权,与南京中央政府分庭抗礼,形成政局相对稳定的宁粤对峙时期。这一局面自1928年开始形成,至1936年7月陈济棠被迫宣布下野结束,约有8年时间。

陈济棠是在新军阀混战、国民党派系纷争、外患日亟的历史条件下取得广东统治权的,其主要部属和亲信有余汉谋、香翰屏、李扬敬、林云陔、陈维

[①] 饶东英,胡小明.梅县松口体育会研究[J].体育文化导刊,2009(2):106-109.

周、陈汉光、张瑞贵、林翼中、黄麟书、区芳浦、谢瀛洲等人，基本上控制了广东的党政军大权。为了维持自己的统治，巩固和扩大自己的地盘，壮大自身实力，凸显本省政府治理的优越性，形成中央政府难以对付的地方割据势力，陈济棠粤系军阀集团的军政要员全力经营广东地盘。他们利用当时广东半独立的条件，重视教育和发挥知识分子的作用，积极引进国外的先进技术、设备和侨汇、侨资，充分发挥广东优越的自然条件，制定了保护粤省工业的法规和政策，在组织管理制度上也作了一些改良。经过广东人民几年的努力，全省各领域建设都取得了不少成绩。足球运动作为当时中国最受关注的西方体育项目，其成绩的好坏以及繁荣程度直接反映了本省治理的优劣。因此，在广东军政要员的积极推动下，足球文化在此期间得到了较好的发展。

陈济棠治粤时期的军政要员比较重视文化教育工作，为此制订了详细的计划，并大幅度增加教育经费，1935年增加到508万元，比1930年增加122%，占全省预算的10.8%[①]。国立中山大学和私立岭南大学等10所高等学校的教学实力得到加强，此外还创办了省立勷勤大学、省立国医学校、省立体育专科学校、广东陆军军医学校等，中学、小学、职业学校、师范学校、成人教育、科学研究、图书馆、民众教育馆等均有较大的发展。大幅增加的教育经费使各类学校的办学条件得以改善，足球场地的修建也得到了资金支持。在广东加大教育经费投入的情况下，1932年春，国立中山大学校长邹鲁积极筹款兴建中山大学石牌新校址，两期工程先于1934年和1935年秋完成。中山大学的文、理、法、农、工学院从广州市文明路迁往东郊石牌。为便于体育运动的开展，新校区修建了包括足球场在内的不少体育设施。国立中山大学完善的足球场地设施为开展各类足球竞赛提供了物质基础，举办了"院际足球赛""季陶杯足球赛"等足球比赛，1934年1月，该校还举办了女子足球班级赛，参加本次比赛的队伍一共有三支：初中补习甲班、一女、二女，此次比赛被誉为"破天荒之女子足球比赛"。此外，该校还罗致南华体育会的冯景祥、叶北华、朱国伦、黄纪良等名将，朱国伦更是留校担任学校足球队教练，中山大学的足球实力短时间内得到了大幅提升，成为一支足球劲旅，学校的足球文化氛围得以活跃，并"取得了卓著的成绩，为海内外人士所赞许"。

---

① 蒋祖缘,方志钦.简明广东史[M].广州:广东人民出版社,1987:719.

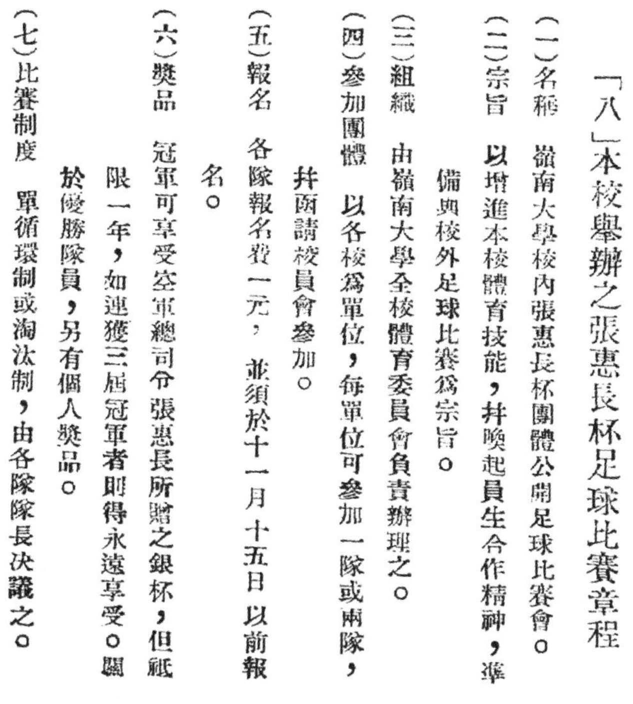

「八」本校舉辦之張惠長杯足球比賽章程

（一）名稱　嶺南大學校內張惠長杯團體公開足球比賽會。

（二）宗旨　以增進本校體育技能，並喚起員生合作精神，準備與校外足球比賽為宗旨。

（三）組織　由嶺南大學全校體育委員會負責辦理之。

（四）參加團體　以各校為單位，每單位可參加一隊或兩隊，並函請校員會參加。

（五）報名　各隊報名費一元，並須於十一月十五日以前報名。

（六）獎品　冠軍可享受空軍總司令張惠長所贈之銀杯，但祗限一年，如連獲三屆冠軍者則得永遠享受。關於優勝隊員，另有個人獎品。

（七）比賽制度　單循環制或淘汰制，由各隊隊長決議之。

图6-3　1931年，岭南大学"张惠长杯足球赛"比赛章程①

除加大文化教育经费的投入外，陈济棠治粤期间的军政要员还积极倡导成立足球组织。1928年，由广州警察局警察长韦汝骢、督察长袁煦圻主导的广州警察体育会足球队，广州航空学校校长张惠长领导的空军足球队，海军将领陈策领导的海军足球队先后成立。随后警察、海军、空军足球队大量罗致香港为主的足球名将，冯景祥、李天生、谭江柏、叶北华组成赫赫有名的"广州警察四骑士"；徐亚辉、陈镇和加入空军足球队；黎郁达、黄瑞华以及徐亨加入海军足球队。一时间，广州的"海空警"三支足球队云集了大量中国著名的足球运动员，名将的加盟使三支军警队伍实力得到大幅度提升，在各类比赛中取得了优异的战绩，特别是对阵外侨球队时，更得到"万众鼓掌欢呼"，媒体对此也进行了大量的报道，广州的球市因此而变得异常火爆，广东足球文化得以在短时间内"异军突起"，成为当时中国足球文化一股重要力量。此外，他们还积极捐款资助足球竞赛，如：1931年空军总司令张惠长捐赠的"自治杯足球赛"；1932年十九路军总指挥蒋光鼐资助的"光鼐杯"足球赛；1933年，广东琼崖警

---

① （八）本校举办之张惠长杯足球比赛章程[N].岭南大学校报,1931(3):466.

卫旅旅长陈汉光，资助银杯十余座，发起球类比赛，当中就包括足球比赛。

陈济棠治粤时期，为了维持自己的统治，巩固自身的地盘，以强化广东与南京国民政府对抗的割据势力，广东的军政要员全力经营广东地盘，足球文化因此也得到了较大的发展，足球场地得以修建，足球组织纷纷成立，足球竞赛频繁举办。广东的军政要员成为近代广东足球文化发展重要的推动力量。但是，陈济棠治粤毕竟是地方军阀的统治，其发展广东足球文化的主要目的是彰显其治理的优越性以获取民众的支持，以最终实现其与中央政府相抗衡的局势。通过罗致著名运动员，短时间内快速提升战绩就具有明显的"选手主义"和"锦标主义"特征，因缺乏长远的制度层面文化建设和稳定的精神层面文化建设，导致足球文化发展缺乏可持续性和群众性，加上稳定的时局相对短暂，故陈济棠治粤时期军政要员对近代广东足球文化的推动作用具有不可克服的片面性和局限性。

六、内迁广东的香港华人

广东、香港均处于中国的东南沿海，两地水陆相连，香港位于珠江口东侧，其新界地区与广东省的深圳市相连，距离省会广州仅约150千米。两地自古以来就保持着密切的关系，香港从秦朝开始便成为广东下属的行政区域，到近代为止，除短暂的一段时期外，香港基本上隶属广东省新安县（民国时期恢复古名宝安）。1840年英国发动鸦片战争，清政府被迫签订《南京条约》将香港岛割让给英国，在此后不到50年间，英国人又通过战争或胁迫的方式强行割占九龙，强行租借新界地区，粤港关系发生了根本变化，粤港同属一个行政区的历史就此终结。尽管分属不同国家管治，但两地人民依然血缘相亲，香港居民中有很大一部分来自广东，两地人民有着相同的语言、风俗习惯和文化传统。

由于地缘和亲缘的关系，两地人员交往十分密切，在经济、政治、文化各个领域互相渗透，互相影响，形成了一种休戚与共的关系。鸦片战争后，广东陷入频繁的战争和动乱，社会动荡，经济萧条，百姓民不聊生，再加上人口压力日益加大，穷苦百姓不得不逃离家乡，外出谋生。而香港在开埠后，港英当局欲将香港建设成一个"自由贸易港"，香港此时百业待兴，但人力资源严重不足，并且缺乏商业运转的资金，对劳动力和资金的需求十分迫切。为了吸引劳动力和资金，港英当局在政策和薪金方面给出了优厚的条件，同时仍依照以往的传统，允许两地居民在粤港之间自由往来。迫于生计，大批广东人移居香港，香港人口因此得以迅猛增长。1850年香港人口总数为33292人，1900年增加到262678人，增加的人口主要来自广东。据1901年香港人口普查的数据显示，在234443名华人陆地居民中，原籍广东者就有227615人，比例高达97.1%[①]。随着政局进一步动荡，广东人出现了多次迁港潮，1938年日军占领广州，广东商民蜂拥逃往香港，使香港人口在1941年达到163.9万人[②]。1947年，解放战争后期，大批国民政府官员、世家大户、富商巨贾及其他阶层人士迁往香港，香港人口达到空前的180万人。

但英国人的本质是殖民侵略者，他们占领、经营香港的根本目的是在中国取得更大的政治、经济、军事等利益，并不会真正为香港华人的生活福祉而服务。1843年英国占领香港之初，英国殖民地大臣指示港督时就指出：英国占领香港"不是着眼于殖民，而是为了外交、军事和商业的目的"[③]。在殖民主义和种族主义相结合的统治下，香港的华人处处受压迫、受剥削、受歧视，华洋矛盾不断激化，香港华人抵抗英国人压迫的社会运动屡屡发生，加上两次世界大战的直接影响，香港的政局也多次出现动荡。每当香港出现战争和动乱时，香港华人就会爆发离开香港、内迁广东的浪潮。如：1844年，香港华人为抵制港英当局以进行人口登记为由抽收"人头税"，发动了罢工罢市，离开香港回广东的华人就达3000多人；第一次世界大战爆发后，香港居民担心受战争波及，近10万人内迁广东；1922年爆发的香港海员大罢工和1925年的省港大罢工得到广东政府和粤港两地人民的大力支持，离港返粤的香港工人均超过10万人[④]；1941年太平洋战争爆发，日军占领香港后，为减轻占领军的压力，节省生活日用品和其他资源，日军实施驱赶、流放、捕杀香港居民的暴行，大批难民，包括内地前往香港的难民和部分原香港居民，又纷纷回到广东，高峰期每日由香港返回广东的难民高达数千人。

居住在香港的华人较早接触到西方文化，很多都接受了港英当局开设的西式教育，吸收了现代西方科学知识和思想理念，香港华人多次大规模内迁广东加快了粤港之间的社会文化交往，促进了近代广东传统文化和西方文化的交

---

① 兰静.近代香港外来移民与香港城市社会发展(1841—1941)[D].广州:暨南大学,2011:53.
② 广州市地方志编纂委员会.广州市志:卷十八:华侨志 穗港澳关系志[M].广州:广州出版社,1996:272.
③ 张海鹏.百年沧桑话香港[J].求是,1997(6):32-37.
④ 广东省地方史志编纂委员会.广东省志:粤港澳关系志[M].广州:广东人民出版社,2004:3.

流、碰撞与融合，从而推动了近代广东文化的发展。香港华人数次内迁大潮中就有众多当时著名的足球运动员，他们的回流为近代广东足球文化的发展起到了积极的推动力量。香港众多优秀的足球运动员内迁广东工作、求学，短时间内增强了广东各足球组织和广东整体的足球竞技水平，广东队因他们的加盟成为当时国内能够与香港、上海两地足球队抗衡的球队，在1935年的第六届全运会足球赛前，广东队甚至成为当时夺冠的大热门，当时的报刊就如此评价广东队："广东队虽为上届之亚军，然其实力，实远胜于冠军上海！此初非私议，盖公论无不如是。且本届出席之人员较上届为尤俊杰。"[1]球队实力的提升促使军政要员进一步重视足球的宣传作用，足球场地得以修建，更广泛的民众开始关注足球运动，广州的球市因此得以火爆，媒体的报道不吝各种赞美之词，各类足球竞赛得到进一步的开展，广东足球的"南派足球风格"在球员和比赛的交流中逐渐形成。广东足球文化在内迁广东的香港华人球员的推动下，出现一派欣欣向荣的景象，取得前所未有的繁荣发展。内迁广东的香港华人球员成为近代广东足球文化发展非常重要的推动力。

但近代广东足球文化繁荣的景象是短暂的，经过短暂的社会稳定期，广东的政局再次陷入动荡，香港成为相对安全的"避风港"，大部分球员又回归香港。在山水相连、血缘相亲、文化相近的粤港两地之间，决定包括优秀球员在内的香港华人去留的关键因素在于两地的政局是否稳定，经济是否繁荣，事业是否可持续发展，更稳定、繁荣、可持续发展的地区必定会得到优秀人才的青睐。内迁广东的香港华人球员对近代广东足球文化发展的推动作用受时局变化的制约，具有明显的时代特征。同时，香港球员的去留也是两地社会发展的缩影，充分体现了近代两地政治、经济、教育、文化发展的状况。

第三节 近代广东足球文化发展的制约因素

近代广东足球文化是在特定的历史条件下，由外国侨民、西方传教士、中国不同时期的有识之士、军政要员和内迁广东的香港华人等共同推动的，通过作用于广东足球文化内部中西方文化特质的相互交融、转化，逐渐在广东地区形成并得到发展。近代广东在球场建设、足球报刊、足球竞赛、足球组织、足

---

[1] 哀乐. 全运会各单位足球选后之检讨[J]. 足球世界,1937(2):3-10.

球风格等不同层次的足球文化建设上都取得了令人瞩目的成果，但与中国同时期足球文化发展最发达的上海和香港相比，近代广东足球文化在足球场地、足球用品、足球书籍、本土球员培养等方面依然存在差距。分析近代广东足球文化发展的制约因素可以寻找这一差距的深层次原因，从而能更全面地把握近代广东足球文化的发展规律，并为当代广东足球文化发展提供借鉴。

一、战乱频繁，社会动荡

1840年，鸦片战争率先在广东打响，殖民主义者的坚船利炮加速了腐败的封建政权走向灭亡，昔日相对平静的社会环境被打破，战争和动乱在广东此起彼伏，有时甚至接踵而来。近代广东先后经历了第一次鸦片战争、第二次鸦片战争、辛亥革命、讨袁、护法、东征、北伐、日本侵华战争、解放战争等大大小小战争，期间还有广州人民反抗英国人入城的斗争，东莞、新安县人民抗击英国侵略者强租新界、占领深圳的斗争，遂溪人民抵抗法国强租和侵占广州湾斗争，凌十八起义，洪兵起义，乙未广州起义，惠州三洲田起义等大大小小性质各异的斗争，近代广东战乱频繁，社会动荡。

战乱频仍，局势动荡，广东百姓生灵涂炭，死伤无数。比如在1854年，广东爆发了天地会的"洪兵"起义，1855年夏，当起义军撤离广州，主动转移后，封建统治者对广东百姓实施了罕见的大屠杀。仅广州一地即屠杀了7.5万人，在1863年起义失败后的一年内，全省被两广总督叶名琛下令屠杀者达百万人以上。"清吏杀人，不用审讯，捕得即杀，如宰牛羊，极其残酷。"[1]被杀者中许多是无辜百姓。1927年，广州起义失败后，桂系军阀重占广州，随后进行了疯狂的大屠杀，仅11月14—19日6天内，共5700多名共产党人和革命群众被杀害。1938年10月21日日军占领广州，琼崖、潮汕等沿海地区相继沦陷。日军所到之处，杀人放火，奸淫掳掠，逼得百姓流离失所，家破人亡。在日军占领阳江县南鹏岛后，7年中近4000人死于日军之手。潮汕地区，日军在澄海庵埠屠杀4000人。在琼崖地区，据不完全统计，抗战期间死于敌人暴行虐政者达20余万，被焚毁屋宇50000余间[2]。

战乱给近代广东造成了极大的人员伤亡，同时，也使中国传统的自给自足

---

[1] 蒋祖缘,方志钦.简明广东史[M].广州:广东人民出版社,1987:424.

[2] 同[1]:751.

经济受到破坏,农民破产,百业凋零,人民生活日趋贫困,再加上国内社会秩序混乱,人口压力日益加大,广大穷苦百姓不得不背井离乡,出外谋生。外出谋生的贫苦百姓有的以契约工、赊单工或自费的形式到海外当华工,也有的向广西、四川、香港等邻近省份地区迁徙,其中由于地缘和亲缘的关系,香港成为广东人外出谋生的重要目的地。时人就曾哀叹道:溯自民国以来,盗贼如毛,兵乱水灾接踵,人们惊魂未定,乡避县、县避省、省避港澳,无形损失,不可估量。香港成为广东人的"避风港",广东每有战乱,即会引起粤人之迁港潮。香港的人口迅速增长,而广东人成为增长的主要来源。

战乱还使军费开支加大,政府财政收入低迷,经济发展缓慢。第一次鸦片战争中,清政府从广东征调的兵力、粮饷最多,巨大的军费和赔款使赋税加重。1921年,全省财政收入共计为1388余万元,总支出3740余万元(其中军费占3250万元),财政赤字高达2300多万元。据外国驻粤领团电称,20世纪20年代初的4年间,广东战乱造成的损失高达1亿元以上[①]。省库空虚且要背负沉重的财政负担,最终都落在了平民百姓头上,社会的巨额财富未用于生产建设事业,却白白地消耗于无尽的战乱之中,致使企业基础建设、工业机械投资大受限制,百姓消费疲弱,物价昂贵,商业累有亏损,各种苛捐杂税,农民生活难以为继,农副业几近停滞。

战乱频仍,社会动荡,百姓生灵涂炭,死伤无数;军费开支节节攀升,政府财政收入却持续低迷,致使经济建设每况愈下;交通、卫生、水利等各种建筑设施被摧毁殆尽,城乡各处只剩残垣败瓦;加上天灾频繁,瘟疫流行,使广东贫苦农民陷入更加苦难的深渊;社会矛盾冲突加剧,各种苛捐杂税摊派到贫苦百姓头上,百姓民不聊生、人心不稳,被迫背井离乡,外出谋生,广东人口流失严重。近代广东社会各领域的发展受到了极大的阻碍,足球文化的发展必然会受此影响,足球组织被迫解散,足球竞赛无法开展,球场建设因经费缺乏而受阻。战乱带来的社会动荡成为近代广东足球文化发展的制约因素之一。

广东省立体育场的发展就是这方面的明显例子。1916年,时任广东省省长的朱庆澜对于提倡体育颇为积极,拨东较场地址建筑公共运动场,为此特呈文北洋政府大总统黎元洪,同年获得批准立案后,即在东较场建设围墙头门,塑刻横额招牌,又下令中国南部体育会妥为筹办。但无奈省库空虚,朱庆澜也因

---

① 张晓辉.论民初军阀战乱对广州社会经济的影响[J].广东社会科学,1997(6):89-94.

拥护孙中山护法而受北洋军阀排挤被迫辞任广东省长，东较场的建设便一直没有动工。1921年春，广州市财政厅长孙科认为东较场面积宽阔，可以出售以获巨款，于是将目标转向东较场。1922年，广州市政厅将东较场分段出售，随后孙科又下令将原建在东较场的围墙头门全部拆除，半砖不留。直到陈济棠主政广东时期，社会相对平稳，经济、教育、文化等都得到一定程度的发展，到1930年，广东省立体育场才得以动工，至1931年9月底，广东省立体育场第一期工程大部分已经竣工，虽未完成全部规划工程，但已经可以投入使用。但战乱再次阻碍了体育场的建设发展，1938年日军占领广州，将省立运动场改建为仓库，作存储军用物资之用，又在体育场中间修建了一条运输军需物品的铁路，战争的炮火更使省立体育场面目全非。可见，战乱直接制约了象征广东体育文化的广东省立体育场的建设和发展，进而制约了近代广东足球文化的整体发展。

二、贸易中心转移

自唐宋以来，广州一直是我国重要的对外贸易通商口岸之一。至1685年（康熙二十四年），清政府宣布开放海禁，实施开海贸易，设立粤海关、闽海关、浙海关、江海关四口通商，管理对外贸易和征收关税的事务。但为了防止所谓"隐患"，不让外商与中国人接触，清政府虽然设立了四口对外通商，却采取了许多限制对外贸易的政策，如限制本国商人的船只大小、载运货物、航海人数等，以及来华外国商人的商务活动、居住处所、贸易期限等。后来，违反禁例的外商逐渐增多，特别是英国商人，甚至有"移市入浙"的势头，企图打进中国丝绸和茶叶的产区。这种情况使清政府深感不安，在清朝统治者看来，物产富庶的江浙地区是华夏文明的礼教之乡，为了自身的统治，不能让外国势力进入该地区。1757年，清政府宣布封闭闽、浙、江三海关，仅留粤海关对外通商，全国的进出口商品交易，都由广州一个通商口岸经营，形成粤海关"一口通商"的局面，广州由此成为19世纪四五十年代前中国的贸易中心。大量欧美、亚洲各国的商船云集广州，中国出产的货物、外国制造的商品货如轮转，外国商人和中国行商熙熙攘攘，凭借一口通商的独特地位，广东人在通商的过程中频繁地与外国人接触，广州也成为中西文化交汇的窗口。

1840年，英国发动了第一次鸦片战争，战后清政府被迫签订了中国近代史上第一个不平等条约——《南京条约》。《南京条约》将香港岛割让给英国，广州、福州、厦门、宁波、上海五口依约相继开放，成为通商口岸。由于上海距离丝绸和茶叶产地很近，便于西方列强掠夺中国的农产品和工业原料，同时上海位于长江出海口和中国海中部，且紧靠中国人口稠密的地区，有利于通过水路将货物倾销至中国各个地区，殖民主义者在上海建立了中国近代史上首个租界。随着上海租界的建立和不断扩张，以及由小刀会起义和太平天国运动引发的难民潮，大量平民百姓、达官贵人和文人学士为躲避战乱而进入上海租界，上海在多重因素的作用下成为五个通商口岸中发展最快的一个，中国的贸易中心逐渐由广州转向上海。正如马克思所指出："五口通商和占领香港仅仅产生了一个结果：贸易从广州转移到上海。"①

1843年，广州对外贸易量开始逐步下滑。从1844年开始，当时与中国外贸活动最活跃的英国，经广州港进出口货物的总值逐年下降。其中生丝和茶叶是原产于中国的两宗最大出口商品，1844年以前，生丝和茶叶的出口全部经广州港运出，广州独揽了两宗最大出口商品的贸易生意。1844年以后，两种商品经广州港出口的总值不断下降，至1853年，生丝出口跌到仅占当年生丝出口总量的7.3%，1854年生丝几乎全部经由上海港出口。茶叶出口的情况也一样，1855年经广州港出口的茶叶仅占当年的茶叶出口总量的14.2%，而上海港出口茶叶占总量的71.2%。进口贸易方面，从1852年起，广州港贸易量也降到上海港之下。由此可见，19世纪50年代初，中国的贸易中心已由广州港转移到上海港。"英国对华贸易从1853年以后，大部分由广州港转向上海港。这正好反映了广州港与上海港在外贸地位的根本变化。"②

贸易中心的转移，使上海充满了无限商机，在"转手间，巨富可致"的巨大利益驱使下，外国商人、冒险家和其他外国侨民纷纷登陆上海，广州和上海两地的外国侨民人数因此出现明显的变化，1850年，广州有外侨362人，上海有300人；到1859年广州外侨减至172人，上海则增至408人③。在随后的时间里，广州的外侨数量保持在较低的水平，而上海外侨人数则随着上海贸易量的增长而增加。1865年上海公共租界登记的外侨为5129人，其中居民2297人，其余为英国士兵和海员；1905年，公共租界外侨增至11497人，法租界增至831

---

① 马克思,恩格斯.马克思恩格斯全集[M].北京:人民出版社,1972:348.
② 程浩.两次鸦片战争对广州港的影响[J].羊城今古,1990(5):1-6.
③ 中国人民政治协商会议广州市委员会文史资料研究委员会.广州文史资料:第44辑[M].广州:广东人民出版社,1992:23.

人；1910年，两租界外侨更增至15012人。数量庞大的外侨在上海兴建了各式西方建筑，还将西方的生活工具、饮食文化、娱乐休闲方式和体育活动等带到了上海，足球文化便是其中的一种。由于上海外侨人数众多，与广州外侨相比，他们创造的足球文化更为丰富、多样，规模更大，发展的程度更高，如举办各种足球竞赛，成立各类足球组织，出版足球刊物等，因而所起到的示范和引领作用就更加直接和显著。同时，由于外国侨民自身的殖民主义思想，对中国人存在固有的偏见和歧视，辱华事件频发，由此激发了中国人强烈的反抗，间接地促进了上海足球文化的发展。如1902年英国人在上海发起组织的"西联会"，自成立以来20多年不许中国球队加入，直到1926年，上海的中国球队才被准许加入，中国人便在上海成立了"上海中华足球联合会"，并举办"中华足球联赛"，以期与之抗衡；1926年接纳中国球队参赛后，却在比赛中屡屡出现歧视中国人的判罚，上海足球比赛也因此出现多次打斗的闹剧。

另外，贸易中心转移也导致大量以商人为首的广东人移民上海。因广东有悠久的外贸历史，广东买办商人熟悉外贸工作以及擅长与外侨打交道，他们许多人的家族都同外商有密切关系，积累了丰富的外贸经验。随着贸易中心的转移，一些原来在广州起家的买办商人便转移到了上海，如广州同顺行出身的吴健彰、同孚行出身的潘仕成，还有43岁担任当时最大的英资洋行怡和洋行买办的唐茂枝等。广东籍的买办商人很快就把十三行地区的那套经验、办法、诀窍运用到上海新的业务上，因此广东商人在上海开埠初期的贸易活动中占据了重要地位。"广帮为生意中第一大帮，在沪上尤首屈一指，且居沪之人亦惟广帮为多，生意之本亦惟广帮为富。"[①]同时，广东籍买办商人也会推荐自家的乡亲到上海充当买办，于是，上海开埠初期，大量广东人移民上海，在1853年前后广东在上海的人口达到8万人[②]。大量融贯中西的广东商人群体在上海不仅取得商业上的巨大成功，同时也引领了上海的文化创造，在报刊、出版、电影等多个领域推动了上海文化的发展。如：中国第一份大型综合性画报，在中国近代具有重要影响力的报刊《良友》画报，是由广东台山人伍联德在上海创办的，后来担任《良友》画报主编达7年之久的梁得所也是广东连州人，毕业于广州

---

① 论广帮盂兰会之盛[N].申报,1878-09-05(1).

② 姜义华.上海:近代中国新文化中心地位的形成及其变迁:兼论边缘文化的积聚及其效应[J].学术月刊,2001(11):73-83.

培英中学。《良友》画报同时还是近代中国重要的足球报刊,该刊有大量关于足球比赛、足球人物等相关足球文化的报道,是研究近代中国足球文化发展的重要资料。其他移居上海的广东人或其后代,如乐华足球队主要创办人之一的余衡之、第十四届奥运会足球赛中国足球队领队容启兆,以及陈虞虎、江善敬、陈洪光等足球名将,他们也为上海足球文化发展作出过积极的贡献。贸易中心的转移导致大量广东人移民上海,广东因此流失了众多思想开放、融贯中西、富有创造力和开拓精神的人才,对近代广东足球文化发展而言是一个较大的损失,成为制约近代广东足球文化发展的因素。

从19世纪50年代开始,由于人数较少,广东的外侨在足球文化上对近代广东所起到的示范和引领作用十分有限,近代广东足球文化发展因缺少外侨直接和显著的推动作用而导致早期的发展较缓慢。同时,贸易中心转移还导致大量广东商人移民上海,近代广东因而流失了众多思想开放、融贯中西、富有创造力和开拓精神的人才,近代广东足球文化的发展因此失去了进一步繁荣而必备的人才基础。近代中国贸易中心的转移成为近代广东足球文化发展的制约因素之一。

三、重商的传统文化

重农抑商历来是中国传统文化在经济领域的突出特征,但在广东,特别是珠江三角洲地区,重商的传统文化却在历史上表现得十分突出。广州是我国历史上最早、规模最大的重要对外通商口岸之一,自三国时期以来,广州就已是中国海上丝绸之路的起点,到唐代更成为世界著名商埠,宋代广州与50多个国家有通商及政治联系,元代广州与140多个国家有贸易关系,明清时岭南商品经济迅猛发展,当时浙商、徽商、晋商、闽商争相"走广",广州城南的壕畔街成为"天下富商聚焉"的闹市区。长期的商业贸易实践,使交换的价值观念渗透到岭南社会的各个角落。"崇利"的商品思想萌芽使中原农业文化的"贵义贱利"观念逐渐淡化。广东,尤其是广州、潮州等地,人们逐利之广,上至官僚、地主,下至士子农人。中原文化认为官吏经商是不应为之和不屑为之的,但在清初,广州官僚经商却十分普遍,习以为常。"无官不贾,且又无贾不官。""今之官于东粤者,无分大小,率务腹民以自封……于是民之贾十三,而官之贾十七。"粤东仕子"儒从商者为数众多","农者以拙业力苦利微,辄弃耒耜而从之"。雍正皇帝曾因之而斥责:"在广东本土之人,唯知贪财重利、将地土多种龙眼、甘蔗、烟草、青靛之属,以致民富而米少。"可见,重商的传统文化盛行于广东社会各个阶层当中。

重商的传统文化使商品、市场、价值、信息等观念在广东人的心中根深蒂固,使广东人讲求实际、重利轻"义",为广东的经济建设提供了适当的文化土壤,有利于社会财富的获取和积累,成为广东各领域文化不断向前发展的强大动力。同时,重商的文化使广东人在利益的驱使下,很早就学会和掌握了通过商品交换来获得财富的手段,为此他们不惜冒险,敢于和善于开拓创新,成为广东文化得以不断除旧布新的重要原因。

但重商的传统文化同样存在消极的一面。由于过于注重能带来实际利益的短期目标,广东社会各阶层存在短视、急功近利、追求奢华的行为,缺乏宏观的、整体的和长远的战略眼光,以及忽略对实际问题进行总结归纳的理论加工,并由此而衍生轻视教育、轻视学术的现象。"急功近利的商人心理操纵着广东的发展,也约束着广东的发展"[1],在近代广东足球文化领域,这种约束具体表现在以下几方面。

首先,重商的传统文化制约了近代广东足球用品的发展。虽然近代广东各式学校较早就引进了足球运动作为课外体育活动,足球竞赛的开展较有规模,社会各界对足球运动也颇为关注,但近代广东的足球用品生产却一直没有太大的发展。而同时期上海、天津等地却涌现出了李高记皮球厂、协兴运动器具厂、布云工厂、天津春合体育用品制造厂、利生体育用品工厂等生产足球用品的工厂,近代广东足球用品的生产明显落后于上海、天津等地。出现这一情况的重要原因是广东人过于注重能带来直接经济效益的短期目标,习惯性地通过商业的手段解决近代广东社会对足球用品的需求,足球用品的生产便缺乏发展的文化土壤。

其次,急功近利的重商文化导致近代广东忽视了本土足球人才的培养。重商的传统文化使广东人过于注重能带来实际利益的短期目标,广东社会各领域经常出现短时、急功近利的行为,这种行为在体育领域便表现为"选手主义"和"锦标主义"盛行。"可是过去体育界所共犯至错误、乃是以运动为出风头争虚荣之捷径、以致学校有优待运动员、甚至收买运动员之弊端发生、结果仅养成少数选手、夺得锦标、便为无上之光荣……除少数选手外、大多数学生终年未踏进运动场一步者、固多多也、此种事实、全国皆有、不独吾粤为然、特恐

---

[1] 丁旭光. 近代广东开放与粤人文化心理[J]. 学术研究,1988(4):59-62.

吾粤或者比其他各省尤较甚。"①近代广东各足球组织大量罗致香港知名华人球员来粤效力，此举虽然能快速提升球队的实力，获取优异的比赛战绩，吸引到社会各界的关注，着实可以"大出风头"，但对本土足球人才的培养，广大百姓的参与和普及并不能带来直接的帮助。

　　再次，重商的传统文化制约了近代广东精神层次足球文化的发展。重商的传统文化使广东社会形成以财富多寡来评价人们社会地位的重要标志，社会各阶层都向往获取和积累财富，对教育和精神层次的文化相对淡漠，故广东存在"重商轻文"的现象。足球文化领域同样如此，近代广东缺乏足球歌曲、足球电影、足球绘画等艺术创作。同时，重商的传统文化还导致广东人的思辨性、理论性和历史感不强，忽略对足球实践进行总结归纳的理论加工，以现有资料来看，还没有发现近代广东出版的足球书籍。这种"重商轻文"的传统文化导致近代广东足球文化在精神层次方面的发展相对匮乏，严重地制约了近代广东足球文化的进一步发展。

---

① 凌道扬.今后广东体育应趋之途径[N].中央日报,1936-10-25(8).

参考文献

（一）著作

[1] 卢元镇. 中国体育社会学[M]. 北京:北京体育大学出版社,1998.

[2] 王训生,薛寿元,王俊璞,等. 球迷手册[M]. 太原:山西人民出版社,1988.

[3] 颜绍泸,周西宽. 体育运动史[M]. 北京:人民体育出版社,1990.

[4] 沃尔夫冈·贝林格. 运动通史[M]. 丁娜,译. 北京:北京大学出版社,2015.

[5] 麻雪田. 世界足球大典[M]. 沈阳:辽海出版社,2003.

[6] 司徒尚纪. 广东文化地理[M]. 广州:广东人民出版社,2001.

[7] 蒋祖缘,方志钦. 简明广东史[M]. 广州:广东人民出版社,1987.

[8] 李权时. 岭南文化[M]. 广州:广东人民出版社,1993.

[9] 屈大均. 广东新语注[M]. 李育中,邓光礼,林维纯,等注. 广州:广东人民出版社,1991.

[10] 关勋夏. 简明世界近代现代史:上册[M]. 广州:广东高等教育出版社,1986.

[11] 王助民,李良玉,陈恩虎,等. 近现代西方殖民主义史(1415—1990)[M]. 北京:中国档案出版社,1995.

[12] 唐承运. 简明世界史[M]. 长春:东北师范大学出版社,1987.

[13] 许庆朴,张福记. 近现代中国社会:上册[M]. 济南:齐鲁书社,2002.

[14] 顾长声. 传教士与近代中国[M]. 3版. 上海:上海人民出版社,2004.

[15] 中华人民共和国体育运动委员会运动技术委员会. 中国体育史参考资料:第3辑[M]. 北京:人民体育出版社,1958.

[16] 广东省社会科学院历史研究所. 孙中山全集:第1卷[M]. 北京:中华书局,1981.

[17] 林增平. 中国近代史[M]. 长沙:湖南师范大学出版社,2018.

[18] 广东省地方史志编纂委员会. 广东省志:体育志[M]. 广州:广东人民出版社,2001.

[19] 广东省汕头市地方志编纂委员会. 汕头市志:第4册[M]. 北京:新华出版社,1999.

[20] 钟俊鸣. 沙面:近一个世纪的神秘面纱[M]. 广州:广东人民出版社,1999.

[21] 广州市国家档案馆,广州市荔湾区档案馆. 沙面[M]. 广州:广州出版社,2013.

[22] 董黎. 岭南近代教会建筑[M]. 北京:中国建筑工业出版社,2005.

[23] 国家体委体育文史工作委员会. 中国近代体育史[M]. 北京:北京体育学院出版社,1989.

[24] 中国人民政治协商会议广州市委员会文史资料研究委员会. 广州文史资料:第46辑[M]. 广州:广东人民出版社,1994.

[25] 段云章,倪俊明. 陈炯明集:下卷[M]. 广州:中山大学出版社,2007.

[26] 广州市政府. 广州指南[M]. 上海:商务印书馆,1934.

[27] 中国体育文史资料编审委员会. 体育史料[M]. 北京:人民体育出版社,1984.

[28] 中国人民政治协商会议广东省梅县委员会文史资料委员会. 梅县文史资料:第5辑[M]. 梅县:[出版者不详],1984.

[29] 中国人民政治协商会议广东省广州市委员会文史资料研究委员会. 广州文史资料:第20辑[M]. 广州:广东人民出版社,1980.

[30] 袁伟民. 中国足球大典[M]. 上海:华东师范大学出版社,2002.

[31] 北京图书馆. 民国时期总书目(1911—1949):教育·体育[M]. 北京:书目文献出版社,1995.

[32] 郑杭生. 社会学概论新修[M]. 北京:中国人民大学出版社,2000.

[33] 赖文辉. 简明香港足球史[M]. 香港:三联书店(香港)有限公司,2018.

[34] 曹冰,回军. 运动竞赛学[M]. 沈阳:东北大学出版社,2012.

[35] 沈文彬. 中国的足球摇篮[M]. 上海:上海文化出版社,1995.

[36] 上海勤奋书局编辑所. 全国足球名将录[M]. 上海:勤奋书局,1936.

[37] 叶贵松. 中国足球书[M]. 香港:香港永发印务公司,1926.

[38] 徐悲鸿,邝富灼,伍连德,等. 成功之路:现代名人自述[M]. 上海:良友图书

印刷公司,1931.

[39] 中国人民政治协商会议广州市委员会文史资料研究委员会.广州文史资料:第44辑[M].广州:广东人民出版社,1992.

[40] 王建军.中国教育史新编[M].广州:广东高等教育出版社,2014.

[41] 陈伟胜,张喆,李斌.恒之有道:广东足球的史经子集[M].广州:暨南大学出版社,2016.

[42] 卞修跃.西方的中国影像(1793—1949):山本讚七郎 南怀谦 沃特·乔治·恩斯特卷[M].合肥:黄山书社,2016.

[43] 罗进.广州文史:第52辑:羊城杏坛忆旧[M].广州:广东人民出版社,1998.

[44] 赖绍祥,房学嘉.客籍志士与辛亥革命[M].广州:广东人民出版社,1992.

[45] 广州市地方志编纂委员会.广州市志:卷十八:华侨志 穗港澳关系志[M].广州:广州出版社,1996.

[46] 广东省地方史志编纂委员会.广东省志:粤港澳关系志[M].广州:广东人民出版社,2004.

[47] 马克思、恩格斯.马克思恩格斯全集[M].北京:人民出版社,1972.

[48] 马士.中华帝国对外关系史:第1卷:1834—1860年冲突时期[M].张汇文等译.北京:生活·读书·新知三联书店,1957.

(二)期刊杂志、汇编资料

[1] 程浩.两次鸦片战争对广州港的影响[J].羊城今古,1990(5):1-6.

[2] 区鉷.岭南文化的务实传统[J].中国典籍与文化,1993(4):52-56.

[3] 司徒尚纪.岭南文化和珠江文化概念比较[J].岭南文史,2002(1):7-10.

[4] 陈本.总理遗像遗嘱[J].广东体育专门学校成立一周年纪念暨学生自治会成立特刊,1929.

[5] 良友图书印刷有限公司.各地学府:广州中山大学[M]//中国大观:图画年鉴.上海,1930.

[6] 胡吾初.广州之五卅纪念会举行于东较场 赴会民众约五十万[J].良友,1927(16):8.

[7] 广州市政府.纪事:筹筑东较场运动场之急进[J].广州市市政公报,1929(323/324):110.

[8] 刘植炎.建设的广州:观音山之鸟瞰[J].良友,1930(51):12.

[9] 夏亮.他们让中国运动器材走出国门[J].档案春秋,2009(7):45-47.

[10] 卢益三.天津春合体育用品制造厂发达史[J].勤奋体育月报,1934,1(2):133.

[11] 广东省国民体育委员会.利昌体育文具行[J].广东体育,1947(6):3.

[12] 广州市政府.图画:惠爱路之风景[G].广州市市政报告汇刊,1924(2):13.

[13] 赵春晨.晚清民国时期广州城市近代化略论[J].广东社会科学,2004(2):89-96.

[14] 赵辉.广州体育月刊创刊号[J].广州体育月刊,1937(1):1.

[15] 广东省国民体育委员会.体育广播台[J].广东体育,1947(6):3.

[16] 广东省国民体育委员会.广东省第十五届运动大会特辑[J].广东体育,1947(6):4-8.

[17] 赵辉.本年度修正之足球规则[J].广州体育月刊,1937(1):63.

[18] 关文明,楼杭英.香港南华体育会与中国近代体育[J].浙江体育科学,1997(2):61.

[19] 广东省政府.广东全省体育协进会章程[J].广东省政府特刊,1927(2):75-79.

[20] 黄瑞华.广州强华足球队抵吧之摄影[J].足球世界,1935(1):96.

[21] 宝光照相馆.马来华侨足球队莅粤纪念[J].南大与华侨,1928,4(6):5.

[22] 若天.体育:广东琼崖汉光杯球类比赛会:(3)足球冠军琼海队[J].文华,1933(34):27.

[23] 粤人.运动评话:异军突起之广州足球[J].体育周刊,1931(4):2.

[24] 林战存.训练足球之我见[J].广东体育专门学校成立一周年纪念暨学生自治会成立特刊,1929:15-17.

[25] 张惠长,等.题词[J].广东体育专门学校成立一周年纪念暨学生自治会成立特刊,1929:17-19.

[26] 良友图书印刷有限公司.莫庆君小史[J].体育世界,1927(1):27.

[27] 郭晔旻."只知有莫,不知有英":一个香山买办的家族传奇[J].同舟共进,2019(7):74-77.

[28] 名苑.赴澳之中国足球队[J].体育世界,1927(1):41.

[29] 邵汝干,阮蔚村.体育家与运动家(六):许民辉[J].勤奋体育月报,1935,7(2):484.

[30] 高锡威.最初赴美学习体育专科之华人[J].体育世界,1927(1):10.

[31] 许民辉.足球:远东会中华足球失败原因[J].第九届远东运动会特刊,1930:35.

[32] 广东省民众体育实验区.第二届暑体班活动之二[J].民众体育季刊,1933,1(1):5.

[33] 陈本.校董丘纪祥[J].广东体育专门学校成立一周年纪念暨学生自治会成立特刊,1929:14.

[34] 体育消息[J].南大与华侨,1928,4(6):22-23.

[35] 良友图书印刷有限公司.第十一届世界运动会:球赛与游泳[J].良友,1936(119):10.

[36] 中华全国体育协进会.出席第十一届世界运动大会足球代表[J].体育季刊,1936,2(2):3-4.

[37] 陈达兴.乐华足球队在南洋[J].良友,1929(41):21.

[38] 朱锦缕.上海人不灭的印象:李惠堂踢球,杨秀琼游泳,梅兰芳赈灾,胡蝶结婚[J].中国漫画,1935(4):25.

[39] 王开.体育界:足球健将近影及其历年参与比赛所获之奖品[J].良友,1928(32):25.

[40] 陈梦因.球王李惠堂的私生活[J].时代,1936,8(9):18.

[41] 陈哀乐.远东球王李惠堂君夫妇近影及题赠本刊之书法[J].足球世界,1935(2):1.

[42] 蔡扬武.上海的租界体育[J].体育文史,1995(2):7-11.

[43] 龙学蕃.广州岭南大学足球谈[J].中国学生,1931,8(3):42-43.

[44] 饶东英,胡小明.梅县松口体育会研究[J].体育文化导刊,2009(2):106-107.

[45] 张海鹏.百年沧桑话香港[J].求是,1997(6):32-37.

[46] 张晓辉.论民初军阀战乱对广州社会经济的影响[J].广东社会科学,1997(6):89-94.

[47] 哀乐.全运会各单位足球选后之检讨[J].足球世界,1937(2):3-10.

[48] 姜义华.上海:近代中国新文化中心地位的形成及其变迁:兼论边缘文化的积聚及其效应[J].学术月刊,2001(11):73-83.

[49] 丁旭光.近代广东开放与粤人文化心理[J].学术研究,1988(4):59-62.

（三）报纸

[1] 培正中学全校运动会[N].广州民国日报,1934-04-26(8).

[2] 本校实施体育新计划[N].国立中山大学日报,1935-09-20(12).

[3] 粤港足球对抗赛[N].大公报（上海）,1936-10-17(5).

[4] 广州2万人看足球粤港华联和香港葡联[N].时报,1937-03-03(6).

[5] 凌道扬.今后广东体育应趋之途径[N].中央日报,1936-10-25(8).

[6] 陈孚木.本报两年之回顾[N].广州民国日报,1926-02-17(1).

[7] 本市新闻:马来华侨足球队今晨八时抵省[N].广州民国日报,1928-04-05(6).

[8] 万目睽睽之中外足球比赛[N].广州民国日报,1928-11-07(5).

[9] 吴耀麟.羊城点将录[N].时报,1931-12-23(7).

[10] 广州足球炙手可热:六国争雄记[N].时报,1931-12-20(7).

[11] 富有朝气之广州足球界顿成凋零冷落现象[N].夜报,1933-03-26(6).

[12] 广州警察足球队神气[N].时报,1931-03-20(6).

[13] 广州海军战胜西洋选手[N].时报,1931-07-29(6).

[14] 南华健儿征爪哇:强华足球队同舟偕往[N].时报,1932-07-27(4).

[15] 华南更形出色！广州足球独树一帜海军队人才济济港名将多加入[N].时报,1931-03-22(5).

[16] 广东体育协进会成立[N].民国日报,1927-12-09(12).

[17] 马来足球队与足球队比赛纪[N].广州民国日报,1928-04-07(7).

[18] 马来足球队之余闻[N].广州民国日报,1928-05-03(8).

[19] 代论:京师大学堂运动会记三[N].大公报（天津）,1906-05-06(2).

[20] 我国世运出席足球代表介绍[N].大公报（天津）,1936-04-29(8).

[21] 亦津.温故知新录（十）:粤足球开始发扬[N].大公报（香港）,1940-03-19(7).

[22] 足球将星云集粤垣[N].大公报,1931-10-29(8).

[23] 介绍一位刻苦练习的运动家[N].大公报,1931-08-02(8).

[24] 谭江柏在滇享盛誉[N].大公报（香港）,1939-02-28(7).

[25] 球怪李惠堂:人怕出名猪怕壮[N].讯报,1939-05-27(2).

[26] 李惠堂.伦敦一战话前尘[N].时报,1938-03-03(6).

[27] 李惠堂.伦敦一战话前尘[N].时报,1938-03-03(6).

[28] 法红星队请李惠堂参加职业足球队[N].时报,1936-08-26(5).

[29] 论广帮盂兰会之盛[N].申报,1878-09-05(1).

(四)学位论文

[1] 许世族.我国近代报刊足球报道研究(1927—1937)[D].广州:广州体育学院,2018.

[2] 匡淑平.上海近代体育研究(1843—1949)[D].上海:上海体育学院,2011.

[3] 兰静.近代香港外来移民与香港城市社会发展(1841—1941)[D].广州:暨南大学,2011.

(五)电子文献

[1] 王月华.80年前"国足"主力兼职广州骑警[EB/OL].(2018-07-12)[2020-08-01].http://www.gzzxws.gov.cn/gxsl/gzwb/201807/t20180712_85197.htm.

[2] 孙海刚.草坪是何时引入广州的?[EB/OL].(2018-10-22)[2020-08-01].http://www.gzzxws.gov.cn/gxsl/gzwb/201810/t20181022_86280.htm.

[3] 康乐园的前世[EB/OL].(2015-03-06)[2020-08-01].http://www.gzzxws.gov.cn/gxsl/gzwb/lsjq/201503/t20150306_36536.htm.

[4] 校园球赛点燃普及之火,明星辈出无愧足球之乡[EB/OL].(2019-07-12)[2020-08-01].https://www.meizhou.gov.cn/zwgk/zfjg/smzzjswj/mzzj/content/post_1915940.html.

[5] 图说当年[EB/OL].(2019-08-15)[2020-08-01].https://www.meizhou.gov.cn/zwgk/zfjg/styj/ztzl/jnzqzxlszntk/content/post_629230.html.

[6] 第一个华人足球会和"足球王国"[EB/OL].(2007-04-29)[2020-08-01].http://www.lifeweek.com.cn/2007/0429/18512.shtml?o06q9.

[7] 体育三杰[EB/OL].(2015-04-05)[2020-08-01].http://www.gznanwu.com/News/Show_1156.html.

后 记

还记得在我读中学时（20世纪90年代），每年都会有来自香港的学校足球队到访我所就读的广东省珠海市第三中学。近在咫尺（地理上）却又遥不可及（此时香港还未回归祖国）的香港对尚在青少年时期的我来说充满新奇。作为学校足球队的一员，能与来自香港的球队比赛使我格外兴奋。赛前，我们学校球队成员通常都会比平时训练准备得更加充分，在周末的午后，早早地来到学校球场，做各项准备。比赛过程中，我们会不惜体力地跑动、斗志昂扬地呼喊，表现也比平时更加认真、专注，为的就是要在远道而来的香港客人面前，展示我们自认"还算可以"的足球技艺。比赛的具体比分已无法记起，但对来自香港的球员的装备和言行举止我却历历在目：他们穿着新潮且统一的外套，比赛球衣的款式也新颖亮丽，外套和球衣都印有他们学校的名称，在当时的珠海，这样的装备在学生球队中是不多见的。虽然大家都使用粤语来进行沟通交流，但他们一些有关足球的术语却跟我们的习惯有很大不同，他们很多都习惯使用英语，如"out side""off side""handball"，等等。最让我感到疑惑的是，他们的球鞋竟然是我们称为"白饭鱼"的平底胶鞋，而不是我们习惯使用的鞋底有胶粒的足球鞋，这导致他们在我们沙质表面的场地上踢球就像在"滑冰"，多年后我去香港游览，看到他们在狭窄的水泥地上踢球，才明白他们为什么会习惯穿"白饭鱼"踢球。尽管如此，香港球员相对细腻的脚法、快速的传接球速度、默契的配合等一些技战术特点还是给我们留下了深刻的印象，以至于我们在此后的训练和比赛中也常常模仿香港球员的踢法。

当时还是中学生的我，当然无法理解香港的学校球队为什么要长途跋涉到珠海跟我们比赛，而我们又能从这些交流赛中收获什么。直至完成《近代广东足球文化发展历史研究》一书的撰写工作，我才发现，其实历史早就给出了答案。在一百多年前的1907年12月25日，同样是来自香港学校的足球队——香

后 记

港皇仁书院足球队，由广东籍学生郭宝根等组织，利用圣诞假期，挥师广州，于康乐园与岭南学堂队作交流比赛，从而开创了省港两地足球交往竞赛的先河。正如我初中时所感受到的，相信一百多年前的岭南学堂学子们，也能从对对方的装备、对方的技战术特点以及对方的足球术语等方面的直观感受中吸收到进步的"养料"。近代广东足球文化的发展也正是由一个个此类省港交流赛推动着向前发展。正如1931年上海著名的体育刊物《体育周刊》中所言："广州足球之发达，其最大之原因，厥为邀请香港中华南华两队赴省作友谊比赛，籍以切磋球艺，引起民众之注意，果然事半功倍，得有一日千里之势，良非偶然。"同时，透过近代广东足球文化发展历史，我们也能预见，继续加强此类具有广泛群众基础的交流活动是推动广东足球不断向前发展的动力之一。

这便是完成《近代广东足球文化发展历史研究》一书撰写工作带给我的重要启示之一：它使我初步理解了广东足球文化"昨天"的特点和规律，清楚我身边足球文化"今天"的来龙去脉，相信，它也能使我预见到足球文化"明天"的走向。这种豁然开朗般的喜悦是经历近两年时间的艰辛工作所能获得的最大快乐。

时光飞逝，近两年时间的研究工作，期间幸得身边亲朋好友给予的帮助和支持，我才能顺利完成，在此要向他们表示衷心的感谢。首先要感谢暨南大学珠海校区体育部的各位同事，是他们的不断鞭策和推动，我才立定决心接受此项艰巨的任务；感谢暨南大学珠海校区图书馆馆长黄勇副研究馆员，对近代广东足球文化发展历史进行研究，需要查阅大量文史资料，没有黄勇馆长的指导和帮助，我很难获取大量翔实的史料以完成此项工作；还要感谢我的两位好朋友朱海洋先生和黄戈锋先生，从本书的初始构思到一步步完成，他们都给了我很多意见和鼓励，并且常常不厌其烦地听我"夸夸其谈"。

最后，要感谢我的父母、岳父母、妻子李间转女士以及女儿莫子琪小朋友，在近两年的时间里，为了完成工作，我没有很好地陪伴、照顾他们，但他们依然无条件地支持我，这是我能专注于工作的最大保障，也是我人生最大的幸福！

莫凯敏

2020年11月